U0037891

ISBN 957-30019-1-8

一行秋雁、一陣哀悲，怎生個愁字了得？
月復月、年又年，眼看李代桃僵，豈真束手？
抬手拭濛眼，奮力疾呼！誓摧魔幟！
更矗正法幢，千年且看伊！

——平實導師——

有師云：「密宗是一個金剛鑽外圍擺滿了鍍金垃圾的宗教。」

平實於此言後更加註腳：「那顆金光閃閃的鑽石，卻是玻璃打磨而成，不堪檢驗。」

——平實導師——

# 目次

自序……序一六～二四頁
蔣巴洛傑序……序二五～三二頁

《第一輯》：

第一章　概說密宗
第一節　概說密宗……一
第一目　概說密宗……一
第二目　引證之出處……七
第三目　本書所說之密宗以西密爲主……十三
第二節　明點脈氣無上瑜伽是密宗修法之根本……十五
第一目　明點、脈氣、無上瑜伽－此三是密宗修法之根本……十五
第二目　密宗之兩重秘密……十八
第三節　後來居上之密宗？……二五
第四節　密經及密續之主要意旨……二八
第五節　密宗之三昧耶戒……三一

第六節　生起次第成就方可修行雙身法……三八
第七節　迂迴曲折離奇之密法……四二
第八節　淫樂之雙身修法為密宗之中心思想……四七

## 第二章　觀想及天瑜伽

第一節　觀想乃密宗修法之起分……四九
第二節　觀想之成就與目的……五五
第三節　觀想之法後來演變為起分之修法……六四
第四節　觀想之法略說……六六
第五節　觀想除障與供佛……七四
第六節　密宗超度死亡之妄想……七七
第七節　觀想之法亦可成就樂空雙運……八三
第八節　與佛光合一而成佛之妄想……八八
第九節　三身成佛之道……九〇
第一目　法身成佛之道……九〇
第二目　報身成佛之道……九三
第三目　化身成佛之道……九八
第十節　密宗觀想明點中脈之法乃是精行仙之修法……一〇四

第三章　密宗之明點與脈氣
第一節　密宗之明點與脈氣……一〇七
第二節　明點有四類……一一七
第三節　寶瓶氣略說……一二一
第四節　那洛六法之寂止餘觀……一二八
第五節　明點氣功之證得不能成就出世間果……一三三
第六節　明點氣功不能成就般若波羅蜜……一三八
第七節　明點脈氣之修證不能成就四種淨土……一四一
第八節　密宗修練拙火定者應須食肉……一四六
第九節　密宗所證之三三昧……一五〇
第四章　甘露
第一節　五甘露……一六二
第二節　靜慮之受甘露等……一六五
第三節　妄想藉甘露成就禪定……一六九
第四節　酒及精液爲密宗修行者之甘露……一七三
第五節　精液亦可作爲供養自己之甘露……一七六
第五章　持明、手印及夢瑜伽

第一節　藉持咒而獲得世間法之利益……一八一
第二節　持咒不能令人獲得佛法上之果證……一八四
第三節　持誦密宗經典之咒不能消除誹謗三寶重罪……一九三
第四節　手印及眞言……一九七
第五節　夢瑜伽……二〇四
第六章　如來藏見
第一節　密宗一向以常見外道之意識爲如來藏……二一二
第二節　格魯派乃否定如來藏之破法者……二一六
第三節　紅白花敎皆錯認意識爲如來藏……二三六
第四節　密宗妄認覺知心等爲法身……二四七
第五節　密宗祖師多將如來藏與阿賴耶識視作二法……二六一
第六節　密宗諸師錯以意識境界爲如來藏……二七六
第七節　密宗上師悉錯認法身及涅槃因……二八七
第八節　密宗諸師皆以覺知心住於一切法空作爲法身……二九四
第七章　般若中觀—兼述密宗之明光大手印
第一節　明光大手印—密宗之般若中觀……三〇一
第二節　密宗自續派中觀之般若見……三〇六

第三節　應成派中觀之般若見（上半）……三一一
附錄一　參考書目……附一～附九
附錄二　手印指節示意圖……附十

## 《第二輯》：

第七章　般若中觀－兼述密宗之明光大手印
第三節　應成派中觀之般若見（下半）……三三三
第四節　自續派中觀之般若見……三六九
第五節　密宗之其餘空性見……三八〇
第六節　密宗誤會解脫道及佛菩提道……三八九
第七節　密宗之《大日經》亦誤解般若空性……四一一
第八節　密宗之邪見導致佛教法義支離破碎……四二八
第八章　灌頂
第一節　灌頂略說……四六二
第二節　瓶灌頂……四七〇
第三節　道灌頂……四七七
第一目　瓶灌……四七七

第二目 密灌……四八二
第三目 慧灌……四八九
第四目 第四灌……五〇三
第五目 內灌頂……五一八
第四節 灌頂理論之總評……五二三

## 第九章 無上瑜伽

第一節 無上瑜伽略說……五五九
第二節 密宗之佛教禪定－雙身修法……五七一
第三節 藉無上瑜伽修成虹光身……五七八
第四節 雙身淫樂之法絕非華嚴經所說之法……六〇〇
第五節 修雙身法者須先選擇具相之女……六〇八
第六節 樂空雙運實修法略說……六一九
附錄 參考書目……附一～附九

## 《第三輯》：

## 第九章 無上瑜伽

第七節 採陰補陽－於女人身中提取明點……六七七

第八節　雙身修法違背眞如遍於一切中現行之正理……七〇八
第九節　密宗之除漏、證禪定、圓滿菩提……七二〇
第十節　密宗之法義與行門令佛教蒙羞……七五二
第十一節　應將密宗之雙身法摒除於佛教之外……七七二
第十章　遷識法及奪舍法
第一節　泛說遷識法……七九六
第二節　他派之臨終遷識法……八二二
第三節　薩迦派之奪舍法……八三七
第四節　中有解脫之教授……八四〇
第五節　以假作眞之密宗……八六二
第十一章　密宗之斷惑證果
第一節　密法之修行永不能斷惑證果……八七六
第二節　密宗之初地菩薩修證……八八六
第三節　密宗証得六地之行門……八九四
第四節　圓滿報身果之修證妄想……八九七
第五節　密宗五智之妄想……九〇四
第一目　法界體性智之妄想……九〇四

第二目　密宗由種種雜行而修之五智妄想……九一七
第三目　以邪淫之法而成就佛地四智與法界智之妄想……九三八
第六節　密宗臆想之無我證量……九五二
第七節　心外求法之密宗道……九六五
第八節　密宗對無分別智之誤會……九七二
第九節　妄想施設之俱生智……九八〇
第十節　密宗佛果修證及修學之條件……九八五
第十二章　神通－密教誇大不實之神通証量
第一節　妄想之神通行門……九八九
第二節　漏盡通之妄想……九九六
第三節　神足通之妄想……九九八
第四節　以明點發起界外神通之妄想……一〇〇六
第十三章　息增懷誅
第一節　簡介息增懷誅……一〇〇九
第二節　誅法……一〇一六
第三節　行誅法後應以濁食施諸鬼神……一〇二三
第四節　修此四法前造壇所應注意事項……一〇二六

第五節　內護摩……一〇三二
第六節　誅法所遺金剛部主之本質……一〇三五
附錄　參考書目……附一～附九

《第四輯》：

第十四章　餘諸邪見—恣意解釋佛法修證上之名相
第一節　密宗對四加行之誤解……一〇四三
第二節　密宗之不共加行……一〇五五
第三節　密宗荒謬之修集資糧法……一〇六〇
第四節　密宗對緣起法之誤會……一〇六六
第五節　密宗邪謬之無漏法……一〇六八
第六節　密宗對四緣之誤會……一〇七〇
第七節　密宗自己發明之漏盡通……一〇七五
第八節　密宗所證之四果五果……一〇八一
第九節　密宗自己發明之五如來……一〇八九
第十節　密宗自設之四念住與四正斷……一〇九二
第十一節　密宗自設之三昧耶……一〇九五

第十二節　密宗另行發明之實相菩提心……………………一一〇五
第十三節　密宗之五法身──轉識成智之妄想……………一一〇九
第十四節　密宗自設之道次第……………………………一一一二
第十五節　密宗之自他交換法妄想………………………一一一六
第十六節　密宗之觀想除罪法妄想………………………一一二二
第十七節　以世間法神異作爲證得聖果之密宗…………一一二五
第十八節　密宗四大相融之邪見…………………………一一二七
第十九節　密宗之消除因果妄想…………………………一一三〇
第二十節　錯以明光爲佛法身之密宗……………………一一三一
第二十一節　以極穢物爲無上妙品之密宗………………一一三四
第二十二節　以假爲眞之密宗……………………………一一三八
第二十三節　借體延壽怪誕妄想之密宗…………………一一四〇
第二十四節　密宗虛妄施設之五佛………………………一一四二
第二十五節　誦經即可成佛之妄想………………………一一四四
第二十六節　以拙火消除業障之妄想……………………一一四五
第二十七節　虛妄想之密宗法報化身……………………一一四六
第二十八節　密宗對世間法果報之妄想…………………一一五九

第二十九節　雙具污穢與邪淫之密宗……一一六二
第三十節　密宗之解脫妄想……一一七〇
第三十一節　密宗之中有妄想……一一七五
第三十二節　密宗無死瑜伽之妄想……一一七七
第三十三節　以表爲眞之密宗……一一八〇
第三十四節　錯會心義之密宗……一一八七
第三十五節　以鬼神爲主之密宗……一一九〇
第三十六節　密宗之金剛薩埵懺悔法及百字明之本質……一一九三
第三十七節　明空大手印即身成佛之妄想……一一九七
第三十八節　密宗發菩提心之妄想……一一九八
第三十九節　將禪定誤作般若之密宗……一二〇〇
第四十節　誤會無餘涅槃之密宗……一二〇一
第十五章　密宗推廣之手段
第一節　以上師爲中心而推廣密法……一二〇四
第二節　誑言來世受生爲洋人……一二一〇
第三節　隨意解釋佛法之證量而推廣密宗……一二一一
第四節　創造新證量名相而冠於顯教之上……一二一三

第五節　抑顯崇密而取代顯教……一一一六
第六節　高推密宗祖師之証量……一一一八
第七節　以虛妄之傳承自高……一一二〇
第八節　以隨便作方便之密宗推廣手段……一一二〇
第九節　妄說遷識及持咒能滅一切罪而廣招徠……一一二六
第十節　以淫樂無罪而令人安住於密宗……一一二八
第十一節　妄說分身再來以擴大活佛之數量……一一三五
第十二節　妄稱密宗上師是顯教經中之菩薩乘願再來……一一三八
第十三節　不禁肉食貪淫而廣招徠……一一四一
第十四節　創造密教教主而冠於顯教之上……一一四四
第十五節　以破斥天魔爲手段令人誤認密宗非魔……一一五二

## 第十六章　狂密與眞密

第一節　狂密略說……一一五七
第一目　狂密之三業秘密……一一五七
第二目　光明大手印之明光雙運……一一六二
第三目　事業手印……一一六七
第二節　現實中之狂密……一一七四

第三節　眞密—事密與理密……一二七八
第一目　事密……一二七八
第二目　理密……一二八一
第四節　密宗絕非佛教……一二八五

## 第十七章　總結

第一節　密宗之金剛乘義……一二八九
第二節　不離意識範疇之密宗……一三〇五
第三節　密教興而佛教亡之原因……一三一一
第四節　遵崇上師遠勝於佛、故非佛教……一三二六
第五節　密宗之本質乃是喇嘛教……一三三〇
第六節　密宗是入篡佛教正統者……一三三五
第七節　對密宗法義之判論……一三五〇
附　錄　參考書目……附一～附九

# 自序

凡修學佛法者，全仗佛語開示、輯成經典以表佛旨，遵行不渝而證法道；凡我佛子親證佛道，莫不仰仗 佛力加持，然後方得一念相應、親證般若；若人欲修佛法、欲證佛道，而不依止世尊，如是欲證佛菩提者，名爲愚人。然而密教之見、修、行、果，悉皆依止密教祖師自設之雙身佛─以恒時手抱女人而受淫樂之雙身「佛」爲報身佛（如是報身佛，實非真正之報身佛，悉是鬼神夜叉之假形示現），復以得自外道中之性力派雙身淫合之法而求佛道，以之作爲佛法之正修，而不依止創建佛教之釋迦世尊，乃竟依止凡夫俗子之蓮花生上師，以爲密教之主，而與顯教分庭抗禮，不依止佛，名爲顚倒。

蓮花生本是外道凡夫，肉胎出生，娶妻生子，並非眞正蓮花化生；密教上師爲建立密教之教主，是故渲染附會而流傳之，加以後人盲目誤傳，遂成密教所公認之蓮花化生，故名蓮花生。彼蓮花生既是凡夫，所弘之法復又全是外道性力派之世間淫樂邪道，乃是世尊於諸經中一再指斥之欲界愛無明，說爲三乘一切佛子所應斷者，而蓮花生竟教人貪著淫欲中最大之樂觸，完全反 佛所說，焉得名爲「佛教之密教主」？是故學佛之人當依 釋迦牟尼佛，不應依止凡夫外道之蓮花生上師。

復次，已知依佛而不依凡夫外道已，當知依止正法而不依止於人（依法不依人）之正理。佛所說法，不外解脫道及佛菩提道；如是二法，綜而言之，則悉函蓋於佛菩提道中。解脫道之修證，要依斷我見及我執而得；我見者，執見聞覺知之心爲「常不壞我」，堅認此意識心由往世轉生而來，死已能去至後世，誤執此心作爲輪迴之主體識，是名我見；如是我見，即是密教「證悟成佛」後之蓮花生上師所說離念靈知心也。今者密教建立蓮花生爲教主之後，復又將彼常見外道法套用佛學名詞而說爲佛法，再將彼外道法高推爲更勝於佛教顯宗之法，名爲即身成佛之妙道，然實完全違背佛法，故名外道。

斷我見後尚須除斷我執，我執斷已，名爲三界一切人天應供之阿羅漢或辟支佛，此是解脫道之正修行也。今者密教上自教主蓮花生，下迄今時一切上師法王，悉以行淫至性高潮時之樂空靈知心、及靜坐至一念不生之離念靈知心爲佛地眞如，悉墮意識之中；復又誤認淫樂空無形色、受樂之覺知心空無形色，名之爲佛法所說之空性，誤會般若經中佛意，由此二緣名爲未斷我見之凡夫；依此而弘之法悉是常見外道法，與民間信仰所說之靈魂無異，唯是「有淫樂與無淫樂、有念與離念」之差別爾。如是常見外道法若可依止者，則一切外道法悉可依止爲佛法也。

今者密教古今上師所說之法，悉是常見外道法，復以鬼神夜叉所傳之性力派雙身法爲中心思想，焉可依止？有智之人悉當審觀細思，而後知所取捨：依正法而不依上師。佛菩提道之正修，則是以佛所說：親證第八識如來藏爲首，然後依所證如來藏而親領受—親自現前領受如來藏之體性，因而發起般若慧之根本智（般若總相智）及後得智（般若別相智與一切種智），以證此識故知實相，以證此識故起後得智中之一切種智少分，名爲道種智，是名初地菩薩，如是方名佛菩提道之正修行也。

然密教卻因不能證得第八識如來藏，因之不能發起般若慧；便另行發明觀想所出現之中脈內明點，作爲佛所說之如來藏阿賴耶識，以之矇混代替，作爲般若慧之修證而秘密之，不令顯教中人知其所證如來藏阿賴耶識即是明點。復以明點能通達中脈上下五輪之外道法證量，作爲佛教般若慧通達位之初地菩薩證量，以之籠罩顯教出家在家菩薩，及籠罩密教中之初機學人，令之崇拜不已，不敢生疑。

如是，密教古今諸師，悉皆依止蓮花生外道而欲求證佛法，悉皆依止中脈明點觀想之外道法而欲求證佛法，猶如煮沙而欲成飯，與佛法實不相應，名爲顚倒。是故一切佛教學人修學佛法，悉當依止釋迦世尊，莫依止外道蓮花生；當依止佛教正法，莫依止密宗外道法；當依止佛教僧寶，莫依止密教外道喇嘛上師，否則即成顚倒想、顚倒修也。

復次，密教以男女雙身淫合之法，作爲佛法正修；以性高潮之一心不亂名爲等至，以行淫作爲禪定之正修行，與 佛所說外道及菩薩修證之四禪八定相違，亦與佛所說之解脫道相違，更與 佛所說之佛菩提道完全牴觸、背道而馳。如是印度教性力派外道所說世間淫樂之法，而密教高推之爲超勝於佛教之勝法，依之而修者，必將導致後世之長劫輪迴三途而不可止，受苦無量，焉得名爲佛法正修？是故一切人修學佛法者，當依 佛所說法，莫依密教諸師所說之外道法。

密教興而佛教亡，是古印度之歷史事實。密教之興盛，必將導致佛法之衰落；興盛至極而完全取代顯教已，則必滅亡佛教；此因密教之法並非眞正佛法，乃是外披佛教表相，內實常見外道及淫合享樂之世間法—乃出家人行在家法；是故密教完全取代顯教之後，佛教即告滅亡，徒有佛教寺院及僧侶，本質已轉變成鬼神爲中心、爲依止之外道。

凡修密教之法者，全仗 佛力加被，此是密教一切上師法王之共識。而今密教諸師卻一致主張：「依止上師爲主，依佛爲次。」主張「應依上師所造密續、不依釋迦佛所說經典，密續勝於顯教經典。」亦如宗喀巴之主張「依雙身法大貪而修，離貪即是違犯三昧耶戒。」而古今法王上師之修證，悉墮常見外道法中；密續中之一切經續，復是密教祖師之長期集體結集，非 佛所說；其中之法復是外道法，如是而言依止上師、不依顯教經典，依止密教所崇奉之鬼神化現雙身佛、不依止顯教眞正之佛，焉能證得佛法？則知密教諸師之言及密續所說，悉是顚倒之說也。

余造此書者，其故衆多：乃因密教學人普皆不知密教之本質，故受矇騙誤導；復因台灣顯教近年來有許多大法師，競相夤緣密教達賴喇嘛大名聲，以抬身價；如是作爲，導致顯教許多出家二衆，不知彼諸大法師攀緣密教自高之用意，誤以爲密教眞是佛教；復因求證般若極爲困難，久修而不能親證之，每見密教諸師個個皆有「證量」，所言證量「高超」——動輒入地、成佛，彼諸出家二衆不知密教底細，乃轉向密教求法；末因社會普遍不知密教非是佛教，但見弘密之道場爆發「性醜聞」已，便謂是佛教道場法師發生邪淫之事，怪罪佛教，令佛教常受密教之牽累，屢受其害。由是諸故，應造此書，以正視聽，以護佛教。

然造此書最大之原因，則是觀察密教以外道法代替佛教法義，處處說爲更勝於顯教之究竟成佛法門，如是以外道法冒充佛法，以喇嘛外道身冒充佛教僧寶，再以崇密抑顯之手段而蠶食鯨吞佛教資源，以漸進和平之方式，滅亡佛教於佛子不知不覺之中，將又重演古天竺佛教滅於密宗手中之歷史。而密敎法義之當代首領，首推達賴喇嘛及印順法師；達賴公開推廣無因論之緣起性空觀，否定第三轉法輪之唯識諸經，依宗喀巴之說而指爲不了義法；復又暗中弘傳雙身法，說爲究竟成佛之法；印順法師則以顯敎法師身份而主動繼承密敎邪法，極力弘揚密宗黃敎無因論之應成派中觀，明爲反對密敎（指斥密敎雙身法），實際則以廣弘應成派中觀之無因論而護持密敎，以此而否定　佛說之第三轉法輪諸經如來藏妙義，由此故令密敎之雙身法獲得生存之空間；如是今時顯密二大師之弘傳密敎邪法，一明一暗，同令密敎得以擴大其勢力，同令佛敎學人誤以爲密敎眞是佛敎，其惡劣影響極爲重大深遠，不能不據實加以披露。

由是諸因，必須盡示密敎之法義秘密，必須盡辨密敎法義之邪正，普令一切佛子及社會人士知之，乃有此書之著作與發行，欲令大眾了知密敎之外道本質及其異於眞正佛敎之處，以護眞正之佛敎。

余作是辨正密敎法義之行，欲令密敎回歸顯敎法義，驅逐密敎崇奉之外道邪法遠離佛門，故以此書爲緣，期望佛敎法義回歸佛世之純淨—不夾雜密敎諸外道法，普願我敎一切大師學人悉知密敎之眞實面目，亦令密敎遠離外道法，回歸顯敎諸經　佛說正法，而令佛敎日趨純淨，以求賡續佛法慧命至月光菩薩降世之時。若密敎不願修正其外道法者，則當令密教脫離佛教，與佛教兩不相干，方能令 世尊聖教從此永安，不復受密教外道法之干擾。

然今密宗諸師眼見余之辨正密教法義，不願修正其邪謬法義，而欲繼續原有邪法以救密宗外道法之將亡、思圖密宗謬法之久存，乃故意於網站上以顯教之學人之身份，化名誣蔑余為附佛法外道，藉以混淆視聽－令人誤以為是顯教學人對余之批判；如是行為卑劣失格，猶如賊人之大喊抓賊無異。密宗諸師生大瞋恚於余－大肆詆譭余為外道，然彼等只能私下對信眾飾言：「平實居士於密法外行，吾人不屑與之對話或辯論。」而皆不敢、亦不能對平實之言論，公開書具眞名地址而提出佛教法義上之辨正，只能作諸飾辭及遮掩之說。

此因彼等密教中修行三十年以上之喇嘛上師實已自知：密宗之法只是將佛法名相套用於彼等祖師從外道所學得之世間法中爾，本質絕非佛教。彼等實亦自知未曾證悟般若，自知未證如來藏，自知尚未入菩薩法中；然若據實而言，必將遭致密教眾人圍攻，故無人肯據實而言；亦因難捨名聞利養，是故仍藉密教之法續受供養，因循苟且以度時日。由是之故，密教諸師於余所說密教法義之內涵，悉皆諱莫如深，不敢作具名公開之辯解，亦不敢前來與余作私下之法義辨正；彼等皆已了知：密教之法皆是套用佛法名詞之外道世間法，皆不能端上大雅之堂故。

復次，密教之法，自始至終不離雙身淫樂第四喜之法，將之懸爲修證成佛之最終鵠的，是故西藏密教之所有密續一切隱語所言者，悉皆同是此法，無有二意；若必各派一一密續皆一一加以闡釋者，則必導致極多前後重複之討論，讀者閱已，唯增厭煩，並無實義，是故僅舉代表性之宗派密續，以括弧註解之，令讀者能了其意即可。

復次，本書文辭必須淺白，乃至使用世俗常用而非正統之成語文字者，於此亦應說明。蓋密教之法確實邪淫荒謬，是故不許令外人知之，乃以隱諱之暗語而弘傳之，故其密續之中，多諸暗語。此諸暗語若不加以淺白之解釋，則學人讀之亦不解其義；若不解義，則不能辨正其法之正邪，此後密教諸師仍可從中作諸飾辭而轉移焦點、遮掩其謬，令余護持佛教正法之行功虧一簣；是故本書文辭必須淺顯明白，令讀者悉得解知其義，亦令密教諸師不能曲解掩飾。復次，鑑於密宗初機行者多屬教育層次較低者，爲令彼等諸人讀已，能得眞解余書所說之意，故本書言詞必須淺白，儘量避用一般人不常用之詞彙。

復次，本書對於所舉證之密教「經部、續部」文詞，多以括弧（）而附註於後，乃因：若必一一加以逐段解釋者，則篇幅將更大幅增加，是故採取較爲簡便之方式，以括弧而附註之，節省篇幅；讀者閱已即知，便能據實而作解析、了知密教法義之邪正，即能回歸正道而捨邪法，則余目的已可成就，是故作此較爲簡便之方式而註釋之。

復次，本書原計劃篇幅爲一册約四百頁；然因密教法義之全面偏邪，導致評論之文辭量鉅，無法縮減，達於五十五萬餘字，乃於內文部份每頁增加三行成十七行，如此儘量容納之，仍需分成四册方能完印。是故編排較爲擁擠，可能導致年長讀者較耗眼力，實是不得已之舉，謹此先表歉意。

復次，本書爲防部份迷信之密教信徒大量蒐集焚燬—猶如昔年有人蒐集《正法眼藏—護法集》而焚之，故不以免費結緣方式流通，改以局版書發售之方式流通之，然因不以營利爲目的，故以不敷成本之「成本價」流通之，由本公司餘書所得利潤挹注之，以廣流通、廣益學人，如是護持佛教正法。茲以此書出版在即，故敘緣由及編輯大意如上；普願顯密一切行者細讀此書，一一加以驗證而明辨之，以護自身、兼救他人，大衆同離破壞佛教正法之大惡業，莫再因循苟且而隨密宗邪法深入岐途。

菩薩戒佛子　平實居士　謹誌

公元二〇〇二年仲春　序於喧囂居

## 蔣巴洛傑 序——從天珠談起

頂禮　一切智薄伽梵，身口意供養三寶

大約從十多年前開始，跟隨著歐美新世紀(New Age)思潮加上台灣本島特有的社會風俗，台灣地區興起一股天珠(Dzi)熱潮，原本是藏區婦女世代傳家的寶石，被有意無意的炒作爲「天上落下、非人間本有的寶物」、「佩帶者無需修行，未來必可成佛」，爾後經現代科學檢驗，證實只是古代白化瑪瑙的加工品；今日台灣甚至成爲世界最大古天珠出口地—外銷至藏區以滿足全球收藏家。此一事實眞相之披露，終結了天珠美麗而變調的神話。

從人類學的角度來看，歷史上佛法的傳播，常會因時、因地而進行文化取代(Cultural Substitution)，甚至由環境決定(Environmental Determinize)重組後的文化元素(Cultural elements)，因此現代禪的李元松先生說：「密教的本質是一堆鍍金的垃圾圍繞著一粒鑽石。」但其中光芒耀眼的鑽石，是否眞爲 世尊兜羅綿手所觸之本地？澄清紺目夜睹之明星？抑或只是以假亂眞的鋯石，只因炫光刺眼，密宗行者便無法、也不願看清其本質？

大體而言，中國完整地承接唐朝以前的天竺大乘佛教，而西藏則接續了此後印度佛教的外道化發展；在印度，大乘佛教興盛後，逐漸融入了大量的印度教的文化元素，互化(Transculturation)而演化出坦特拉(Tantra)佛教，然後成為印度佛法的主流思想，這一點可從那爛陀寺遺址的考古紀錄中看出，亦可由玄奘法師及義淨法師著作目錄中得到許多佐證。

吐蕃自松贊干布後(大約唐代初期)，正式進入文字時代，並大量向印度及中國引入新的文化元素，其中影響最深遠的莫過於佛法正式成為其國教；黑暗期後，西藏幾乎完全地接收了印度的坦特拉佛教，並且融入了藏地苯教(Bon)的一些元素，經由後弘期仁欽桑布等譯師的弘傳，藏傳佛教主要架構便已建立：以小乘而後大乘、而後金剛乘(密教)、而即身成佛的修行次第為主。

就其哲學基礎而言，自古以來，藏傳佛教各派可總括為如來藏中觀與應成派中觀二個系統。前者如寧瑪、噶舉、薩迦、覺囊，其內容或曰如來藏、自續中觀、唯識見、輪涅不二見、大中觀、他空見等，皆是站在「世俗諦無、勝義諦有」的原則上，而各自講述其勝義諦要旨，其間差異南轅北轍，不可謂不大；而應成派中觀則是由較晚形成的格魯派宗喀巴師徒數代而發揚，挾其政治上新霸主的實力，造成如來藏系思想弘傳不彰、人才凋零，應成派中觀至今仍為藏傳佛教哲學的主流思想。

藏傳密教思想中則以無上瑜珈(Mahayoga)為最殊勝、最難行道，也是唯一可以頓超諸地而即身成佛（甚至不經中陰）之道。彼以爲福智兼備行人，可依此道成就三身，圓滿佛果；觀其修行之道，最初的第一、第二灌頂，皆是爲後來第三、第四灌頂建立基礎，向上成就第三灌頂功德事業，進修第四灌頂而成圓滿佛果，其間或有跳過智慧灌頂而直接進修名詞灌頂，但以不違背三灌精神爲原則。

1984年我開始修習密教，花了很長時間接受了完整的灌頂與教法，爾後將修行當做是正業，世間諸事放置一旁；日間讀經思惟—佛學圖書館藏書泰半過目—夜間修習密法，前後達十一年之久；當時密法資訊難得，擁者悉皆自珍，猶記得爲求斷簡殘篇，動輒南北奔波、尋師訪友；爲求法教，多次往來印度、尼泊爾間，走訪各派長老大德，多年來，也算親自見證了台灣密教的興盛過程。

一方面雖於前人修證軌跡多能一一親自經歷，另一方面心中疑問卻越來越深。雖然密法號稱是眞正的教外別傳，然而卻處處違背經典中世尊所說教示，其間差異，已無法用「方便說、一時說」來籠統函蓋，更糟的是：這些無法釋懷的盲點，求諸彼等「學行兼備」的大金剛上師們，卻都指鹿爲馬、籠罩一番。

天珠熱退燒後，台灣又興起天鐵（Iron Meteorite）熱潮。尼泊爾波大塔邊（Bouddhanath）的一家佛具店，有一次店家無意間將一支天鐵杵放在門口，被陽光曬後溫度昇高，只見一位台灣客將其拿起燙手後，就直嚷著佛菩薩來加持了，最後台灣客出了天價「請」走了這支「有感應」的鐵杵。從此之後，所有佛具店的老板都將鐵製品放在門口櫥窗曬太陽，以招徠台灣來的朝聖客。台灣佛弟子的慷慨捐輸，大大地建設了藏、印、尼等地的「佛寺」軟硬體，每每在異鄉遇到虔誠佛弟子，放棄了家庭與工作來依止密教上師，但所得到的仍是在生滅法中的胡思妄想，其心不可謂不誠，其行不可曰怠忽，而終究墮於妄想之中，實爲可憐憫者。

無上瑜伽四種灌頂的修習，都是在意識心上做想像及覺受的領納，甚至要求自我暗示及自我麻醉；有時加上鬼神力感應，不離妄想性自性。如諾那上師所言：「能與本尊對話，只是修行的第一步。」由外力鬼神賜予神異而不自知，等而下之者，淪爲鬼神之代言委辦；不論天瑜伽如何堅固成就，進入開刀房，只需一劑麻醉針便半點也無了，試問如此修行，怎可名爲成就本尊天色身瑜伽？

至於第二與第三灌頂內容，實爲印度教坦特拉派內身(Subtle body)氣、脈、明點之串習；所謂內身成就，是以印度教內容套上佛法三昧的名詞，與佛法修證實無相關，印度教派行者亦修習脈氣明點及雙運，亦多有虹光身成就者傳說，甚至密教史上許多大師也同是印度教之傳承大師。自從美歐嬉皮風潮後，印度教內身思想書籍，多有翻譯爲英文版本，吾人很容易檢驗出藏傳與印傳內身修習法門根本是同一根源，二者實際修習程序完全相同，唯密宗套用佛法名詞有異；然而密教行人泰多不願廣習佛法經典乃至世間法義，故密教行人無法也不願去承認此現象；又如苯教修習之「大圓滿、金剛橛」等五部法要，亦與密教所傳實質相同，歷史上苯教與寧瑪掘藏者原本就互通款曲，許多「大師」更是兼有佛教與苯教的宗教大師地位，如此，試問佛法與外道不共之處何在？

名詞灌頂顯示修證的終點，但觀乎四大派無上極密心要所言，與香港月溪法師「遍滿虛空大自在」荒唐臆想落處相近，仍是在意識心上蒸沙做飯、或勤做黑窟鬼活，尚無能力現觀自身七八二識作用，卻侈言已證佛地眞如，其實不離第六識體用，何來轉識成智？實則落入大妄語而不自知。

無上瑜伽的修證，於佛法三學皆無有實義，墮入與其他宗教相同的依歸處，而徒具佛法外相，也正是這個原因，天竺的佛教實質上早已亡於密教化的過程中，無待於異教徒的殺戮而後滅亡，因爲佛法的核心已失故。

總結來說，密教思想並非眞實的佛法，且處處違背　世尊經教，其徒衆因爲不具道種智、復不識　文佛本懷，無力檢視教法修證的正確性與否，故皆以上師教導爲依歸，而不能有所簡擇。如此上代便已錯解，下代更形錯亂卻不自知，久而久之，便徒具佛法名相而行外道之實質；密教行人無力自行檢驗，再加上對密教法王上師之名聲權威崇拜等，無法面對事實的眞相、不能剖析正理所在，只能在情感上麻醉自己，要自己相信上師等同於佛、相信想像之天身終究成眞、相信所觀境嫻熟後即成眞實、相信本尊空行所顯境爲實、相信能觀與所觀會合一、相信鬼神化現本尊空行所授爲了義、相信定中所見是眞實、相信香巴拉國土、相信想像之淨土終究成眞、相信脈氣成就即是佛身、相信雙身法乃無上大法無關淫穢、相信樂明無念遍知即是涅槃本心、相信死後身內身外靜忿百尊轉化成佛即入輪涅不二……。

藏傳密教發展至今，益形壯大，光是台灣一地陸續出現的密教中心便達上百處，所吸引徒衆當在數十萬人以上，所聚集的資源更是難以算計；表面上似乎佛法大興，實際上則是帶領這些信衆走向外門法、外道法乃至毀戒重罪法，即是重演天竺佛教衰亡的歷史；而造成這些現象的更深一層內在原因，就是數十年來台灣佛學院所教授者，幾乎皆以印順法師著作爲其藍本。然而印順思想本質上即賡續藏密黃敎應成派中觀思想，且其著作中處處暗示：「大乘佛法非佛說，無彌陀無淨土，無釋迦報身常住色究竟天宮說法，無菩薩無地獄……」等，其子弟若欲更上層樓，則必走向南傳佛法或藏傳佛法，向此二極中求取眞法，實可謂「著僧伽黎破　世尊正法」；諸山長老或因不具種智無力勘驗，而信受印順之法；或欲攀緣密教徒衆財力名聲，競相附會依靠，令人不禁憂心：正法的未來何去何從？

三乘佛子應常深切反觀思惟：學佛之初發心爲何？是否益發照見自己內心的黑暗？是否學佛後已經破除了某些迷惑？生出了佛法的智慧？吾人是依智還是依人？所作所爲是否眞正利益衆生？是否眞在奉行 佛所說正法？是否親證菩提了義實相？又 佛說衆生七八二識不斷，試問二六時中，吾人七八二識如何無刹那無間斷地現量運作？如果連這個人人本具、時時恒在的阿賴耶、恒審思量的末那都不識，而說其他三昧如何神妙，無異自欺欺人。

1996年冬天，也許因過去生亦有些微福德，有幸從學於吾師 平實先生，此後得窺佛法堂奧，一方面重新修正佛法知見，正法脈絡一一浮現，以往學密之疑難陰霾，次第煙消雲散，才知過去錯誤成見及自我局限，於是由凡夫地而菩薩地而佛地，階梯軌徑方得明朗，漸具道種智及擇法眼，能知各家所學落處爲何，如觀掌中果；一方面由念佛法門入手，以無相念佛拜佛增進功夫，待定力成片，不待臨終彌陀示現，自心確知生西把握，赫然發現古今多少大德，感嘆生西有望卻苦無把握，箇中原因即落此處。待因緣到來，得見實相，則三乘一切了義經典磐基，盡奠於此，神鬼亦不知此眞如實相。依此方得以地地增上，自此悟後起修，依 佛語及 恩師教授，進修一切種智及正修諸三昧；凡此家裏事，只應家裏人知，非如以往之蜉蝣井蛙不能知蟠龍飛天。

恩師平實先生人如其名，雖過去生實常爲敎法領袖，往世法敎至今仍多有人禮拜供養，但決意放棄過往虛幻名聲，不屑世間諸師神頭鬼面，壹以平淡踏實作風自行化他，爲衆生典範—於自身證量成就，從不作無謂異譚，故慢心學人多起惡心輕視之念。吾師於正法命脈，輒以身命護之；即使受人輕之賤之，亦不稍改護法之心。悲心所至，不忍「衆生發善心而成就地獄業」，故秉持如來家風，作獅子吼，期望能振聾發聵以救護衆生。不明究理之人，常認爲其貢高我慢，實乃大謬。

多年來隨侍門下，知吾師爲人處事隨和隨緣，極其慈悲幷無盡老婆，利益大衆無顧自身；今爲救護廣大佛子、爲佛法正本清源、爲正法長久延續，故不能視而無見，不能再作鄉愿，非下苦口針砭則重病不能癒，故廣蒐密典諸續，徹底明示似佛外道脈絡，示種智摩尼珠以澄清穢濁、杜學人來世地獄之門，故造此《狂密與眞密》鉅著，非再來菩薩所不能爲。

忝列門下，師不以余魯鈍，囑余爲序，敬撰數語，祈願一切讀者能暫置個人成見，詳審比對密經密續，而後加以反覆思考、深切佐證本書內容，以救自沈。是禱！

菩薩戒子　**秋吉．將巴洛傑**

公元二〇〇二年春節序於雙和居

# 第一章 概說密宗

## 第一節 概說密宗

### 第一目 概說密宗：

本書所說之密宗者，乃謂今時弘傳於人間之密宗，非謂佛法中証得密意之秘密宗旨也。密宗之初始，本是藉諸密咒眞言、藉助諸佛菩薩及護法龍天之力，以求達到世間之身心安樂，而免產生佛法修行上之障礙，是故初始唯有藉諸密咒求護法神護持之法與儀軌，非如今日密教之法義組織嚴密。密宗法義之組織嚴密，乃是經由後來之日漸增補、及蒐集外道法與佛法名相之後，再蒐求外道男女合修淫樂之雙身修法理論而納入佛教中，然後以此雙身修法之理論而前後貫串之，方有今日之規模，非如顯教之三轉法輪而圓具三乘菩提一切法，亦非如顯教之於四阿含中已隱顯函蓋三乘一切法；故說密宗諸法乃是後來之凡夫俗子，依於妄想而建立增補之虛妄法，並非眞正之佛教。

密宗所說法義之荒誕不經，眞可說是匪夷所思，乃是索隱行怪之宗教，本質並非佛教。而其所說解脫道及佛菩提道，則又完全悖離三乘經典之眞實義理，誤導衆生極爲嚴重，令諸學人久修佛法而無所証，並且漸入歧途，沈溺於三界有漏有為法中；修之愈久，陷溺愈深，不能自拔，必將導致永世輪迴、乃至墮落三途，貽害學人極為嚴重。然而如是嚴重事實，少人能知；乃至密教內外或雖有人知之，而不敢言；誠恐據實言已，招致密教人士之群起而攻、百般辱罵、乃至害命；唯有默誌於心，尚不敢公開明說，何況敢形諸筆墨文字？由如是緣故，致使密宗之實質，長久以來不為一般學佛者所知，乃至高級知識份子如陳履安先生者亦受矇騙而不能警覺。

如今世界資訊發達，學人教育程度普遍提高，基本佛法已普遍被一般學人所知，若有人能不畏密宗強大勢力，敢出面據實指陳密宗法義之邪謬處，令密宗一切法王活佛仁波切皆不能置喙，令一切學人皆能理解密宗法義之邪謬所在，則能使諸顯宗學人不須捨顯就密｜不須從正法中轉入邪道；亦能令諸密宗學人乃至一切法王仁波切回歸正法，則古來密宗學人誤入歧途、久修無証，或誤修誤證、犯大妄語業而導致捨壽入地獄之情況，即可漸漸消除；古時天竺佛教滅於密宗手中之故事，便不會再重演於今時之台灣乃至未來之中國大陸，佛教法義便可保持純淨；此後千年之佛教流傳亦可無虞，今時後世廣大學人亦可免於古今密宗邪見之遺毒。

是故揭露密宗邪見、加以辨正邪謬之事，意義深遠而且重大，佛教界一切大德皆不可等閑視之。余今造此書者，意實在此，普願一切長老、大德、諸方學人、密宗一切法王學人，皆能體察余之至誠，如實探討密宗之本質及法義之邪謬，捐棄成見，共爲佛教之久遠流傳而攜手努力，造福今時後世學人。

復次，**密宗之一切學人特須警覺及探究**：我入密宗之門學法修法，目的爲何？若目的乃是爲求世間法之強身及男女欲之享樂，則可不須在意余之所說，可以繼續修學密法；若學密之目的，是爲修學解脫道及佛菩提道，則應捨密就顯，不可再存身於密宗之內，蓋其所修諸法皆屬似是而非之邪見法故。若必欲留於密宗之內修學佛法者，應俟密宗之法義邪謬修正之後，方可修學；否則皆必誤入岐途，於佛法之修証，必定空無所成；乃至破毀菩薩重戒－雙身修法是故意邪淫故；及成就大妄語之未來無量世無間地獄長劫尤重純苦重報－密宗內一切即身成佛法之修證皆是大妄語業故。由是正理，余今呼籲一切密宗學人，應先探究自身學密之目的，而後冷靜探討密宗法義是否符合佛法二主要道之眞意，然後愼重決定自己之去留，如是方爲有智之人也。密宗中人若未讀完本書內容，輒先誹謗者，名爲無智及情執深重之人也，不知內涵便作評論故。

密宗之邪見極多，要而言之，以應成派中觀之無因論邪見、及無上瑜伽雙身修法之即身成佛邪見爲主要。其次則是索隱行怪之行徑：蒐羅一切外道所修、種種稀奇古怪之世俗邪見法門，納入佛法中，以之作爲佛法之修行法門－譬如求甘露、遷識法…等，以之作爲佛法修行上之証量，其實與佛法之修行完全無關。由其行徑古怪，違背佛法之理論與眞實修行法門，故說密宗是索隱行怪之宗教。

復次，密宗之見、修、行、果，俱皆錯誤；灌頂諸法亦無實質意涵；而彼所傳遷識法，謂可由空行母將學人之本識遷往空行淨土或極樂淨土者，亦屬虛妄想；而密宗之《大日經、一切如來眞實攝大乘現證三昧大教王經》所說之觀想本尊成佛已，即名已成究竟佛者，更爲虛妄。求降甘露之法，則是欲界天之有爲法，與佛法無涉；至於五甘露等，更是荒謬淫穢之邪見妄想，無關佛法。

以肉身成佛而說肉身即是法身者，更是無稽；氣功拙火之修鍊，亦與佛法無關；觀想中脈明點爲菩提心、以明點爲阿賴耶識持命持身者，亦是外道妄想，非佛法也；修練寶瓶氣，欲成就禪定之四禪八定者，亦是外道虛妄想，完全無關佛法也。

至於宗喀巴將佛道次第顚倒，謂三轉法輪諸唯識經典爲不了義法，以二轉法輪般若經典之「中觀總相智」爲究竟法，而密宗黃敎行者普皆信受不疑，非是有智之人也。宗喀巴於《入中論善顯密意疏》中，引述顯敎諸經，以證成其所主張「無第七八識」之說，亦皆是斷章取義，曲解顯敎第三轉法輪諸經之佛意；完全不知「第三轉法輪諸唯識經所說諸法乃是證悟般若中觀者證悟般若總相智後所應進修之一切種智」，反誣最究竟了義之一切種智唯識眞義爲不了義法，藉此邪說而否定七八二識，令人不能責其爲未悟般若者。又不知般若中觀所說乃是第八識如來藏之中道性，妄謂「無如來藏」之「一切法空」即是般若之主旨，完全誤會般若正義，名爲不知不證般若之凡夫也。

宗喀巴更規定黃敎之上師資格，以其人之大小香（大小便）不臭而有香味者爲能否擔任上師之標準，如是立論極爲荒唐；而宗喀巴所說秘密灌頂中，使用四脈流物（大香、小香、上師與師母或明妃在灌頂壇行淫後所流出之精液與淫液）置於弟子舌上，謂由「嚐彼而生妙樂三摩地」，更爲荒誕不經。而彼密宗學人學至最後階段之大樂光明、無上瑜伽、空樂雙運時，對宗喀巴等祖師所傳授：淫樂遍身持久不退、而能於極樂觸覺中樂空雙運，並體會樂空不二者，即是成就正遍知覺，以此爲即身成佛之無上祕密法；竟然信受不疑，令人懷疑密宗行者究竟有無智慧？世俗有智之人尚能了知其謬，而學佛之人爲學智慧，竟不能了知其謬，豈非顚倒？二乘人雖無般若慧，亦知應斷除欲界貪，乃密宗「超越三乘」之無上密法，竟反而貪著欲界愛，空言「以欲制欲」而遠離三乘佛法，非是有智之人也。

至於天竺密宗月稱「菩薩」及宗喀巴之恣意否定七識與八識，令三乘佛法墮於斷滅論及無因論中，已非荒唐而已，直是破壞佛法根本、謗菩薩藏，《楞伽經》中佛說如是人已成一闡提人，而諸密宗行者竟然毫無懷疑、信受奉行，隨之否定七八二識，隨於宗喀巴等未悟祖師成就一闡提罪。

如是，始自天竺，中及西藏，今至全世界延續不斷之密宗、種種荒謬邪見及破壞佛敎正法諸行，少人知之，而無人敢公開明說。佛敎歷經密宗如是長久以來之種種破法及摧殘，展轉傳至此土，實質法義幾已滅沒，少人能知能証佛所宣示之三乘法義，哪堪於此一息僅存之際、更遭密宗以種種外道法取代正法而加以摧殘？

若無人出而摧邪顯正，匡復實質了義正法，則昔年天竺佛敎滅於密宗手中之故事，仍將重演於今日之中國，誤導十餘億人；乃至隨於密宗之弘傳全球，必將於後世誤導全球學人；吾人若不加以辨正邪謬，致令全球學人普皆信受密宗邪法時，後必致使佛教了義正法永滅於此世界。

吾人若無慧眼法眼，見不及此，則任令如是故事重演，亦無過失；若已明見及此，卻不肯挺身而出、力挽狂瀾，則是忘佛祖恩，負佛法義，非眞佛子也；由如是理，今造《狂密與眞密》一書，以求上不負佛恩，下不負祖恩法恩衆生恩，異日捨壽時面見 世尊，得無愧咎，歡喜頂禮，依 佛指示隨處受生，再行菩薩正行；斯乃余之心行，普願人天共鑒、顯密學人悉皆照燭，同歸正道，皆得法益。

**第二目　引證之出處：**余今造此《狂密與眞密》一書，以薩迦派天竺祖師畢瓦巴所著《金剛句偈》、薩迦班智達講釋、法護漢譯之《道果—大乘要道密集—本頌金剛句偈註》一書爲骨幹，以宗喀巴之《密宗道次第廣論》一書、及餘種種密續經典、密宗祖師所造密續諸論爲輔（詳見書後所列參考書目）。實因薩迦派之《道果—本頌金剛句偈註》（以下簡稱《道果》）一書最足以代表密宗法義故，所述次第最爲具足分明故，內涵次第極爲確實故，已經函蓋密宗諸派法義故；各派法義與薩迦派之《道果》一書所說，皆悉大同小異故。然因《道果》一書善於保留密教之密意，內容極爲省略隱晦，應需他派他書之細節及口訣之補充；至於各派口傳祕密法門之口訣內涵，已散說於諸派上師所造密續及著作之中，只需一一檢閱貫串於《道果》之次第中即可，是故本書以《道果》一書爲骨幹而評論之，合先敘明。

次則以宗喀巴所造之《密宗道次第廣論》，及諾姆啓堪布—道然巴羅布倉桑布—所述《那洛六法》，及陳健民上師之《曲肱齋全集》爲輔，參考藏密各派法義而造之；《道果》最有次第性、涵蓋最完全故，《那洛六法》屬於圓滿次第及即身成佛法之口訣故，《密宗道次第廣論》最有權威性故，《曲肱齋》最有內涵故，藏密各派之法義早已互相融合而大同小異故（註：《道果—金剛句偈註》之譯者法護，本名曾慶忠。薩迦班智達乃薩迦派第四祖。《道果》原書結集時約八巨冊，後由第一世蔣揚欽哲增補及總結集，彼曾與三百餘位密宗上師學法，即是轉世頂果也。蔣揚欽哲由結集密法之大成故，法護由漢譯此書故，皆對余今時將密宗佛教導歸正道有大助益，此乃彼等功德也）。

余雖廣有密宗諸書二百餘册，然僅以其中較具代表性者爲佐証—譬如《那洛六法》書中多授口訣，極具代表性。又陳健民上師推廣密宗之道，廣著密續，乃至對無上瑜伽亦鉅細靡遺而詳述之，亦令密宗行門不再神祕，令眞善知識易得了知密宗實質，易於檢視辨正之，皆於導正密宗固有之邪見上，有大貢獻，亦爲重要之引證資料，餘則僅作參考爾；密宗古今上師之著作，率皆互抄於前代祖師及當代上師所造之密續而大同小異故。

至於克主杰「大師」之著述，則仿效宗喀巴之慣例，一味強詞奪理，並且扭曲覺囊巴之他空見而後加以指責，用以抵制覺囊巴之如來藏思想；而其著作《密續部總建立廣釋、……》等書之內容與宗喀巴雷同，不須引用之，皆略不引證。今時密宗諸師之著作，則多抄自古時祖師之著作，並無新而特殊之創見，皆不引之。余造本書所參考之密宗典籍，細目附錄於書末；書中所舉密宗諸師之開示，皆於所引文末括弧中註明出處，以證非是誤引、非是斷章取義而責密宗。引證之實例說明如下：（135-85）—書末附錄第一三五册之第 85 頁。又例：（135-85-9）—第一三五册第 85 頁之第九行。又例：（4-3-480）—第 4 號書之第 3 册之第 480 頁。

密宗之密續，大約可以分爲「經典」與「續」二類。經典者，如《大正藏》密教部之《大日經—大毗盧遮那成佛神變加持經、金剛頂經—金剛頂一切如來眞實攝大乘現証大教王經、金剛峰樓閣一切瑜伽瑜祇經、諸佛境界攝眞實經、佛說一切如來眞實攝大乘現証三昧大教王經、佛說祕密三昧大教王經、佛說一切如來金剛三業最上祕密大教王經、佛說大悲空智金剛大教王儀軌經、蘇悉地羯羅經、妙臂菩薩所問經》等，皆是天竺「佛教」晚期之密宗祖師所集體創造，經過長期之結集而後出現於人間，託言龍猛菩薩開南天門鐵塔所取出之毗盧遮那佛所開示者；三乘佛經中並未有如是預言故，彼諸密經所說皆與三乘經典之法義牴觸故，皆與解脫道及佛菩提道互相牴觸故，本書中將一一舉述之，亦是本書所參考及舉證之重要資料。

續部則屬密宗之祖師所造者，譬如《聖毗盧遮那現正覺續、四金剛座續、中觀寶燈、中觀義集、中觀要訣、薄伽梵母般若波羅蜜多要訣現觀莊嚴論慧燈鬘釋、菩提道燈釋、廣釋菩提心論、入中論、入中論釋、菩提道次第廣論、密宗道次第略論、密宗道次第廣論、入二諦、吉祥輪律儀成就法、菩薩寶鬘、入菩薩行、金剛座與金剛歌、金剛亥母成就法、吉祥喜金剛瑜伽母成就法、喜金剛續、金剛空行續、金剛鬘續、集密釋續、律生續、耳傳—金剛偈句、六法耳傳、初佛續、密意集釋、大圓滿三自解脫論、解脫點論、勝樂五次第論、聖觀世自在成就法、聖度母成就法、宗義寶鬘、寶性論、甘露密論、根本續、授記密意續……等》以及《大正藏》密教部中之種種念誦法與儀軌等。要而言之，舉凡密宗祖師所造、關於密宗道之修行理論與實務之著作，不論是否託言爲「佛」所說之經，皆屬於密續，皆參考之。至於修法之儀軌，無關法義，皆不於書中舉之。

然密續有分爲四續、七續者：四續者，傳統西藏佛教所分，乃謂事部、行部、瑜伽部、無上瑜伽部。七部續則再細分，由行續分出分別續，由瑜伽續分出二續，由無上瑜伽續之方便父續分出大瑜伽續；亦有另由無上瑜伽續之智慧母續分出無上瑜伽續者。亦有分爲六部者，即是將四續之無上瑜伽續再分爲父續、母續、無二續，若合事續、行續、瑜伽續則成六部續。

事部以皈依、淨身、建壇等爲主，行部以供養上師而修集學密資糧，及修持身口等外行與唸誦爲主；瑜伽部以修習方便瑜伽及意業之「三摩地」—父續—爲主，而以「智慧瑜伽」之母續爲輔。譬如《吉祥集密大續王》，即屬於父續之代表作；《勝樂略續》則是母續中之最主要教授，以女性立場而言勝樂之修習。無上瑜伽部則以修習方便智慧—父續及母續合修—方便智慧無二爲主。無上瑜伽者，謂一切密法之修習，以此爲上，無有更上者，故稱無上瑜伽；即是男女雙身合修之法，所謂樂空雙運、樂空不二是也，與父續母續…等同屬雙身法。

宗喀巴則於雙身法之父續中再分爲相抱、執手、言笑、互視等四續，於其所著之《密宗道次第廣論》中作如是說：《《勇金剛論師於

《結合釋》中亦說爲四續部。《金剛莊嚴續》第十一品，先說方便續中貪續多種差別，次云：「此明互相抱，續部諸差別，如是由執手，笑視亦應知。」此說能詮教續，故是顯示四續部之差別。爾時續部之名亦曰笑續、視續、執手，或抱持續、二相合（男女二根相合）續，共爲四部。……然有由笑、顧視、執手、或抱所生喜樂爲道，故亦總有以欲塵貪爲道之義（以男女淫欲觸塵之貪爲修行之道理）。此如《第二十五穗》云：「事行瑜伽及上瑜伽四續部者，以笑、視、抱持二合、執手而表示之。如是事續等中有以諸尊顧視顯示智慧方便隨貪，有以歡笑、有以執手、有以抱持、有以二合（二合謂二根交合）。」又《後分別》第三品「由諸笑及視，抱與兩兩合，續亦有四種。」寂靜論師釋云：「言由四者，謂由事行瑜伽、上瑜伽續，表示笑視抱持二合。如是事續等中有明『方便、智慧』諸尊隨貪現笑，有現顧視，有現抱持，有現二合。」……如勇金剛《結合釋》云：「言笑視及執手等，謂由笑聲，或由觀色、持手、二合妙觸，引生大樂無分別心（引生淫樂之最高樂觸而住於其中不起語言分別）。言如蟲者，是無漏大樂空句（詳第九章說明，此勿先舉）；謂如蟲從樹生即食其樹，如是從樂所生妙三摩地應修空性（從淫樂所生之一心不亂「定」中應修「諸法緣起性空」之空性）。……由明妃（與人合修雙身法之女人即是明妃）欲塵貪爲道門中求菩提者，無上部中俱緣眞實及自所修明妃，以笑等貪而爲正道（以雙身法之欲貪爲密宗之成佛正道）。下三續部，唯緣所修智妃（女人因有女根而能令男行者修學密宗之「雙身法智慧」故名智妃）欲塵喜樂爲道。瑜伽續中既不可修二根交合，故除彼外，緣餘執手或抱持觸喜樂爲道，配瑜伽續。除觸塵外，依笑視所生喜樂爲道，配事行續。此等是釋「無上部中立四續部」之名義。」》》（21-44~46）

宗喀巴於其著作中又別有四部之分法—以欲塵爲道之方便而修空性見及天瑜伽：《《欲證此二，若須觀待眾多外事，乃是事部之機。若待外事內定等分，非待極多外事，即是行部之機。若於「外事、內定」二者，以定爲主，待少外事，是瑜伽部之機。若不觀待外事，能生無上瑜伽，是無上瑜伽部之機。此依解釋名義而說，謂由外事增上故名事續，事定等行故名行續，重內瑜伽名瑜伽續；較此瑜伽更無過上，故名無上瑜伽也。》》（21-47）

**第三目：本書所說之密宗以西密爲主：**今時之密宗以西密（藏密）爲主，今時之藏密則以紅白黃花四大教派爲主，故以此四大教派之祖師密續爲取材之來源；但因四大教派所傳之法，於細節上悉皆互有差別，由於篇幅所限，不能依各教派之法而一一舉說，故以綜合之方式舉例而述；主旨必定符合，但細節不免稍有出入及與省略，合先敘明。東密（中國唐朝傳往日本之密宗）今已式微，融入日本之民間信仰中，亦不積極向日本國外推展，故於佛教正法已無負面影響，故不說之；又因目前所知之東密，久已不傳雙身修法，亦不向外國積極宣揚，影響力已漸式微，故不說之。由於西密不斷向全世界推廣宣揚，其知見與實修之法復又極爲邪謬與狂妄，故必隨其勢力之向全球擴張而破壞眞正之佛教弘傳，故此書之破邪顯正，以西密爲鵠的，不涉東密也。

又：余於書中有時加以註解，令讀者知悉密宗口訣之隱意；然余此世未曾學密，所知皆由年少時好樂修行之術，而研究修學靜坐、拳法、氣功、道術之知見，以及近年因閱讀《土觀宗派源流》一書之後，於定中及夢中漸漸引出往世在覺囊派中二世任法王時，爲掩護所傳如來藏法而隨俗兼傳時輪金剛之印象，故多少知其密意，乃據以註解之。

此書中所述密宗之理論與實修之法－尤其是秘密灌頂與無上瑜伽－稍有誨淫之嫌，而不得不據實陳述者，實因密宗之法、本來如是，非余所強加之也。復次，若不據實明說，而代之以含蓄隱約之陳述，誠恐密宗內諸執著名利之上師及諸迷信之信徒，仍將故意再作狡辯，混淆視聽，說言密宗之內無有此法，致令學人誤信，而使密宗之邪教導，繼續潛存及滲透於佛教之中秘密弘傳，便不能摒除密宗邪法於佛教之外；是故必須據實細述，令大眾普知密宗之本質，不能再考慮是否誨淫之問題也。

若人欲責此書難免誨淫之嫌者，應責密宗之祖師及其法義，不應責余；非余所強加於密宗故，密宗之修法本來即是邪淫虛妄之法故，余僅據實陳述、而未加油添醋誣枉密宗故。復次，鑑於學佛人中，多有知識程度不高者，此等諸人亦是最易受密宗迷惑者，若隱晦而說者，彼諸知識程度較底者往往不知書中所云為何意，是故於關鍵處及隱晦之密法名相，應須加以括弧而作簡單之註解，使諸識字較少者亦能讀而知解書中所言之意，是故不得不給予較淺顯之註解，則雙身修法之意涵自亦難免較為明顯，此乃末法時為護　世尊正法所不得不為者，有智之人鑒之！

## 第二節　明點脈氣無上瑜伽是密宗修法之根本

### 第一目　明點、脈氣、無上瑜伽——此三是密宗修法之根本：

明點與氣功乃是密宗即身成佛法——無上瑜伽雙身修法——之基礎，由明點及脈氣之修證完成，乃可修習無上瑜伽；由修習無上瑜伽雙身修法，則可證得

「佛果」，故說明點、脈氣、無上瑜伽乃是密宗修行法門之根本，密宗以無上瑜伽之即身成佛法門爲主要思想故。至於氣功之修法，讀者若有興趣，可逕參閱附錄所載第一六二冊《藏傳密宗氣功》之說明，此書不作轉述。

密宗祖師妄以爲練就明點氣功後，即可成就世間果之四禪八定、生欲界天乃至色界無色界天。如《道果－金剛句偈註》所說：修學氣導引道、界甘露導引道、脈字導引道，謂能證得四禪八定，並能「融入大佛母般若波羅蜜母等之宮殿，覺受法身、且解二執」，證得法身及解除人我執與法我執（詳61-371、487、492、493）。

又妄以爲可藉明點氣功及觀想脈字之成就而離三惡道、成就出世間果，成爲「不顚倒菩薩」（61-478~491）。妄以明點氣功之成就，可以成就般若波羅蜜而離能斷與所斷（61-494、495）。妄謂依身中脈輪可以成就四種淨土（61-552、553）。

又誤以觀想所成之明點爲菩提心，如宗喀巴所造《勝集密教王五次第教授善顯炬論》云：《《粗細生起次第究竟後，依仗智印亦能將菩提心從頂降至秘密下端（龜頭或陰蒂。女方有時非指陰蒂，而言子宮口－海螺脈）……》》，菩提心乃是衆生本有之第八識－阿賴耶識－此心無形無相，云何能藉觀想而變成明點？此菩提眞心與衆生十八界同時同處遍在，無一界不遍，云何能藉意識之觀行而變成明點、聚於肉團心間？或降入密處海底輪？無斯理也；而密宗自噶當派始起，乃至後來分裂爲四大派以來，悉皆如是錯認明點爲眞菩提心，完全違背三乘經典之聖教量。

密宗古今諸師皆以爲明點之修行，輔以因灌、道灌、慧灌、無上密灌，及脈字之觀想，可以成就佛地之三身四智（61-559~561），其實與佛法成佛之道無關。亦如密勒日巴之口訣云：《《耳傳能詮之口訣，心底深處受納時，如鹽溶水成一味。智慧於內開顯時，是非疑惑頓時斷，根本後得夢醒覺。深觀產生大樂時，所顯諸法自解脫，如水蒸汽消太空。……本來明體智慧現，明朗如淨水銀鏡。……解脫取捨諸行時，以心離作安然住，……此時境識各自分，如分馬群與牛羊，心與蘊聚繫繩斷！我已利用人身寶，瑜伽行道事已畢。》》（4-3-480）。其實是以意識觀想明體住於樂空不二之境中，作爲已經成佛之修證；如是密勒日巴，尚不能證得「眞相識」阿賴耶，而以明點爲阿賴耶識，未入大乘眞見道位，何況成佛？而言即身成佛之果地修證？

密宗古今諸師所修禪定，既皆以明光大手印及明點脈氣、雙身修法之修證爲法門，則必不能證得四禪八定，是故禪定層次皆低；緣於不離欲界淫欲故，所得禪定皆不能超出欲界定範圍，初禪修証必須遠離欲界男女欲故。如是「密宗禪定」之修法，皆是妄想境界之「禪定」，非眞禪定也。關於明點、脈氣之修法，將於第二章中作較詳細之說明；無上瑜伽、大樂光明、樂空雙運、樂空不二等，則將於第九章中加以說明。

**第二目 密宗之兩重秘密：**兩重秘密者，謂法性秘密與緣起秘密；法性秘密謂明空雙運之解脫道—明體空性自解脫之大手印；緣起秘密謂藉男女合修雙身法之淫觸爲緣、而觀樂空不二，藉以證得解脫，即是貪欲爲道之法也。

如陳健民上師云：《《原夫密宗有兩重秘密：第一爲法性秘密，第二爲緣起秘密。法性秘密雖極微細，卻極平易；當其未悟，並無可見之處；及其已了，並無奇特之跡；其流弊最輕微，然極難救。緣起秘密雖極粗重，亦最危險；當其契合（正當二根交合時），固有特殊效能；若被誤會，亦有墮落危險。……前者屬大手印，後者屬事業手印。前者亦稱解脫道，後者亦稱方便道，或直稱貪道，以與解脫二字相反。此二道各具其秘密性，……。法性秘密者，法之本性離言絕照，不可思議，非人爲之。密宗大手印教授中，曾苦口婆心設法說明，然其明體終不可如說顯現。至若禪宗尤為眞實，不用文字言語、教外別傳，其秘密性更為顯然，非到實悟實證，無法直接了解。……譬如打地和尚，何嘗不願說出？然充滿口中皆是法性，只有打地以示其法；其後有人私藏其杖而問之，亦唯張口而已。彼固屬初步接觸充實之法性，尚在初關之中，無法從法性活出；要在能於法性現起妙用之第三步證量，方可隨說皆是。：今打地之不能說出，正如蘇東坡所云：「橫看成嶺側成峰，遠近高低各不同；不識廬山眞面目，端緣身在此山中。」余因蘇東坡詩而為打地和尚解嘲曰：「空靈塞滿到諸峰，充實無由分異同，難說匡廬眞面目，端緣口氣在其中。」》》（34-8~9）。然而打地和尚之打地密旨，陳上師猶未知之，如是所說只是彼之臆想爾。

陳上師又云：《《即是文佛本人亦無法比擬之。漢藏諸古德多以虛空比擬之（藏師如是比擬，漢地悟者絕非如是比擬）。然如懸想一虛空在上，而以為是法性，試問下方地面不屬法性耶？中央作此懸想者非法性耶？：本人自徹見後，實際上了知：**非唯上方如無雲晴空，下方乃至四方、連行者本人，當時亦並無身體。外內上下左右、無表無裏，一個無邊圓球**。此中並無能見之行者，亦無所見之法性。能所既無，眞理自顯，非人為之。所以秘密者，法性本身秘密，亦非有人可以保此秘密而不顯露。當其法性自然顯露，亦全不費力。故所云祕密者，特對未曾閱歷之人而言；曾閱歷者，亦覺平平常常也。……此法性祕密正如一個水晶透明圓球，人人從東邊可以看透到西邊，人人也可以從西邊看到東邊。既不能單指東邊是水晶球，也不能單指西邊是水晶球。若道把法性當作水晶球，全體舉起，誰能爲之？如有此人，試問此人可以身在法性之外耶？此人本身也屬法性。又有誰人將此人連同法性一併舉起耶？然而密宗顯教皆說全體起用，如何起用此全體耶？非過來人實無法能了解、能說明、能實現，此所以稱不可思議之祕密也。……法性滲透各種平常及奇特中，因此無法向任何邊側身進去。上師既不能用言語傳授，弟子亦不能運用心靈領會。……然而密宗大圓滿、大手印，在無可如何處，仍然設立善巧，導引到四灌（雙身法之樂空不二），必有一日成熟。禪宗則仗子孫證量直指之作風，亦得特殊之根機，然終無法破此法性之祕密；唯有讓過來人自己以其證量現前了悟。當其了悟，也是平常，終無公開其法性祕密之奇方。》》（34-10~13）

此即密宗一切古今祖師之所悟也—或謂一念不生時，「明性—了知」與「空無之性」不二；或如陳上師之以觀想上下四方猶如圓球、空無邊際，無諸遮障之空，以爲如此即是法性，而謂之爲密宗之第一重祕密；其實仍是意識妄想境界。禪宗之所悟法性祕密者，乃謂一切有情每日受用之第八識─阿賴耶識。此識可以實證及運用之，未觀想之時及正觀想之時，皆是分明存在，非是觀想時方現前可見，非是不觀想時便看不見，非以密宗之如是觀想而成；是故陳上師所言之法性，並非佛法中所說之眞實法性，只是妄想者所想之法性爾。然此觀想所成之境，仍未離法性，由法性阿賴耶識出生故，而陳上師不知本心阿賴耶識何在，故有如是臆想言說。

密宗之緣起祕密，即是密宗所說「佛果位智德經驗之緣起祕密」，即是男女合修之雙身修法；密宗因有此法，故自稱爲「果地之修行法」，故自稱能令人即身成佛，而名爲「果地修行妙乘」，因此而貶抑顯宗爲「因地修行法」─證量淺薄、不能即身成佛。且觀近代密宗漢人上師中極有名氣之陳健民上師如何解說「緣起祕密」：

《《佛果位智德經驗之緣起祕密：佛之後得三摩地中，充滿妙觀察智及成所作智，故發出妙用之智慧悲心。其佛位之法身，既與一切眾生之心同體，故能具足十八不共法，凡過去、現在、未來一切眾生所造業、所積善、所從師、所學法，無有不能了知者。正爲其根本三摩地中，毫無半點我執無明之染污與隔閡，故在此同一法性中之一切眾生等所有之佛性，及其所作之無明業力，佛皆能一一了知，如掌上之果；加上其果位證得之經驗，而設施密法之各種方便，使顯教三大阿僧祇劫修行之道之法，從此縮短加快，故有金剛乘道之建立。……。就佛果位經驗而建立即身成佛之緣起祕密：佛於顯教小乘及大乘，但言心行如何成就阿羅漢或菩薩；惟於密宗則將其本人果位之緣起祕密，以類相從，而建立修習佛身之法。如是修本尊之身口意業，觀想持咒，一一如彼本人之經驗，編爲果位學習之方法。故有五相成身、及修本尊生起次第、圓滿次第一切方法。在解脫道中所謂法性無喻不可比擬者，翻成緣起祕密，凡佛果經驗上所能成證，佛即以其本人爲喻，令果位密法行人，行其行、語其語、心其心，而建立三密相應之緣起祕密。正因爲其在根本三摩地中了知法性無可比擬，**唯是佛可知佛、佛可成佛**，佛佛道同。眾生皆有佛性，皆可成佛，故將最後成佛之寶貴經驗，一一編爲密法，而授與灌頂、加被成就，一切其他法不可比擬之佛。然以佛比佛、**以佛教佛**，方便祕密，有此殊勝緣起也。……。依於形相之緣起祕密：在法性祕密中，有無情説法之祕密，故在緣起祕密中，則有依於形相之祕密：無情之物，緣起和合必有形相，普通者如杵（男性生殖器）具金剛之相，**鈴**（女性生殖器）具蓮花之相，**彼二相配，一部無上密宗之祕密存焉**。其他世間各物，如凸與凹，如枘與鑿，如杵與臼，如鎖與鑰，如鉤與鐶，陰電與陽電，如榫與竅，如橐與籥，如壺與蓋，如天與地，如山與川，如日與月，皆爲無情，然皆說有情。密宗用手印結出各種形相，或如本尊，或如法器，或如指示，或如動作，皆有其妙用生起，故修之則應，結之則靈，無有落空者也。法身無爲之緣起祕密：法身無爲，本屬法性祕密，然佛依成佛果位之經驗，發現有各種緣起能顯法性空性之光明，如醉時、交合時、得灌時、調習時、入中脈時、悶絕時、臨終時、睡眠時，此見《喜金剛圓滿次第》之解析；《口授論》則曰：「法身喜遍空，死、悶絕、睡眠；呵欠與噴嚏，剎那能覺知。」惟其**只在剎那之間**，眾生不自知；佛陀能發現眾生法身光明之速發速失，故在其大悲中，開出密法方法，利用**睡眠無夢時，修習法身光明**。而一整部貪道，即就交合方便（性交技術之方便善巧），用氣功明點，生起四喜四空，以合其緣起祕密。》》（34-15~19）。上文中顏體文字所說之理亦有大過失，此處容略，後當述之。

如是二種祕密，皆以意識境界之修證爲其即身成佛之「果位修行法」；特以貪道之兩性合修淫欲中，藉氣功明點之控制而不洩漏精液，延長淫樂高潮之時間，於其一心住於性高潮中，體會淫樂之樂「空無形相」，即是空性；如是體驗淫樂即是空性，名爲證得空性，名爲空樂不二；又於持久不退之性高潮境界中，令覺知心別起一念－不對性樂起貪，如是久住於遍身性高潮境界之中，名爲佛地大樂、正遍知覺。此即密宗所極珍貴而祕不示人之即身成佛之道－密宗引以自豪之「果位修行」勝法。

是故陳健民上師如是說：《《…頂禮五佛之自性者，由形相分五智、五佛：色蘊法界體性智－毗盧遮那佛；識蘊大圓鏡智－不動金剛；受蘊平等性智－寶生佛；想蘊妙觀察智－無量光佛；行蘊成所作智－不空成就佛；五佛五智五蘊，一切在大樂本體分出。》》大樂本體謂長時間住於淫樂中之覺知心也，意謂淫樂中之覺知心爲有情生命之本體也。故知密宗所證之「五佛五智」，皆在如是淫觸之中觀行，而自以爲眞實證得佛法也；若究其實，仍在意識境界，尚未能知末那識何在，何況能知佛所說之阿賴耶識？如是密教中人所修行門歪邪，亦悉未能觸證般若，俱非見道之人，不應自稱「果位修行」之最勝法門，如是法門歷劫久修亦不能見道故。

密宗既以中脈明點觀想，及寶瓶氣作爲「佛法正修」，而此諸法絕非佛法，故其果位修行之說不可信也；而彼等所言之法性秘密，未嘗絲毫關連於法性；緣起秘密之雙身法樂空不二修法，亦未嘗與佛法有絲毫關連，皆是妄想者之行門，與佛法修證初無關連也。

## 第三節　後來居上之密宗？

密宗行者每愛自詡爲後來居上之宗教，自詡爲佛教中最究竟之教法，如陳健民上師云：《《⋯行人依佛得聞正法，得自思惟、正抉擇，然後方可如理如法循序修行；乃至資糧、加行、見道、修道、無學道，完成其五道、十地、等覺、妙覺。其如何加速成就，乃有密法最後最高教授，以遂其即生即身成佛利他之大願。⋯⋯在此種宇宙之中，人生之價值則在尚善去惡、守戒去欲，懺罪積德，別業改善而昇入天道；或皈依佛門，學習無我四諦，調練止觀，證取四果而爲阿羅漢；此爲最高成就，故爲小乘教法。在大乘言之，凡有小乘教法，能破人無我，能去一切邪見、無明、貪愛，則有大乘之基礎。在密乘言之，凡有無我基礎，不爲世法貪愛所染，又已趨入大乘二無我，又發起前三菩提心，則有密乘之基礎矣。》》（34-22、23）

然而密宗諸行者，若眞有三乘之修行基礎及正確之法義認知，則必不能認同密宗之所有觀行法門與即身成佛之理論；此因密宗之即身即生成佛法門，與三乘佛法之眞實義理完全相背，修之愈深入，則愈背離三乘法義之故。莫說密宗之法門是後來居上之方便法，其實根本是**從來即非佛法**，其荒謬邪說，後自舉例剖示之，此處暫且置而不論。

陳健民上師又作是言：《《密乘後來居上。佛教徒經過大乘教化後，了知眞如緣起，不再如小乘之拒絕物質，亦不再如權大乘之執著唯心，乃提倡六大瑜伽。六大者，前五即五大色法：地水火風空，後一即識大心法。此色法心法，眞如本體中本自圓融。依密法之修習，可以由分別之法互相感應，如法圓融，而形成返於眞如本體之趨勢，而**真如佛性亦可逐漸恢復其原況**。由此進而提倡密宗之正見，以爲指揮此識大及五大之修行工作，加速進行。此地水火風空識六大，無邊性種，融回法界眞如體性；以地大支持而堅固，水大滋潤而開發，火大成熟而光大，風大運動而傳播，空大含識而圓融，識大滲透而了別；任一種性隨緣與起，於是「見大」之指導運用，可盡其能事矣。如此七大緣起，由密法修習心氣不二、紅白菩提、脈與脈相啣（雙身修法中、男性中脈下端與女性中脈下端海螺脈相接合。詳後第九章第六節說明），**點與點相融**（男性密行者與女性密行者之精液與淫液相溶合、二人所觀想之明點亦相合），**而發生即身即生成佛之勝**

果，究竟利益人天之事業；如是，佛教之宇宙人生，乃得圓滿成功。不惟使宇宙能淨化成佛土曼荼羅，亦可使人生發揮其佛性，而確實取得無上佛果，實爲人生之最高價值；值得一切人之追慕、仿效，盡其一生精力，以求圓滿到達也。正因爲其哲理高超，再加上各佛本尊無始以來之十力萬行之加被，而顯出密宗之妙用……。》》（34-22~25）

不唯陳健民上師如是說，一切密宗行者及古今一切密宗祖師悉皆同作是說，同皆主張：「佛法出現於人間者，最後最勝妙，愈後愈究竟，故最後出現之密宗最究竟、最勝妙。」如是同藉此說而崇密抑顯之說法，於古今一切密宗上師所說言語及所流傳書籍中，屢見不鮮。然而陳健民上師及密宗古今一切上師，其實皆錯解眞如緣起之理，復又錯解究竟佛地之眞常唯心眞義，故有如是貶抑眞如緣起及眞常唯心之言語（眞如緣起之理及眞常唯心之正理，請詳拙著《正法眼藏—護法集》第六章第二節之辨正，此勿再述）。

彼諸密宗古今上師及一切密宗行者，亦皆不知自己所說不符佛法，皆不知自己所修密法其實從來即非佛法，竟皆自詡爲後來居上之最究竟佛法，反而貶抑顯宗眞實正法爲難以令人成佛之法、爲因地修行法門，而自詡爲「果地修行」法門，如是誤會，名爲可憐憫者。

理論。

## 第四節　密經及密續之主要意旨

密續雖有四續、六續、七續之異，然皆同以雙身修法之樂空雙運爲主要修行法門，美名爲即身成佛之果位修法，西密不論何派皆不離此一理論。

密宗之即身成佛法門，皆是以男女雙身修法爲骨幹，故五方佛之報身皆是抱佛母密合之像—由受淫樂中至高層級之第四喜大樂果報，故名「報身佛」；舉凡喜金剛、密集金剛、勝樂金剛、大幻化金剛、大威德金剛、大樂光明、嚇嚕葛、無上瑜伽、金剛薩埵、時輪金剛、金剛持（有時名爲金剛薩埵）……等，皆同一法，唯有細節上之多少有異爾。乃至密宗所說之報身佛，皆是擁抱「佛母」之交合受樂像，皆以交合女性時之樂空不二淫樂，作爲佛地之究竟樂，是故《西藏度亡經》所說中陰階段之五佛來迎時，亦皆是擁抱明妃之交合受樂狀；是故密宗所言究竟佛法之修證，皆以交合之大樂爲主旨：

《《杵端唯有此龜頭，蓮瓣緊含似有鉤，上下騰挪能發樂，明空契合碧天秋。定功豈等閒，杵似須彌山，一舉通三世，空行最得歡。

**轉妙法輪**：密處融成軸上春，不容死水尸橫陳，吻唇抱頸鉤雙足，互動恍如轉法輪（陳健民上師註云：行時二者身之上下，形成法輪之軸；二者密處中心轉動時上下互動、左右搖擺，謂之轉妙法輪）。》》（34-305、316）

乃至密宗所建佛塔之理論，亦與雙身修法有關：《《胎藏界有很多修法，但是修成胎藏界的主要修持就是五輪塔觀。爲什麼呢？因爲地水火風空，這五輪是天生的在法界裡是有的，所以以這個物理爲基礎。這個五大是一個物理的基礎，所以他要修這個觀─要先把自己的身體觀成一個五輪的塔。……五輪塔由下而上是地水火風空。……用石頭做的五輪塔是（依這理論）疊起來的，……關於五大還有以下的說明：講到堅定，就是地啊。講到慈悲，就是水啊。講到熱情、勇敢，就是火啊。講到轉法輪，就是風啊。講到空性的本體，就是空；因此空也是身，身也是空。……所以看到的東西地水火風空啊，但事實上他就各個的作用都不同啊！你們看需不需要把這些緣起搞得對啊！懂得這些東西就全法界的東西都懂得了。其實雙運法中也是這五個東西啊！男子漢沒得地大，就舉不起啊！陽舉起來就是地大啊！陽裡頭有流涎出來啊，就是水大。陽裡頭發熱─你平常裡頭他是冷的─到那個時候很熱，就是火大。這個抽擲就是他的風大，九淺一深都是風大。空大就是他的安樂啊！雙運時，女子的海螺脈（詳後第九章第六節）挺出來，就是地大。她密處出的水，就是水大啊！她裡頭發癢發熱啊，就是火大。女子的騰挪，就是風大。空大就是她的安樂。有些女子搞得太多的時候，他自然那個東西搞不進去了，這是地大過份，謂之石女兒。》》（32-216~219）

如是密宗一切修行法門，皆以男女雙身合修之理論為基礎；若人進入密宗實修者，遲早必須面對此一事實，遲早必須修此空樂不二之法，則必破毀戒行，墮於欲界淫欲之法中，則與三乘菩提之見道永遠絕緣，密宗之法絕非佛法之故，有智之人宜早思之。

然而欲修此法者，非必此生可以成就，所以者何？謂欲修此法者，必須先修成天瑜伽、明點、及氣功之後，方可修學此法；詳如宗喀巴於《密宗道次第廣論》29至33頁及80頁所說；此勿先舉，後第二章中自當述之。《那洛六法》中亦如是說，一切密續亦如是說－成就之後始可接受祕灌及修學練習雙身修法。而天瑜伽及氣功明點之修證，非必人人皆可成就；然而長時辛苦修成天瑜伽及氣功、明點之後，未來「如法」修成無上瑜伽之樂空雙運、樂空不二而成就密宗之「佛果」時，卻與佛道完全無關，只是徒然浪費時間而獲得無常之欲界世間法之成就而已，亦只是因於邪見而破毀律儀而已；一切修行努力，於解脫道及佛菩提道，皆是徒然無功。由此正理，故說密宗古今上師所言「愈後愈究竟、愈後愈勝妙」等「後來居上」之說，眞是無稽之談也。

## 第五節　密宗之三昧耶戒

修學密宗之法，除須先受四皈依—皈依佛、皈依法、皈依僧、皈依上師之外，尚須受密宗所獨有之律儀戒，並須唸誦百字明至少十萬遍，以百字明「懺除自己之罪業」；然後才可以加受密宗三昧耶戒。三昧耶戒及附屬之「清淨律儀」者，宗喀巴如是咐囑，應清淨律儀：

《《於灌頂時受何律儀？及彼根本罪等？《根本罪釋》已廣宣說，今當說餘諸三昧耶。此如《蘇悉地經》咒毗奈耶品（轉眞言法品）云：「復次誦咒師，由住何律儀，速得諸成就？說彼咒調伏：有智修行者，於諸咒諸天，及大持誦者，悉皆不應瞋。智者勿臆造，咒軌及密咒；於諸惡性人，亦不應毀呰。開示密壇師，行爲雖暴惡；然不應以語，意毀謗。智者雖盛怒，於他諸明咒，不壓伏損害，及治罰降伏。若無師隨許，不應持密咒；於未承事者，知咒亦不與。智者知經咒，曉印及儀軌，釋經幷壇場，不傳未入壇。一切標幟形，及如有情形，幷一切諸印，不食不跨越。具慧修行者，不輕毀諸藥，不觸諸垢穢，亦不以足踐。與諸大乘人，智者不應諍；聞菩薩神力，不應爲破壞。…意勿向餘散，莫起諸雜念；無貪不淨心，行者誦密咒。莫修驅逐法，護他及遮法。不以自他咒，持誦禁惡毒。除爲修成就，咒不作餘用；亦不用自咒，較量及考驗。智者三時誦，應三時沐浴。……」》》（21-63）

三昧耶戒之部份，宗喀巴如是言：《《未入曼陀羅不應傳咒者，如《總續》云：「若未善見壇，設傳授諸咒，彼不得成就，死後墮惡趣。若爲彼宣說，咒印及儀軌，自犯三昧耶，墮號叫地獄。」若未於四部隨一曼陀羅而受灌頂，不可唯依隨許法而修諸尊及授諸咒。設作是已，淨除彼罪之法，如前續云：「如說三昧耶，設若誤毀犯，彼當善持誦，心咒十萬遍。或誦一千遍，無痴心總持；或息災護摩，或更入壇場。」《札拏經釋寶炬論》中，先說彼等三昧耶已，次云：「諸三昧耶、我從事部中集；大瑜伽部諸瑜伽師，由處時增上及意樂增上亦應如理護持。又自謂是大瑜伽部諸瑜伽師，若即不樂潔淨、不善防護，不應道理。以意樂增上，事部中亦有開許，如云：隨淨或不淨，用食未用食，任沐浴與否，念本尊即成。是故大瑜伽部諸瑜伽師亦不應違上說三昧耶也。」此謂非但受事行部灌頂者應當守護，即受無上瑜伽部者，亦須守護。故應善知彼三昧耶及根本罪，慎防莫放（犯）諸根本罪。設犯餘罪亦莫捨置，如云晝犯夜悔，夜犯晝悔，如是悔除令淨。》》（21-64、65）

如宗喀巴所說三昧耶戒者，主要有四：一者未具器（未入密灌之灌頂壇受灌頂）者，不得傳與咒語及諸密法；二者於灌頂壇不得放逸其心；三者若犯三昧耶戒，當依密宗之法懺除令淨；四者若犯三昧耶戒而妄傳密咒或密法與「未具器者」，則墜號叫地獄。謗明妃之大樂者，亦是犯重戒（34-109），此皆是密宗之根本戒十四墮所攝（密宗十四根本戒，詳 34-166~168，此書不列之）。

陳健民上師則有如是規定：若於比丘尼、母、女、姊、妹、畜生等身上行於邪淫者，則犯三昧耶戒；若於比丘尼、母、女、姊、妹、畜生女之身上，依密宗之雙身修法而合修者，則非是邪淫，則是不犯密宗三昧耶戒者；是故密宗許多大修行成就之祖師，多有用姊妹、畜生女，乃至奪取國王之公主而共修者。

若用比丘尼、母、姊妹、畜生女等者，必須彼人（或彼畜生女）是蓮花種性之空行女（蓮花種性女：詳後第八、九章說明），或彼女雖非蓮花種性者，但已經具足明顯堅固之起分證量（已修成生起分之密宗女行者），方屬如法；若自身未證「生起分」之證量，則必須對方已具備生起分之證量；若自身未證「生起分」之證量，而合修之對方異性亦未具備生起分之證量，而強與對方合修雙身修法者，皆是違犯三昧耶戒，應墮地獄，此是密宗三昧耶戒所規定者。

若非時行淫者，名為犯三昧耶戒。但若與雙身修法之法門相應無異者－於行淫之中不於淫欲生貪（不貪求性高潮而射精）－則一切時合修雙身法，皆不犯戒。是故密宗祖師往往與異性於一日一夜、乃至多日多夜合修而二身不分離者，如是長時間不間斷地處於性高潮覺受中，而「不於淫樂生貪（此貪謂不貪射精之樂觸）」者，不唯不犯戒，並可得「即身成佛，有大功德」，雙身法之合修即是密宗成就究竟佛果之三昧耶故。

若非處行淫者，名為犯三昧耶戒－譬如於佛堂中之佛像前行之，或於壇城中之佛像前行之。然若合修雙身法之雙方，皆合於修練雙身法之條件者，則於佛堂或壇城之佛像前行淫者，名為非行淫，乃是雙修無上瑜伽成佛之道，「即是修練無上佛道」，不唯不犯三昧耶戒，並有「大功德」。

復有三昧耶戒，謂須觀想成功之後，方可合修，否則即成犯戒；此謂「三瘡門」也。意謂行者（以男方為喻），於雙身法之行門中，以下門（陰道）為正門而修之；合修之前，必須先觀想女方下門為蓮花，觀成之後方可進行合修。有時亦可用上門（女方之口），然非是正修；此則必須先觀想女方之口爲甘露門，觀想自身杵頭所出之涎爲甘露，然後合修。有時則取女方之肛門而修，修前須先觀想供養「守方母」，然後方可合修，否則名爲犯三昧耶戒。

密宗認爲：若是比丘以自己之金剛杵（陽具），進入女人蓮花（陰道）者名爲犯戒；若已入達一寸二分以上者，名爲究竟犯，則是犯根本戒。密宗「喇嘛」與女人合修雙身法時，《其法仍是全部抽送》，不受上述禁戒所拘；然合修之前必須觀想自他二人之性器官相入、乃是金剛杵入於蓮花，如此觀成、方可實地合修；若觀想未成就，而逕行實地合修者，則犯根本戒（詳見34-162、163）。

若於雙身修法過程中不慎漏點（不慎而射精）者，即是犯三昧耶戒；若不漏明點者（若能不漏洩精液者），狎諸女人，皆不犯戒：《《故在印度遇成就師不達古達時，爲我灌無上密部灌頂，開示事印方便（男女合修雙身修法之方便善巧）甚多；於寂無人處、爲布壇城，念勾召咒；俄頃，美女來，年甫及笄，衣飾華麗；忽後，變現方隅，十六女作總跳舞。余以已受戒故，如前貪心智慧（雙身修法可以「成佛」之智慧）不能生起。俄頃，而彼女（脫）下羅裙、露蓮花（露出陰戶）、花（陰戶）中現壇城，師囑與交

（合）。余心口如一，白曰：「我乃比丘，焉能如此？」師曰：「此密行，決當行。若有疑，可服吾丸藥，幷行吾氣功，明點必不洩，任何逞欲皆無妨。」余毅然稟拒，壞戒、欺阿闍梨，決不敢奉命。師喟然嘆曰：「汝於精要，竟不及知。」言罷，自與女行（淫合），行後上供（以淫液供「佛」及觀想淫觸樂受供佛），甫一彈指，女杳然去矣，其後余深悔焉。夫明點（精液）不洩，戒必不犯，（雙身修法之）智慧展轉增上，阿闍黎當以此悅意，尚焉欺？然事已成明日黃花，大緣起法於焉錯過，惜哉！嗣師復將貪道（雙身修法）口訣開示，授以秘密經論，大意謂：「以智攝持，智所依明點雖壞（雖然不慎射精），不犯『禁行戒』。明點不漏，唯為未生智慧以前，依之令增耳。……間亦疑乎當犯比丘戒，然僅飲杯茶頃，即不復念之，時欲歌、時欲狎女人，時欲往陌生地帶暢所欲為。」》》（34-608~609）。此處所說，乃以不漏物質明點（精液）者為不犯戒—意謂若能不漏洩精液者，則與他人交合修雙身法並不犯戒。

密宗三昧耶戒之犯戒者，若欲清淨，應行如是法：《《清淨犯三昧耶之瑜伽者，如《普賢修法》云：「犯三昧耶，想心月，心咒變成雜金剛、三昧金剛師，想諸眾生本性淨，當於雜色蓮葉中，由前次第受灌頂。」祥米金剛釋此義謂：「想自心間地輪，上有雜色蓮華，彼上月輪中央，由吽字變成羯摩杵（陽具），上有慷字，變成寶劍，再變為不空成就佛，智慧方便為體（母續之密意及父續之密意為體）。次想一切諸法本性清淨，智慧薩埵（空行母）心間種子放光勸請虛空諸佛放光，出佛眼等天女，手捧寶瓶甘露充滿，為自灌頂，一切微塵悉皆潤澤。」此立自宗：修天為先，依止五甘露等，對治毀犯續中所說護密咒行諸三昧耶，破他派說「溶化自身為不空佛三昧形而受灌頂」。又四百五十論云：「犯三昧耶還出者，微妙不空金剛輪，心間想業金剛慷，一切皆為自灌頂。」寂靜論師云：「自修不空成就，想曼陀羅主尊心間有羯摩杵，上有慷字，自受灌頂。」此二隨修一種，能淨輕毀師長等罪，最為重要。》》（21-540~541）

若違三昧耶戒（譬如不信此法、誹謗此法者；或遇男性行者要求合修雙身法，而不肯配合共修之密宗女行者；或遇女性行者需修此法，而拒絕配合共修之男性行者，皆名為犯三昧耶戒者），須以美麗明妃（若上師是女人，則應以英俊勇男）供養上師令悅，方可滅罪，故薩迦派作如是說：《《又若三昧耶違退，補以五空行者為：若違一切三昧耶，則補以金剛空行之正意，於其上行之，即本頌云：「以五妙欲等令悅等」，其謂「妙欲」者，為所悅欲於意，權立為功德之法。前一「等」字為「外五欲功德」，即供物與資具；後一

「等」字為「內五欲功德」，即以嚴飾特殊明妃、獻於上師。於此唯令上師悅，而亦補粗略之三昧耶；若為根本墮戒者，則由令上師悅後，復持灌頂清淨。》》（61-326~327）。宗喀巴亦作是說，初無二意。

又：《大日經》中假冒之「佛」如是言：《《祕密主！如是上首諸如來印，從如來信解生，即同菩薩之標幟，其數無量。又祕密主！乃至身分舉動住止，應知皆是密印；舌相所轉眾多言說，應知普是眞言。是故祕主！眞言門修菩薩行諸菩薩已發菩提心，應當住如來地，畫漫荼羅；若異此者，同謗諸佛菩薩，越三昧耶，決定墮於惡趣。》》（卷五）。此謂學密法者必須認定：修法壇中上師或自己之一切身口意行，皆是眞言密印，神聖不可懷疑，否則即是犯根本戒－違犯三昧耶戒－必墮惡趣，受無量苦。此是密宗《大日經》所說之根本戒。

## 第六節　生起次第成就方可修習雙身法

學密之人入門，須先學下三部法：所謂事部、行部、瑜伽部，此下三部法，屬於生起次第；下三部法學已，方可受密灌及慧灌，乃至合修雙身法，否則即是犯根本戒。宗喀巴云：《《凡能具足進趣圓滿次第，須有堅固生起次第，此則諸師皆同，如前廣說。《集密本續》十二品云：「承事智甘露，一切應觀察，此即能修習，一切咒眞實。」……攝行論亦說身遠離，並說始從生起次第乃至（男女合修之空樂）雙運，須學前已，方學後後；若無前前身遠離等，後則不生，次第定爾。》》（21-546）

事部及行部主要爲禮拜、供養、禮請、持咒、懺悔、歌頌、奉事「諸佛菩薩、龍天護法」、設曼陀羅壇…等。瑜伽部中有四種最重要之瑜伽：天瑜伽、空瑜伽、風瑜伽、念誦瑜伽。天瑜伽等生起次第修成後，方可修學空瑜伽及風瑜伽…等：《《如於所修天身，能修之三摩地雖有無邊，但至究竟唯是大密金剛持之一部。如是所誦眞言雖有無邊，念誦勝利亦無量種，但辨咒有了義不了義，說了義咒即是金剛念誦，故語根本風能得自在。亦唯稱讚金剛念誦爲語金剛三摩地，一切念誦此最究竟。如《攝行論》中說如是從生起次第乃至身遠離（於人間之色身不執著）修成（觀想所成之）天身，乃成究竟能誦咒者；即以彼身持誦究竟念誦，於發語風（以寶瓶氣誦種子字）獲得自在，即由風力而能任持引導界等（由寶瓶氣而能引導身中脈氣諸種子字及精液淨分等），故若結合外印（謂身印—明妃也）、然（燃）猛利火（拙火）、溶菩提心，即能任持不墜，滅八十種自性分別，生三空智，證得意金剛三摩地，此後乃得生起幻身。由生圓滿大空智力，乃能入光明一切空。由大空後唯從風心圓滿生起幻身之力，乃能於入一切空後、現證雙運轉身。次由修習雙運轉義，以彼等流而往（住？）佛地。……由是諸入此法修心要者，先當勤修第一次第，生「身遠離」；次當善巧「命力、金剛念誦」，要以修風（風瑜伽）爲主。》》（21-552~553）

是故欲修雙身即生成佛法門者，必須先修觀想所成之天瑜伽（觀想廣大天身），而後加修風瑜伽（寶瓶氣）、金剛念誦等，然後始可修習雙身法也。此謂生起次第未完成者，不可修雙運法，否則即成犯「根本戒」，此乃宗喀巴之主張。

是故宗喀巴云：《《於此深顯無二俱生歡喜圓滿次第之前，當修變化空點，即是修風金剛念誦。此聖派有多差別，說由修此之力，能達一切諸法皆如幻等。於此之前當修密點，即降心間空點（觀想所成之明點）下至密處摩尼（龜頭）任持（生樂而不漏洩），於此點中修能依所依圓滿曼陀羅。於彼主尊心間空點任持其心，及有多種收放（於雙身修法之樂觸中，能將射出之明點－精液－收回）差別。……修心中不壞點（觀想所成之明點）與摩尼中密點（性高潮中已至龜頭即將射出之精液名爲密點），及上鼻端之變化點三者，如其次第，是依歡喜、勝喜、離喜而修。又修不壞殊勝點已，如彼隨壞次第修收放者，是俱生喜（於密宗內一般說此爲證得究竟佛果）。總之，由前二修空點瑜伽，第三修風瑜伽，以風與點堪能之力，順逆收入、生起光明，數數修習，成辦深顯無二清淨智身，次即由此等流進修其果。》》（21-556~557）。此是宗喀巴所說者。此處等流，非是顯教中所說之等流果，乃是密宗自己所認爲之等流果，迥異顯宗所說故。

下三部須在十六世內修完，然後進入無上瑜伽；若十六世中未曾修完下三部諸行，則不得修學雙身合修之即身成佛法門；此時就必須知曉金剛界與胎藏界之道理：《《必須懂得這個瑜伽部，頭一個金剛界與胎藏界；兩個要瑜伽的，他才能夠成佛啊！……胎藏界等於女人的蓮花（陰戶），金剛界就等於男的杵（陽具）；到了無上瑜伽的時候，金剛與胎藏瑜伽，就是杵蓮相合，就是修雙身法。蓮花代表大悲，杵代表大智。杵發出的白菩提（精液）又有大悲，蓮花裡頭發出的紅菩提（淫液）又有大智，紅白要和合——紅裡頭有白、白裡頭有紅。》》（32-219、220）

《《生起次第修本尊觀有三個條件：一個條件是佛慢，一個條件是明顯，一個條件是要堅固持久。……然後再修佛風啊！你看那個氣息欄內各項的進步，他就不同了；起初的氣息都是外息啊，外面的空氣啊。

後來修命氣，就有內息了。這個佛風就是密息，密息是從佛風裡頭出來的。密息就是禪息。……密息才是在中脈裡的，外息就在鼻孔裡頭及肺裡頭。……佛風往來總要經過中脈，才是佛風。修佛風的人，若沒有達到中脈，他還是不算是佛風啊！只是觀想的中脈，那都不行哪！要實實在在的開了中脈才算。硬是有開了中脈的相，開了中脈的相就不同啊，見到無雲晴空才是中脈眞正打開了。》》（32-122~123）

修成明點與佛風（寶瓶氣）之後，能將明點自由提降，然後才可以受祕密灌頂，及修學無上瑜伽之樂空雙運，否則即是違犯密宗之根本戒，「須下地獄受苦」。因爲若未修成明點及佛風之自由提降者，無力於雙身合修之中、由對方提取明點之淨分或濁分，只是藉詞與別人邪淫而已，所以說爲犯戒。

## 第七節　迂迴曲折離奇之密法

密宗之修行法門，極爲迂迴、曲折、離奇，復又曠日廢時。迂迴曲折者謂：眞正「成佛之道」，其法之首要，在於證知自己之第八識實相心（即是未來佛地之眞如心），證得之後，修道之次第皆可按部就班一一完成；然密宗之修行法門，須於外道所修之世間法中｜天瑜伽及脈氣明點等皆是外道所修之世間法｜廣作種種修行，然後方可正式修學密法；及至正式修學密法之時，所修之法卻是男女雙身淫樂之修法，與佛法完全無關，皆墮意識層次之中故，皆與佛菩提道及解脫道無關故。而密宗所證之第八阿賴耶識，只是觀想所得之明點，並非眞正之第八識如來藏阿賴耶識。有時密宗上師所說如來藏雖非明點，而是心，然卻仍是意識之變相故；所說所修迂迴而不能及於佛道故。

離奇者謂：明空雙運之大手印無上瑜伽，實是意識境界，與眞如佛性無關，乃竟倡言如是所證爲佛地之眞如。復謂樂空雙運之無上瑜伽事業手印，名爲能使人即身成佛之無上密法；然而觀其所證得之空樂不二境界，仍是意識境界，尚且未曾證得因地之如來藏，何能證得佛地眞如？乃竟妄稱即身即生成佛，如是密宗之修行法門，荒唐離奇之至。

復有離奇者，謂密經說：觀想心中出現月輪，即認彼月輪爲自己之眞實心：《《：：時菩薩白一切如來言：「世尊！如來！我遍知已。**我見自心形如月輪**。」一切如來咸告言：「善男子！心自性光明，猶如遍修功用，隨作隨獲；亦如素衣染色，隨染隨成。」時一切如來爲令自性光明心智豐盛故，復敕彼菩薩言：「唵菩提質多畝怛波娜夜弭」，以此性成就眞言，令發菩提心。時彼菩薩復從一切如來承旨，發菩提心已，作是言：「**如彼月輪形，我亦如月輪形見。**」一切如來告言：「汝已發一切如來普賢心，獲得齊等金剛堅固，善住此一切如來普賢發心。於**自心月輪**思惟金剛形，……。」……時金剛界菩薩摩訶薩白一切如來言：「世尊！如來！**我見一切如來為自身。**」一切如來復告言：「是故菩薩摩訶薩！一切薩埵金剛，具一切形成就，觀自身佛形。以此自性成就眞言，隨意而誦：唵也他薩婆怛多薩怛他唅。」**作是言已，金剛界菩薩摩訶薩現證自身如來。**盡禮一切如來已，白言：「唯願世尊諸如來加持於我，令此現證菩提堅固。」作是語已，一切如來入金剛界如來彼薩埵金剛中，時（金剛界菩薩所成之）世尊金剛界如來，當彼剎那頃現證等覺一切如來平等智，入一切如來平等智三昧耶，證一切如來法平等智自性清淨，則成一切如來平等自性光明智藏如來、應供、正遍知。》》（《金剛頂一切如來真實攝大乘現證大教王經》卷上）

如是以觀想所得之月輪作爲眞實心，此觀若眞者，則應眞心有形有相，則違佛教示；由此密經之「如來」開示，可知此經之如來非是佛教之如來，眞正之如來必不作如是未見道者所說之語也。復於「自心月輪」中，見一切如來之身等同自身，然後唸一句咒語之後，金剛界**菩薩**

便「現證自身如來，證得佛地之智慧」。非唯《金剛頂經》作如是妄言；《大日經》中亦如是說，俱說觀想本尊成佛已，則自身即已成佛；然究其實，連七住位菩薩所證得之第八識如來藏何在？都不能知，如此而可言已成究竟佛者，著實荒唐無比，絕非佛法；而諸密宗行者信彼密經諸言，愚痴乃爾！由是故說密宗之觀想修行法門，極爲荒唐離奇。

曠日廢時者，謂密宗所修之前行法、加行法，念誦諸咒動輒十萬百萬遍，費時甚多；如宗喀巴云：《《修此六尊於取寶藏取精華時，心咒誦一億遍，心中心咒誦三億等。所誦什一而作護摩。釋論謂此，依於圓滿世說。所引經論亦說「言持誦一億二億等者，是依圓滿世說，故當誦二倍等。」此說顯是修悉地時。》》（21-171）。而其儀軌極繁，修學費時；咒語極多，皆須一一記憶之；觀想之法繁雜，種類甚多，修觀往往費時多年。修練氣功亦復曠日廢時，所須供物及壇場環境，皆須費時籌措；最後階段之雙身修法所須明妃佛母，復須有諸因緣，方可得之，並非一切異性皆可請來合修，唯除自身已成就生起分。

而雙身修法之第三灌頂，亦須覓取上師中意之明妃（或勇父），方能具足第三灌之條件，方能修學「即身成佛」之雙身修法，此亦不易成辦；第因此時民智已開，學人大多知此修法非眞佛法，是故欲覓明妃（或勇父）亦非易事。若以金錢換請風塵中女人爲明妃（或以星期五餐廳之男公關爲勇父而與女上師合作）者，又恐上師畏懼感染愛滋病、而不肯應命，是故當今之世、之時、之地，欲得成就第三祕密灌頂者，亦大不易也。是故今時密宗上師之爲人作密灌、第四灌者，亦多僅依儀式爲之，多未眞行密灌四灌。而密宗之修行法門，其內涵及次第極爲繁雜，然而「如法」成辦、努力修行所得之法，仍與佛道完全無關，只成外道性樂之遊戲消遣爾。

又以無關佛法之外道法修證等有爲法境界，擅自配置佛法中之修證果位。如蓮花生大師對於無上瑜伽之樂空雙運，如是開示云：《《：又樂與六度相配者，佛父母由本尊明顯圓滿資糧，是爲布施；明點（精液）如命防護（令不漏洩），是爲持戒清淨；諸苦所顯皆樂，爲忍辱；**於彼義安住，爲禪定；於樂不疲不怠，爲精進；樂自了知，通達空樂無二，爲智慧。** 與四灌相配：父母本尊明顯，爲瓶灌；脈內明點動搖，煖生起，爲密灌；清淨能取，執粗細分別，爲三灌；離心智慧大樂顯現，爲四灌。 與三戒相配：（樂觸）剎那不斷，爲別解脫戒；樂爲他（人而修）故，爲菩薩戒；自生本尊明顯，不越空樂大樂智慧，爲密宗戒。 樂與四道相配：發心已，自他本尊明顯，大樂智上遊戲，爲圓滿資糧道；佛父母平等住，現證空樂，此爲見道；能所修無執著，此爲修道；此之本體（明體）離心所作，爲無學道（爲究竟成佛）。》》（34-557）

如是而謂已證見道、成地上菩薩、乃至成佛等，極爲荒唐，完全悖離眞正之佛法，故說離奇；而諸密宗古今祖師，竟然以此離奇之密法而貶抑顯宗之眞修實證，不應正理也。由上所舉證，密宗之即身成佛法門，如是迂迴、離奇、曲折、荒唐，與佛法修證完全無關，而誇言更勝於　釋迦佛所弘之法，而言愈後愈勝妙之法，而言更勝於顯教之法者，眞乃妄語也。

## 第八節　淫樂之雙身修法爲密宗之中心思想

密宗之修行法門，始自結緣灌頂、皈依之因灌、瓶灌，中及上師相應法之觀想、明點之觀想、天瑜伽觀想、氣功修練，末至無上瑜伽之即身成佛法門，皆以修證雙身修法之淫樂爲其中心思想，以此邪見而前後一以貫之，絕非眞正之佛法也；於第二章起，將逐一舉例而辨正之。如是邪謬之觀念與修行法門，其實乃從婆羅門教諸教派之性力派中蒐集而來，然後高推爲釋迦世尊所未曾說之至高無上、即身成佛法門，美名爲法身佛所說之「果地修行法門」；所說悉皆言不及義－不能說到第一義諦。

如是邪見，佛於《楞嚴經》中早已預破：《《阿難！云何攝心、我名爲戒？若諸世界六道衆生其心不淫，則不隨其生死相續。汝修三昧本出塵勞；婬心不除，塵不可出。縱有多智、禪定現前，如不斷淫、必墮魔道：上品魔王，中品魔民，下品魔女。彼等諸魔亦有徒衆，各各自謂成無上道；我滅度後，末法之中多此魔民，熾盛世間、廣行貪淫，爲善知識，令諸衆生落愛見坑，失菩提路。汝教世人修三摩地，先斷心淫，是名先佛如來世尊第一決定清淨明誨。》》（卷六）

密宗之修行法門與知見初始即錯－自四皈依…乃至最後之無上瑜伽－一向皆以淫樂之男女雙身合修之法爲其中心思想、爲其正修之法；至於最末之修証，則墮外道境界及大妄語業中，無有一法與佛法相關，絕非佛教也。凡欲修學佛法之解脫道及佛菩提道者，務必謹愼明辨之，以免捨報時，因於破戒及破壞佛教正法之重罪，而於未來無量世中受諸尤重純苦長劫重報，悔之莫及也。

# 第二章　觀想及天瑜伽

## 第一節　觀想乃密宗修法之起分

觀想之法，乃是密宗行者必修之法門；若觀想不能成就者，則其後之一切修行皆不能進行，故觀想一法，在密宗之中，地位極爲重要；能否修學密宗之法，首先須觀察此點，故說觀想之法爲密宗修法之起分。《《起分之修習乃正分之預備也，猶如登樓必由梯上，無梯不能登樓；起分修好，正分始能修。起分修法，經中不詳，非由上師口傳不可。今簡單的講與爾等聽：修者先安靜坐下，將心定下，一心想自己變成本尊。天天如此修觀，久自習慣。心既寂定，即使室內有人在旁叫囂，亦能充耳不聞、心不微動，方稱寂定。》》（62-50）。是故觀想本尊之法，乃是密宗修行入門之基本功夫。

修觀想之前，必須先作頂禮及供養。先以觀想而作頂禮：《《妙欲天女眾，於越量宮四門，以誓智不即不離之式，向壇城天眾頂禮。》》（158-215）。吉美林巴云：《《若有對生本尊時，由自生本尊之心間出四變化天女頂禮對生（本尊），對生（本尊）之心間亦如斯出四天女回禮，後

各自回攝心間。》》（158-217）

觀想頂禮完成後，次須觀想：《《自心間化出色金剛女等無量供養天女，彼等手捧七受用、五妙欲等無量供養物，並吟歌奏樂作舞；供物之各微分亦放出不可思議希欲雲層，令壇城主尊之十方三時諸佛與菩薩、具誓、護法等諸尊歡喜饜足；支分供養中，以具八支功德之閼伽供口，澄淨清涼悅意水濯浣手足，天物花鬘增長善妙供戴首，天然或和合清馥之香供鼻，珍寶鑲嵌之燈供眼，具旃檀紅花等香味之藥香水塗身，具百味精華之食饈供舌，吹奏擊鳴等悅耳樂音之聲供耳根，供後諸天女亦融入其處。》》（158-217）

又如《密意集》云：《《諸供物擺設善妙莊嚴，乃設物供養；其觀如普賢供雲，乃禪定供養；諷誦悅耳供詞，乃音聲供養；身恭敬，以蓮旋手印作獻供手勢，乃手印供養；供詞之咒『阿甘』等，爲眞言供養；共五者。》》（158-219）

復有內供：《《藥爲八根本及千支分（諸藥）調製之殊勝聖物，其乃證悟一切法無取捨平等性而得，爲除二執分別魔之汁液（大修行者修雙身法後所得之淫液），具四種成就及三種；是之無上自性之大藥，以拇指無名指日月之嘎屋（拇指無名指上下疊合相拈如日月合璧，如嘎屋之形）沾拈而灑，（此）

甘露微滴入（觀想所成之）諸尊口中，即滿足於大樂之味；《摩訶修概》云：「由自心間釋放眾多天女，於滿注甘露之嘎巴拉（人類頭骨所製成之供養器，詳第一輯封面）中，天女之拇指無名指日月勻相合而盛，供予天眾主眷之舌而歡喜，澍降身語意成就雨。」觀自身右手持嘎巴拉，左拇無名二指日月勻盛而灑供，心間所出變化天女眾亦如是獻供。初供壇城上方上師傳承眾，後依次供壇城中諸眾。》》（158-221）

復有「食子」供養：《《爲以諸珍寶等製成之廣闊盛皿，盛各種具最勝百味希欲累積飲食之「食子」，其中出無量妙欲天女獻供，諸尊之舌成光管及三鈷金剛杵相而出光管，吮吸食子精粹智慧甘露自性，饗用而歡喜，後復觀諸天女融入己身。》》（158-223）

復有密供─交合供：《《現分有境方便佛父之自性，與境空性智慧佛母之自性，此二者雙運無別（此二佛父佛母交合而同住於涅槃與空之了知雙運中），是一切大、本來交合，以如是相合所生之大樂味，能令一切壇城饜足，彼能知佛父佛母相合眾、各自雙運（所觀想之眾多「佛父母」皆如是樂空雙運）。單尊天女眾，則以隱有種姓主或佛父之手印天杖轉化爲雙運之殊勝融樂，漸次圓滿上降下固之大樂智，心住其上後，觀空樂智生於相續，並持與一切尊之隨貪無別之佛慢。》》（158-225）。

此密供者，應於觀想得能成功時，藉此觀想，令觀想所成之衆多合抱明妃之「佛菩薩等」身中生起淫觸「大樂」，如是供養「諸佛菩薩、諸天護法」等。

譬如：《《金剛部《白馬頭金剛法》第一頁後云：「又密處（下體）有『唅』字，變爲與自己同樣之馬頭金剛，身顏綠色；其佛母密處有金剛杵，杵之股端藍白色，豬頭，持小鼓及天靈蓋，作安樂供養之想。」此中明明標出男女兩尊之密處（下體）；論一般圓滿次第，男爲杵（陽具），女爲蓮（陰戶），互相雙運（互於交合之際觀樂空不二）行事業（作種種交合之動作），或作供養（或觀想淫樂之樂觸供養，令下體中正在交合之「佛父母」受樂），一切皆由此兩密處而出生（一切皆由此自己與對方之兩人下體交合中而出生）。又此供養說爲密供安樂，亦可斷定爲杵蓮（兩性下體）抽擲騰挪，發生四喜之大樂，而爲供養也。》》（34-213）

非唯陳上師作是說，東密與西密之根本經典《大日經—大毗盧遮那成佛神變加持經》早已如是說也，譬如卷三云：《《祕密主！一切世界諸現在等如來應正等覺，通達方便波羅蜜；彼如來知一分別本性空，以方便波羅蜜力故，而於無爲以有爲爲表，展轉相應而爲衆生示現遍於法界，令得見法安樂住，發歡喜心；或得長壽、五欲嬉戲而自娛樂（或令衆生得長壽而以淫欲中之五塵嬉戲而自娛樂），為佛世尊而作供養（以如是五欲嬉戲為密宗所說之「世尊」而作供養）。證如是句，一切世人所不能信。》》（《大正藏》第十八卷）

密教部之《一切如來眞實攝大乘現證三昧大教王經》卷二亦云：《《大哉我本自性淨，一切隨染自然生，由本清淨離諸染，是故以染而調伏。》》卷四亦觀想云：《《才出一切如來心時，即出大金剛印、具德持金剛者，於是金剛印門中、成一切世界極微塵量等如來像；復聚為一體，出現金剛嬉戲大明妃像（出現雙身交合種種行為之大明妃像），如金剛薩埵身相無異，具種種形色妙好威儀，眾莊嚴具而為莊嚴，總攝一切如來部金剛薩埵明妃；於世尊阿（處？）如來曼拏羅左月輪中如理而住，說此誦曰：大哉我有無等比，諸佛上妙之供養，由知欲樂供養故，乃能轉彼諸供養。》》（《大正藏》第十八卷）

乃至正式合修雙身法時，於身中樂觸現起時，亦應觀想以淫觸之樂供養於佛，《一切如來眞實攝大乘現證三昧大教王經》卷八云：《《彼一切身悉和合，自然妙樂成供養，以此奉獻速能獲，金剛薩埵等無異。眞實妙愛相應故，隨應所向樂觸生，以此奉獻於諸佛，得金剛寶等無異。堅固（持久不洩）喜樂常相續，隨觸隨應勝樂生，以此奉獻於諸佛，得金剛法等無異。金剛（密宗行者）蓮華（陰戶）杵（陽具）相合，相應妙樂遍一切，以此奉獻作供養，得金剛業等無異。》》（《大正藏》第十八卷）

有時則以此觀想而勾攝有情生歡喜心，進入密宗修法：《《金剛部《等卻嘎補念誦法》第二頁云：「若為鉤攝修之，當觀二尊入定，兩臍密合時，發出如幻之歡喜聲，鉤引一切有情入於己身。」此中兩臍密合，實為二尊（之）杵蓮相合，實行三灌事業手印修法；發出歡喜之聲，即抽擲騰挪之聲，如此方有鉤攝之效能。》》（34-212）

如是創造此諸密宗經典，冒稱為法身佛大毗盧遮那所說之經典，施設多法誘引眾生而廣大弘傳，造成大勢力，令佛教界不能否定之；因此漸漸滲透佛教之內，乃至最後取佛教而代之，密宗便成為佛教之主體，密法之種種外道法便成為佛法，終至今日之無人敢於出面諍言；佛教將因此種下未來再度毀滅之因緣。

一般而言，修學觀想法門之時，已是即將正式進入修學密法之階段，則須於修練觀想法門之前，先供曼達：《《譬如供曼達，一個曼達捧起來，不光是供養了三身佛：法身、報身、化身，而且供他的空行母。並且觀想一個曼達就變五個，五個變很多很多，就是幾何級數一樣的堆上去、堆上去，就是一個曼達就變得好多啊！何況你還是供十萬次

啊！因爲你供十萬次這種曼達，你福報就增長了，你福報增長、所以加行就易得圓滿了。》》（32-175）

供曼達（聚寶盆）時，亦須作三身之供養：《《依紅教三身曼達而言，普通之供曼達者，但相當于化身供；其報身之供雙運，法身之供光明，則有賴于空性之了達。而大印之修持，即圓滿此三身供之唯一最高方便，此即供曼達（而）通大印（之）理路。》》（34-842）。要而言之，密宗內之一切修行法門，悉與觀想之法息息相關——觀想淫樂所生五欲之法而供養「佛菩薩」爲始，觀想明點等爲次；若不能觀想者，一切修行悉皆唐捐其功，亦不能次第向上進修；是故密宗之修行法門，以觀想之法爲其基礎。

## 第二節　觀想之成就與目的

觀想法之修行目的，大約有四：一者欲藉觀想天身而成就天身——欲藉所觀成之廣大天身作爲將來成佛之佛身；二者爲藉觀想法門之成就而即身成佛——以爲觀想自己本尊成就佛之大人相，與佛身無異時即是成佛；三者乃是藉觀想法門練成明點，四者藉觀想及明點而加修氣功，作爲接受密灌之後修學及修證雙身修法之基礎。由此四者之成就，密宗行者便能進修男女雙身修法，即可於一生中修成「佛果」，具足「法身、報身、化身」及「法界體性智」等五智。

密宗一向以爲觀想自身爲何人，則自己便可變成何人：若於打坐時觀想自己心中出現廣大之天人色身，則是已成就天人之廣大色身，將來捨壽時便可以出現廣大莊嚴之天身。

譬如宗喀巴云：《《…《修我方便論》中，說廣大天瑜伽方便，爲波羅密多乘與密咒乘之別（唯有密咒乘方有此法），引《攝眞實》證菩提中「生天之教」而善成立。并明顯說：彼瑜伽中具金剛界諸尊之規。故非但與無上瑜伽，亦是與瑜伽續二者方便之差別也。諸餘論師所說於無上時已宣說訖。凡許自修爲天相之續部一切皆然。以須如是而修，理皆同故。瑜伽續中亦多宣說。如攝眞實經（註：密宗上師所引之經，大多係密宗古時上師之集體創作經典，非顯教佛說之經。以下所引用者皆同）初品云：「身語心，自身諸微塵，若修爲佛身，即當成正覺。」釋論憍薩羅莊嚴云：「修諸微塵爲金剛等調伏作意之瑜伽師，應於每日四次修爲佛身。由修佛身得何成就當成正覺？義即得相好莊嚴之佛身也。」》》（21-29）

宗喀巴云：《《若未於此善獲定解，棄天瑜伽，僅修密咒一分之道，當知定非獲得道體。》》（21-33）。《《此中須於明顯天身生三摩地，心久安住。良以風是心馬，能攝持風、則於一境心易攝持。⋯⋯此修幾久？如《金剛手灌頂經》說：「乃至獲得一切威儀，能以明顯天身及天慢心遮庸俗慢。」是故唯於天身明顯持心，猶非具足。須天慢堅固於彼心。》》（21-80）。又云：《《⋯《蘇悉地現觀》中亦云：「莫作是念：謂事續中未說修天次第。雖薄伽梵多未宣說，然於《金剛手灌頂》及《十種眞實》等專重而說。又諸成就皆仗咒天及修眞實。此若失壞，則消災等皆不得成。故以師教及觀經義便能了知。」此說事部有起天法，引《金剛手灌頂》爲據，顯然是許事行部中之天瑜伽，與前說同。由欲成辦消災等法無量事業，須仗修「天及空瑜伽」，故說事部亦須修天（瑜伽），理由極善。》》（21-55）。

是故欲修明點及本尊法之前，當先修學天瑜伽，而後再修本尊之法，其後方是觀想明點及修中脈寶瓶氣等；此乃宗喀巴所主張者，謂天瑜伽是修學密法之根本也。

觀想之第二目的，乃爲藉觀想而成佛道：若於打坐時觀想自己心中出現本尊，再將本尊身逐漸修改，使之越來越莊嚴；若觀想自本尊身成爲金剛薩埵時，自身便是金剛薩埵；若觀想自身本尊，使之越來越廣大、越來越莊嚴，逮至觀成三十二相、八十種好成功時，自己便是究竟成佛，與佛無二。由是之故，密宗行者必修觀想之法。

譬如《一切如來眞實攝大乘現證三昧大教王經》中，彼密宗之「佛」如是開示：《《微妙金剛相應故，即當觀想於自身，自身現月影像中，淨菩提心應觀想。復於淨妙月輪中，如應觀想於自身，自身即是金剛像，薩埵金剛想無異。微妙金剛法相應，如應觀想於自身，自身薩埵金剛心，薩埵金剛想無異。如應觀想於自身，所有諸相皆具足，自身即是佛影像，**諸佛菩提應觀想**。……微妙金剛法相應，**觀想金剛住心中，自身即是佛影像，由是觀故即成佛**。》》（卷七）。

當知佛菩提之修證，要由觸證第八識如來藏方得發起，非由觀想所能成功也，佛菩提智即是證得如來藏所發起之智慧故；而密經竟不敎人參禪觸證如來藏，而言觀想佛菩提，欲如何觀之耶？荒唐無比。如是成佛之密宗行者，若問彼般若之意，則必謂「一切法空」，於眞正之般若—如來藏之中道觀—一無所知；若問其自身之眞如爲何時，則以能觀想本尊之覺知心爲眞如，同於常見外道無二，如是而謂爲同於諸佛、而謂爲即身成佛，眞是妄想也。

密宗又認爲觀想種子字成就時，便同於佛，故應修學觀想之法。譬如密宗之根本經典《大日經》云：《《**所謂阿字者，一切真言心**，從此遍流出，無量諸眞言，一切戲論息，能生巧智慧；祕密主何等，一切眞語心？佛兩足尊說，**阿字名種子**，故一切如是，安住諸支分，如相應布已，依法皆遍授。由彼本初字，遍在增加字，眾字以成音，支體由是生，故此遍一切，身生種種德。今說所分布，佛子一心聽：**以心而作心**，餘以布支分，一切如是作，**即同於我體**。安住瑜伽座，尋念諸如來，若於此教法，解斯廣大智，正覺大功德，說爲阿闍梨，**是即爲如來，亦即名爲佛**。》》（卷五）。

是則以所觀想之阿字爲眞言心、諸佛心，迥異佛說第八識心爲諸佛心。又言觀想此阿字成就者，即同於佛，成爲如來，不必依般若經及唯識經修證般若及種智，完全違背三轉法輪諸經所說。如是成佛之人，完全不懂般若及種智，完全錯解般若及種智；若向彼密宗之「佛」請問般若及種智，則是一問三不知，不可與語。如是而言即身成佛，成就正遍知覺，何其荒唐？焉可信之？

觀想法修行之第三目的，乃是欲藉觀想明點之成就，以證得菩提心，密宗行者皆以明點爲菩提心故；然而發菩提心只是凡夫發起修學佛道之意樂，至於勝義菩提心，則是指第八識阿賴耶識—眾生皆本來具有之如來藏，非如密宗之以明點爲勝義菩提心也。是故觀想明點成就者，實非證得眞菩提心也。如是明點之觀想法門，非可說爲佛法也；是故一切密宗行者，於此皆應深思再三，以免浪費金錢時間，又犯大妄語業，來世復得嚴竣果報，冤枉已極。

觀想法門修行之第四目的，乃是希望觀想成就之後，再加修寶瓶氣，藉寶瓶氣及明點之修練，以成就遷識法而往生佛淨土；或藉明點及寶瓶氣之功夫，將來受祕密灌頂之後，方可與異性合修雙身法而成「究竟佛」、成爲「正遍知覺」。此是修學觀想之四種目的。由密宗之理論與行門觀之，可知觀想天身及明體法門，乃是密宗即生即身成佛之根本，故觀想法門在密宗道中，極爲重要，是密宗道之入門根本故。

黃教宗喀巴如是說，白教陳健民上師亦作是說：《《大手印除已先破人法二無我離心離識外，又當離明體之執著，自然頓備五智、證三身，所離既多既細，取道甚近甚速，故得即身成佛。如以顯教之離心，作爲離戲瑜伽之所當離，則與顯教無異，何能即身成佛耶？》》（34-802）。密宗中人皆以明體（中脈內觀想所成之明點）作爲修學一切「佛法」之中心，經由明體之種種行門修證之後，再起心不執著明體，作爲離戲瑜伽，爲已成佛；然而如是之「佛」，若詢以般若及種智，悉皆不知而錯答—所言悉違佛說眞旨，全然不知般若及種智之內涵，更不能知般若及種智皆以第八識如來藏爲體也。

亦有密宗學人作如是言：《《密宗殊勝，在即身成佛。故於修法時，自身即可變爲本尊。自與本尊無二無別；本尊又與一切諸佛無二無別。……》》（119-81）。亦有云：《《行者如平日盡心盡力修習，則死時即可如意不受苦惱，不墮六道。彼於死後不取中陰身，祇一心想空，空中上突現一種子字（原註：即生前所修本尊之種子字），該種子字變成生前所修之本尊，自己即此本尊無二無別。自己心間放光奉請智慧佛，兩光融合，**如此則七七四十九天內，無有不成佛者**。第一第二兩個七天內，諸佛陸續皆來，此時行者如不成佛，則十四天後金剛勇識一個天天來，此時成佛甚易，此即中陰身替代成佛是也。》》（62-106）

又作是言：《《余有一秘而又秘之經，**凡聽過七遍者，即使不修，祇要心中常常想想經中之言，死後亦必能成佛**。此秘密妙法爲此那洛正起分中所無，另有一經。夫成佛之道有三：一、即身成佛（原註：即法身成佛）；如不能即身成佛，則二、中陰身替代成佛（原註：即報身成佛）；三、如不能中陰身替代成佛，則投生成佛：即找一對甚好之父母而投生焉，俾來生得父母之允許出家修法以成佛。》》（62-106、107）

又云：《《本來修法之口訣即自觀爲佛，並須自觀身高十有六尺，大來大入、小來小入；如此修習則將來死後變成本尊，身量高大端莊威嚴，見魔不懼矣。此乃口傳之訣、修法之要，爾等得聞，皆多生積德所致，不然決不能有此良機共聚一堂，聽余講此祕而又祕、密而又密之卡覺正起分。此法在西藏，一萬人中亦祗有一二人聽過，由此可知此法之難遇矣。》》（62-153）

又云：《《夫修法之道，觀想最爲重要；即觀想身內之脈輪字三，堅固修習，功效自著；若只持咒而不觀想，則功用無幾。蓋彼只持咒者何異頻呼人名？被呼之人不將以其爲癲乎？故一味持咒終無大效，必須同時自觀爲佛，不論大小一概明顯。並修觀身內之脈輪字明顯清楚，如此修習方能成就。》》（62-152）

又云：《《行者如能不論睡醒，概觀本尊明顯現前，即在夢中亦見本尊，則此生一定成佛。如其不然，只要常修上述各節，死時定可成佛。倘平日不修，則死時耳聞細聲響逾雷霆，目見微物大如金剛，必定起恐慌，急思逃遁；畏逃則立即墮落矣。彼平日修法者，此時可以不怕，一心觀想自成本尊，只候子光一到，即可立地成佛。》》（62-190）

凡此皆是妄想也，所以者何？謂如是修行者，永劫不能成佛也；尚不能成賢位之菩薩，何況能成佛？如此觀想者，般若之總相智尚不能知，何況能知曉般若之別相智、道種智、一切種智？不知不曉般若諸智，而言觀想之法可以令人即身成佛，皆妄想也。

又如陳健民上師作是說：《《所以（中陰時之）自己也是個智慧身，那個觀想的也是個智慧身，這兩個合起來，就是個報身佛。》》（32-138）。以中陰身內之覺知心與中陰身合併爲一，以此而作爲報身佛，與顯教中所說之報身佛完全不同，相差不可以道里計；謂如是「報身佛」只是中陰身及其覺知心爾，與凡夫衆生死後所得之中陰身及覺知心無異，觀想不能改變其本質故，亦不能生起般若慧故，根本與顯教中所說之莊嚴報身佛無關；然而密宗上師竟取此中陰身作爲報身佛，用來向顯教中人炫耀可成佛道，而籠罩顯教學人，狂妄無喻。

復次，如是觀想而可自謂成佛者，則諸鬼神更可自稱爲究竟佛也；彼諸鬼神有其鬼神五通，多能將其色身變化出三十二相等，非僅如密宗上師觀想所成之內相分而已，則更應是佛也；如是，應言彼諸鬼神之成「佛」者更究竟於密宗上師之成佛者。然而諸佛終不授記彼等鬼神將來可以成佛，何況密宗現在觀想所得之內相分影像而可成佛？故說密宗觀想成佛之法，名爲虛妄想也。

## 第三節　觀想之法後來演變爲起分之修法

初期密宗本以觀想爲正修之法門，若能觀成本尊之佛形具足者，即名已成究竟佛；後來則因婆羅門教、印度教中之性力派男女雙身修法被納入密宗之內，便以雙身修法爲無上瑜伽，觀想之法便漸漸退居起分之地位，而成爲密宗修法之基礎部份。

是故有上師云：《《學者知生起次第後，即拚命去修「自觀爲佛」，永作此觀，一心不疑。**此心修後，如不修正分，成佛無望**（正分即是雙身修法）；因利益眾生之事非一身能辦，必化身萬千四出，利人力量始大，化身之法惟正分有之。》》（62-50）。

此後即改爲須先修起分，並鼓勵改爲觀想空行母（爲將來修雙身法而作準備故），如《那洛六法》中說：《《行者如修卡覺佛母（原註：卡覺佛母即那洛空行母之別名，空行母不只卡覺一尊，有無量無數，此世界上到處皆有。惟卡覺乃空行母之主爾）。修時自觀爲卡覺，決無弊病；若不修此起分，逕修正分，不但致病，且有大罪。》》（62-51）。

除此而外，觀想之法又因觀想中脈及壇城等，而有許多之演變及衍生之法，茲舉其一爲證：《《人身有七萬二千脈，一脈一壇城；七萬二千毫毛孔，一孔有一羅漢（原註：羅漢係統稱，有大小乘之別。大乘羅漢即是佛與菩薩，小乘羅漢乃緣覺聲聞也）。》》（62-51）。

然而如是一毛孔有一羅漢之觀想者，亦是妄想，皆是由自己妄想施設而言也。如言「一脈爲一佛」者，亦是虛妄之想也；此謂一切衆生之心皆是「唯我獨尊」，各各獨立而不能分割與合併者。今者密宗竟言人身「每一毛孔各有一羅漢」，又言羅漢即是佛、即是菩薩；如是則謂一人身中有七萬二千有情，人身有七萬二千毛孔故。若無七萬二千佛同時出世，則應彼毛孔中之七萬二千佛或羅漢合併爲一佛而出現於人間。審如是，則一人成佛時，即應身中諸有情同時成佛，應同時有七萬二千佛出世住世；或應七萬二千佛合併爲一佛，則有情之心是可分割合併者，亦應是有生滅者，被合併之心是有滅之法故，則是密宗獨創之說，非佛所說，佛說衆生之心皆是不增不減、不生不滅故。是故密宗所說「每一毛孔有一羅漢……」等說，皆是虛妄之語也，學人不可信受。

此外，觀想之設定時間原則，亦是虛妄想；如修習上師瑜伽（上師相應法）者，須避開特定時段，於此諸時段修習者，皆徒勞無功：《《半夜十一時至次晨一時之間，朝晨太陽將出之前，至太陽大放光明之間（原註：約晨五時至六時左右）；中午十一時至午後一時之間，及傍晚日落至星出之間（原註：約午後五時至七時左右），此四個時間中，乃佛禪定之時；初修法者不可在此四個時間中坐，坐則無禪定。但久修能定之人不在此例，無論何時皆可坐也。》》（62-39）

此類施設亦是妄想，蓋修學禪定之人，若非甫飽食已，任何時間皆可坐禪，唯除身弱多病及有他因，非因此諸時段是佛坐禪之時也。佛已無量劫來圓滿一切禪定，何須再修禪定？復次，果眞是「佛修禪定」之時，學人於彼時段修證禪定又有何妨？故說密宗限定學人不可於「佛修禪定之時」修禪定者，其理荒謬，非正理也。

以上所說觀想之法，於無上瑜伽雙身修法引入密宗之後，即降爲生起次第之修法，已非密宗之究竟法門也。此是密宗從「眞言密」而引入外道之性力派修法後，所生之演變：將本來之正分降爲起分，而以雙身法之樂空不二、樂空雙運爲正分。如是改變之後，方有《大日經、一切如來攝大乘現證三昧大教王經、…》等密經之出現而統合之。

## 第四節　觀想之法略說

觀想之法傳入密宗之後，亦因時代之移易，而有許多衍生之法，然而悉皆不出明點（明體）及中脈瓶氣之修法—皆於其中作諸演變；茲謹略舉一二，以明觀想之主旨即可，不須一一詳細舉述，舉之不盡故：

《《吾人臍間有一臍化輪，心間有一法輪，喉間有一報輪、又稱受用輪，頭頂有一大安樂輪，密處（下體）有一護樂輪。五輪之形不一，後文再詳。五輪之中貫以中脈，此脈乃心之根，起自印堂，上升至頭頂穿過大安樂輪而下至喉間，通過報輪；復往下至心間，通過法輪；又往下至臍間，通過臍化輪；再往下至密處（性器官）通過護樂輪至龜頭之尖而止。末而斡（馬爾巴）喇嘛之修法有二：一、睡時之修法，二、醒時之修法。睡時修心間之法輪及喉間之報輪，醒時修臍化輪，如抱明母（明妃）；再修頂上之大安樂輪。此睡醒兩法所言之四輪好好修習，則體氣漸強，成就自易。所謂修者即觀想是也，時輪金剛之修法與上述者略有不同。即醒時修頂上之大安樂輪及臍間之臍化輪，睡時修喉間之報輪，及密處之護樂輪；**濃睡中一切不知之時，修心間之法輪**。……修護樂輪在密杵尖（龜頭）上。夫精之沿中脈上下也，係氣擠之使然。睡時修心間之法輪與乎密處之護樂輪，即將中脈之氣聚於法輪，然後沿中脈下降至密處之護樂輪，時心中大樂不可名狀；旋樂漸減，復從護樂輪回升至喉間之報輪，此時心中尚恍惚，但醒狀漸明。至此氣分兩路，一往頂上之大安樂輪，一往密處之護樂輪，此時心始完全清醒。**夫菩提心者卽是精也**，當氣推此白色之精自頂上安樂輪沿中脈下降至喉間報輪時，心中恍惚如夢；至心間法輪時、利益眾生之心來；至臍間臍化輪時，心中頗樂，保護自己之心來；至密處尖端（龜頭）之護樂輪時，心中極樂，一定「一切空心」來，**此時一切皆不知矣**。練氣之道先以心中觀想運氣，以氣推精；觀想既久，氣自生起；練之多時，氣自通達，到後來可以運氣自如；氣通之後，梵門始開。精無氣擠不能自動，氣無心主不能自運。**精爲人之至寶，善用之，不難成佛；將來變成無數化身之佛者，皆此精之作用也**。》》（62-77~79）

如是以精氣爲勝義菩提心，迥異佛所開示之第八識爲勝義菩提心，則修此「菩提心」者所證之「心」—精氣，焉得名爲佛法中之菩提心修證？又說將來所成就之無數化身，亦是精氣所變而成，迥異佛所說之由三四五地之般若慧種智與增上禪定而成，是故密宗欲以精氣爲本而修成將來佛地之無量化身者，乃是妄說；如是「佛法」絕非佛教中之佛法也。

而彼所說之觀想境界亦極荒謬，謂於**一切不知**之時而作觀想；一切不知之時，即是意識斷滅位，既無意識在，能作何觀想？如是密宗上師自身亦不知所云，於觀想之法所生矛盾，自亦不知，云何可謂之爲「於佛法有修有證者」？皆是籠罩他人之輩，所言不足以令人信受。

觀想中脈之法略說如下：《《中脈中空如竹管，內有一微細之脈點，只芥子般大。**此微細之脈點即吾人性命之心也**。但此心不是肉心，肉心粗，此心細；肉心在外，此心在肉心之內；肉心死時仍留在體內，此心死時外去。上云：法輪中心脈內之倒頭吽字，即是此心之形，其他長長之脈不是此心。**此吽字去，即是此心去；此心去，人即死矣**。修中脈之道，除照上述觀想脈輪外，並觀此吽字及喉頂臍三處輪之唵、亨、阿三種子字，修時四輪各有一字之修法，他經多有之。但「都地」之修法只此經有之。聚於都地之法不知，則其他一切口訣皆失其功效，將來決難成就。如知此法，則將來死時方能將八十種風氣聚爲二十五種，二十五種再聚爲三種，三種再聚爲一種，如此始能成佛。都地者即以前所云之和合也，處吾人肉心中間中脈之內，其在中脈內之形狀如蛇吞鼠後之疙疸。**上文所云性命之心，即藏在此和合之內，被持命氣所捲裹，永遠不動。一動，則人死矣**。……所修之相不可觀其在身體之外，應觀其在身體之內。如此修習久而久之，自然點隨心走，心欲其東，點即往東；心欲其西，點即往西。點者即上文所稱如黃豆般大之精點也。**此精**

**非普通之精液，乃如火焰之光點也，吾人之命即在其中**。修法之術語上稱之為點、為命、為明點、為精點。其實皆是一物也。……先修各脈使一切脈融入中脈，然後脈氣點乃能合聚運行如意，功夫到家，自能將點運往身體各部，能如此者始是正分成就之人；彼不能如此而自謂已得正分（雙身修法）之道者，實欺人之談也。正分成就之人，有女人不要緊，否則傷身。當（當正修雙身修法時）脈氣點聚於大安樂輪時，歡喜心生焉。後入喉間受用輪脈時，乃生妙歡喜心。入心間法輪脈時，乃生殊勝歡喜心。入臍間臍化輪脈時，乃生和合歡喜心；此上文所云之四歡喜心。欲生此四歡喜心，必須知悉四輪咒字之修法，如此常修則脈氣點方能聚於都地。修後第四個空心至，乃可拋斡（遷識）矣。拋斡時，先丹田火熾熱，氣沿中脈上升至頂上大安樂輪，於是白菩提心融化下降至心間，與紅菩提心遇合；白入紅內，紅入白內，紅白合入都地。入都地後感覺黑暗異常，此時一切不知，一切沒有矣，宛如睡時樣子。此時之成就，各人遲速不同；成就來時先見如血之紅光，此即都地微開；但開後立即閉上，因開多則命全出，人即死去也。「如血之紅光」只現一剎那頃，旋即不見。紅光之後見黃白色光，此時命已離體外出，命一出去，即知自己已死。但初成就者不知已死，修習較久者始能知之。此時想「我死、無常、一切法空、空無所有」，突然空中現一本尊之種子字，字又變成本尊樣子，自己即此本尊，無二無別；於是心間放光奉請自性淨處之智慧佛融入己身。智慧佛來時，佛光甚亮，幾乎兩目不能正視，此時心中莫怕，應如子之遇母，生歡迎心，毫不踟躇投身光中，與光融合一。**與光合，即成佛矣。**》》（62-141~146）

若謂人命根爲在中脈明點之中，此則妄想者之所說也；命根乃是人之施設名詞，名爲「心不相應行法」；人之生命是否存活，及其存活之久暫，皆在人之第八識中決定；若其第八識中所蘊種子，應令其人短命長命，則由其第八識中之蘊含果報種子現行，而令其人存活久暫，是故命由阿賴耶識所藏，非是中脈內之明點（明體）也。密宗以觀想所得之明點，欲求成佛者，乃是虛妄之想；觀想所成之明點，乃是第八識所現行之「內相分」爾，由觀想所成，非本來即有，非未修之前已有；既是有生之法，則必有滅，不得名爲生命之本源也。

若明點即是生命之本源，佛又說第八識阿賴耶是生命之本源，則生命之本源有二，非是正說也。佛既於三乘諸經說「生命之因」即是名色所緣之識－第八識如來藏－則一切學佛之人皆應依佛所說爲準，不可外於佛說而別立生命之本源也。復次，佛所說之第八識阿賴耶心，確實可證，古今皆有人證實之，今我正覺同修會仍有多人能證，非是佛之妄說也，故一切學人皆當以佛所宣說之第八識爲生命之本源，莫信密宗祖師所別立之明點爲生命之本源。

密宗之根本經典復謂所觀想成就之本身即是佛悉地之本際，譬如：《《祕密主問曰：「世尊！願說諸尊色像威驗現前，令眞言門修菩薩行諸菩薩，觀緣本尊形故，**即本尊身以為自身，無有疑惑而得悉地**。」》》《大日經》中之「佛」如是開示言：《《「…祕密主！諸尊有三種身，所謂字、印、形像，彼字有二種，謂聲及菩提心；印有二種，所謂有形、無形；本尊之身亦有二種，所謂清淨、非清淨。彼證淨身離一切相，非淨有想之身，則有顯形眾色。彼二種尊形成就二種事，有想故成就有相悉地，無想故隨生無相悉地。」》》復說偈言：《《佛說有想故，樂欲成有相；以住無想故，獲無相悉地；是故一切種，當住於非想。》》（卷六）。

如是「佛」所言者，謂所觀想成就之本尊即是自身，實是妄想也，所觀本尊之影像唯是自己觀想所成之「內相分」爾；觀想所成之相分乃是緣生之法，緣生之法何可認作自身實際？

又：字、印、形像等三，雖各有二法解釋，然皆未離緣生之本質；

雖又言覺知心無想時即是悉地，然無想只是欲界中之覺知心不動—不作諸想，尚不能證得未到地定，何況能知能證般若？若無想即是密宗所證之無相實相悉地，則一切欲界定之證得者，皆應已成密宗之佛也。

密教《大日經》中之「佛」又云：《《愚童凡夫於（想之）自性空形像自我分，生顛倒不實、起諸分別：或復供養，或加毀害。祕密主！**心無自性，離一切想故，當思惟性空**。祕密主！**心於三時求不可得，以過三世故，如是自性遠離諸相**。祕密主！有心想者即是愚童凡夫之所分別，由不了知，有如是等虛妄橫計。如彼不實不生，當如是思念。祕密主！此眞言門修菩薩行諸菩薩證得無相三昧，由住無相三昧故，如來所說眞語親對其人、常現在前。》》（卷六）。

如是由對本尊觀想之「想」空無形像，及對所觀想之「本尊」空、無有肉身色質，如此觀修「身念」及「觀察性空」，即是已證得無相三昧；如此密教「佛」所說之實相無相者，與顯教諸經佛說以《般若經》之「**無心相心、不念心、非心心**」第八識爲實相法身者迥異，完全不是佛法，而諸密宗行者竟以如是「一念不生之意識心無語言妄想」，作爲證得悉地，而名爲成佛，以之貶抑顯教之眞修實證者爲因地修行，而自高推爲能成「究竟佛果」之果地修行，顛倒至此。

## 第五節　觀想除障與供佛

以觀想之法消除罪障及供養諸佛，實乃密宗獨有之妄想也。有師云：《《行者應在生前修法之時，以咒之力將身內魔障驅除，魔變成黑氣由毛孔外出，黑氣至外後，復變成無量數之自己，任冤家毆殺辱罵；一之不足，則十之；十之不足則百之，終使其冤氣全消，滿意而去；此種還債之觀想異常重要。夫人孰無過，有過即有冤孽；有冤孽即須償還。倘不觀想還債，則任修何法萬難成就。**此係口訣，爾等須嚴守秘密，不可隨意告人**；余等每日至少觀想還債二三次，即係此故。》》（62-169）。將魔驅出身外，任由冤家打殺，以抵自己所欠冤家之命，乃是以他命抵己命，非可謂之慈悲也。

復次，若觀想還債即可眞正還債，則一切人造惡業已，如是觀想之後，債即可還清，如是簡易消除業障之法門，釋迦世尊絕無可能吝惜而不宣說，然終未見 世尊曾說此法。若觀想之事即是眞實，可以成眞，則觀想能力較強者，亦可藉觀想之法，將他人之福德據爲己有；則諸佛亦可觀想其一切弟子皆成究竟佛，則諸弟子不須勤苦修行，只須多供養於佛，討佛喜歡，由 佛觀想弟子已成究竟佛道即可。

則　佛大悲之心，亦應每日觀想其遺法弟子皆成究竟佛道，不須吾人之勤苦修集福德資糧及勤修三昧也。亦應密宗弟子衆等，不須勤觀明點、苦練氣功、觀修中脈、建壇觀行、雙身合修…等種種勤苦修行也。是故觀想還債之說，不可輕信，唯是浪費行者之寶貴光陰爾。

此師又云：《《還債觀畢，乃觀想用咒力變出無數珍寶以及其他佛菩薩所喜欲之供品，用以供養前面虛空中之本尊及佛會。供畢，本尊與佛等皆大喜悅，於是佛菩薩等化光融入本尊身內，本尊復化光融入行者身內，行者即變成本尊無二無別。》》（62-169、170）

如是「供佛」若眞實能供佛者，則八地菩薩之二大無量數劫勤苦修諸三昧，即屬多餘；亦應　佛與諸菩薩皆常傳授如是大利行者之法，不應吝惜，而竟未見　世尊教授此一勝法，要待密宗諸未見道之古今祖師傳授此法；是耶？非耶？

此師又云：《《行者變成本尊後，乃（觀想）爲一切衆生宣講佛經，使衆生亦悟道而成佛。同時觀想變出無數珍寶及其他一切衆生所喜欲之物品，作廣大之佈施，普結善緣。並將本人所有之一切功德善業等，均回向與衆生，求其得早登彼岸，共證佛果焉。以上所述還債供養及變成本尊說法利生之三種觀想，**皆係口訣，千萬不可隨意與外人宣說**。除金

剛弟兄之外，不得洩漏一語、自招罪愆。切記！切記！》》（62-170）

如是觀想已成佛之本尊能為眾生說法，而令眾生得度者，其實皆是個人之妄想爾，實未曾有一眾生能聞其法故，所觀想之本尊及度眾生之事業，皆只是自己之內相分故。若如是觀想即可度化眾生得度者，諸佛不須示現於三界之中勤苦度眾，但只於成佛之後，每日觀想度化無量無數眾生，即可令諸眾生得度也。然 佛終不如是度化眾生，不唯於人間有情須要應身來度，天界有情亦須化身方能度之，乃至地上菩薩之修證，尚須 佛以莊嚴報身而度之，密宗行者所觀想之相唯是自身之內相分故，與他人無涉故。

又：觀想變化無數供品，以之供養自己所觀想而成之本尊，其實仍是供養自己；若如是供養能生功德，此理不通也，觀想而成之本尊乃是自己之內相分所成就故。

又所觀想之本尊佛，化光融入自身之中，其實仍是行者自身之所觀相分消失而已，所謂化光融入自己，只是自己之想像爾。猶如彼喜樂幻想之人，幻想自己成為皇帝，然後將所想皇帝化光融入自身，而自稱為皇帝，便以皇帝自居者，終將不免被人送入精神病院治療其妄想症也。密宗之觀想法亦復如是虛妄，同出此理；故說如是觀想之法，不可謂為佛法也。

## 第六節　密宗超度死亡之妄想

密宗中人每謂人曰：「密宗對於死亡之超度最有經驗，超度之法最爲勝妙，超度之效果最好，是顯宗所不能及者。」然而依道種智觀之，密宗超度亡者之法，其實荒誕不經，皆是俗人之虛妄想，必致亡者之訕笑，所言不符實情故。

譬如某上師云：《《夫人之將死，四大必先離散；當其離散之時，各有一種境界，常人至此必心慌意亂、痛苦萬分，因之中心無主，隨業流轉矣。修法之人爲避免臨時慌亂起見，故於生前修法之時即常練習臨死之八法，以便屆時不致手足無措、神志昏昧也。當地入水時，似有高山下壓立將壓斃者然；水入火時，此身如在海上，波浪滔天立將溺斃者然；火入風時，如森林失火毒燄沖天，身在林中立將焚斃者然；風入識時，如狂風飆發飛沙走石，身被捲上雲端搖搖似欲下墮，立將跌斃者然（原註：此時心中大起恐慌，恐慌之心一起，八十種風氣始入內去，由八十種再成爲二十五種正分，**成就之後一識即是一佛、一毛孔即爲一羅**

漢，**五體即是五佛**）；再地入水時，心中如見陽燄，猶如無雲之天；水入火時，心中如見煙然；火入風時，心中如見螢火；風入識時（原註：識、風、氣，同指一物也）心中如見大平原上點一燈，四下無風，燈中之燄甚明然。如此種種境界來時，行者自知死將立至，於是想「我死無常、一切法空」，觀空中現一種子字，此字旋即旋變成本尊；如有明母（意謂此本尊如果有抱著明妃）則明母亦觀之；自己之身口意與本尊之身口意無二無別，**此時死去、立地成佛矣**！常人臨死之時往往畏冷怕熱，死後多墮地獄；畏冷者墮火牢，怕熱者落寒獄，痛苦無比。是以修法之人死時應專心一意觀想自己變成平日所修之本尊，然後心間放光奉請自性淨處（所觀想下體處）之智慧佛（之雙身佛）；**迨佛光降臨融入己身，己身即成佛矣**！此乃中陰身替代成佛之法也。行者臨死之時倘感冷熱，切莫「自慰勿怕」，因「自慰勿怕」即屬怕之表現；此時應一心念咒，自觀爲佛，置冷熱於不顧，視其爲佛所賜給之死的預告可也。爲免臨死慌亂起見，故平日修法之時，即須將上述四大離散之狀，以及觀想「我死無常、一切法空」、自己變爲本尊、身體感覺冷熱等等，多多修習也。》》（62-179、180）

如是說法，與《阿含經》所說不符；佛於阿含中說，善人之死，如美夢之中見諸天女圍繞，心生愛樂，遂生欲界天中；五戒不犯之人死時，如眠熟不覺，於中陰身中現起覺知之時，方知自己已死，無諸苦患。謗佛謗法謗僧（謗凡夫僧與勝義僧），以及將諸外道法入佛法中者（如密宗之以外道性力派雙身修法引入佛門之中，妄說爲最究竟佛法），死前受諸痛苦，然後極重悶絕，故正死之時完全無知；逮至覺知心復現之時，已在地獄中受苦，不經中陰階段，故唯有死前受苦，正死之時並無所謂地水火風空識分離之種種痛苦。

至於修得禪定及證悟般若之菩薩，若未因性障深重而造誹謗師長、破壞正法等惡業，或無往世業緣成熟者，死時必無惡境現前，正死位中亦必無諸苦患。唯有造諸惡業而罪不及地獄者，死前及正死位中方有四大分離之種種痛苦，是其所必須承受之果報故。

由是故知密宗所說死亡之過程，荒謬無稽，不符佛說，不可信之；若有行者依於密宗所說之死亡過程、及依《西藏度亡經》所說之死亡過程，而爲亡靈開示者，必使亡靈久候其過程而不可得；久候不得之後，再聞行者所說，必定訕笑行者之無知迷信，乃至生起煩惱、怪罪行者，生亡二皆不利。

復次，蓮花生所造之《西藏度亡經》乃是蓮花生個人之虛妄想，所說完全不符一切種智正理故，完全背於佛說。彼於「經」中妄說中陰階段每日皆有不同之佛示現接引行者，不符事實，亦違佛說；譬如佛說《不可以少善根福德因緣而生彼國》，亦說行者應當一心不亂念佛，如是求生極樂世界；顯見諸佛必非無聊沒事、每日商量派一尊佛輪流來行者之前示現。

復次，《西藏度亡經》所說每日示現之「佛」，皆是抱著女人、呈現交合受樂狀態之「佛」—密宗祖師說之爲「報身佛」；如是之佛乃是鬼神之所示現，絕非眞佛也；一切佛之身口意全然清淨，乃至極微細之習氣種子亦皆斷盡，豈有可能以雙身之像示現？不離淫欲？

復次，《西藏度亡經》所說者，不符一切種智，完全相左；蓮花生於《西藏度亡經》中，說亡者於正死位時，應認取意識明光爲法身空性，名爲不生不死之淨識；若能認取此一淨識明光，則是證得法身佛，成爲究竟佛。譬如《西藏度亡經》作如是言：

《又如死者若爲其他任何一人，則讀誦者應作如下囑告，助其親證：「尊貴的某某，諦聽諦聽！你正在體驗清淨實相明光的光輝，你應加以體認。尊貴的某某，**你現前的智性，其性本空，無色無相，本來空寂，即是真空實相、普賢法界體性。**你自己的這個智性，就是淨識的本身，就是普賢王佛（此指雙身交合受樂之密宗普賢王佛）。而所謂本空，並非空無之空，而是無有障礙、光明煥發，隨緣赴感、喜樂充滿的智性本身。**你自己的這個其性本空、無色無相的淨識與光明煥發、喜樂充滿的智性，二者不可分離，兩相契合，即是圓覺法身境界。**你自己的這個光明晃耀、其性本空、與光明大身不可分離的淨識，既沒有生，也沒有死，即是無量光—阿彌陀佛。你能有此認識，即已足夠。**將你自己的智性視為成佛的空性**，並將它視爲你自己的淨識，即可使你自己安住在大覺的聖心境界之中。」如上反覆囑告三遍乃至七遍，務須清楚而又明白，如此，一則可使亡者憶起從前上師所教親證法門，二則可使亡者將此無遮淨識認作根本明光，三則可使如此認清自己本來面目的亡者與法身永久契合，而解脫得以確保。》》（139-46、47）

如是而言「密宗對於死亡最有研究、最有證量，最懂得死亡，最能於人死之際度人成佛」者，眞是妄想也。此謂如是開導亡者之言語等，皆是誤導亡者成就大妄語業之言語，豈唯不能助益亡者？反增其過，令其墜入大妄語罪之地獄業中，求出甚難。亡者本來無過，反因密宗行者如是亂作開示，而引生大妄語業故墮地獄，眞乃無妄之災。

所以者何？此謂現前之智性明光，乃是意識心，以意識心爲眞如者，以此而謂成賢證聖，即成大妄語業；亡者本來無過，可以順利依其善業往生善處，今由密宗行者如是加以誤導而犯大妄語業，以賢聖自居，因此反致下墜惡處，皆是密宗行者誤信密宗邪法之所致也。譬如健康之小兒，身本無瘡，由庸醫之誤判，而於其身剜肉成瘡，徒增其苦乃至枉死，愚痴乃爾；密宗學人若無智慧加以判別，便將重墮如是愚行之中，云何諸有智學人隨其妄說、不知警覺？

復次，密宗中人每謂人死之時，應將母明光與子明光合一，即可於中陰階段成佛：《《風入識時，內見堅定之豆火、已如上述。其後識入中脈之時，先見白色、嗣見紅色，紅色後黑暗異常；未幾暗開，突見如血之紅色，但此紅色只一剎那即逝；紅色逝後，明亮之淡黃色白光繼之，此時命已出外矣。夫淡黃色之白光有二：一、母光，二、子光。母光乃行者之光，由平日修法得來。子光乃佛之光，行者死後，其本有之母光必須與請來之子光互相融入，方能成佛。平日修法之時，只有母光而無子光，爲練習起見，乃觀想一光，請來與己之母光融合。此觀想之光名曰空光，非眞正之子光也。生前練習有素，則將來死後，正眞之子光請來時，可以如母之見子，歡然融合，而無「見而不識」之虞矣。人死之時，先氣入中脈；於是明點上升至心間而結子開；結子一開，明點

（原註：即命也）復沿中脈上升，由梵門出外，此時人即死矣。死與明亮之淡黃白光同來，淡黃白光來，行者即想「我死無常、一切法空」，自己變成本尊與佛光融合等等。此乃中陰身替代成佛之道也。平日修法之時，亦如此觀想以為練習，但密處之氣上升、丹田火熾，然後明點始能上升而外出爾。》》（62-180、181）

如是密宗說人之捨身，乃是由母明光捨離色身而死，非如佛說由阿賴耶識捨身而死；如是則是錯認持身者為明光心—意識及觀想所成之明點，如此異說異見，悖於佛說，云何而可名為佛教正法？而自妄言勝於顯教？

如是妄想成佛之法，而自珍惜，秘不外傳，致令外人無從辨正之，坐令密宗行者千年以來誤入邪道邪法之中「精進」修行，而犯大妄語業，及犯誹謗顯教了義正法為「不究竟、不勝妙」之重業，令人扼腕，不勝唏噓。

## 第七節　觀想之法亦可成就樂空雙運

密宗之最秘密口訣之中，亦有運用觀想之法而成就樂空雙運者，若以此法而成就樂空雙運者，亦名成佛也：《《修道乃菩提心（明點）融化，由頂上往下至密處（下移至私處），復由密處上回至頂上，如此上下各生四歡喜心。此菩提心上下之修法異常緊要，至於丹田火，有無皆可。如能將菩提心上下之法修好，亦能成就也。昔有大德曰：「菩提心（觀想所成明點）之融化可以不用丹田火，中脈亦不用去，只要用心之觀想，化而上下可也。」此不用丹田火以化菩提心之妙法，經中不詳，余今特開方便以傳爾等，爾等其珍視之，**萬萬不可在人前宣說，至囑至囑！因此係最秘密之口訣也**。其法爲何？即先觀想根本上師現本尊相（原註：修此那洛空行母法者，可將本尊觀成男相，因佛本無男女之别，女相可，男相亦無不可也）在己頂上，自己以最美最好之空行母供養之。上師乃手抱空行母，相顧（而）大樂（之），（所觀頭頂之上師及空行母坐姿交合之私處即有）紅白甘露下降注入己頂，於是（自身之）頂上大安樂輪之菩提心（明點）化焉；化後下注至喉間，喉間受用輪之菩提心（明點）化焉，化時生歡喜心。如此菩提心（明點）逐級融化，逐級生歡喜心，一如以上所說。如此上下各生四歡喜心，此即至妙之法，可代丹田火之用。明點如到密處（明點如下降到陽莖時），難免外洩；若能到密處而不洩，固屬上乘，但爲穩妥計，還是莫到（密處）門上；當明點下降至臍下之處，應立即堅決上回，切莫放縱任其到密處尖上（男性之龜頭也），恐不能忍住而外洩也。精洩則大病立至，甚有因之而喪命者，故不可不愼也。……是以修法之功夫未到爐火純青之時，萬萬不可御女（不可與女人行淫、合修雙身法），此中道理必須知曉，不可未得謂得，輕於嚐試，自取滅亡，至要至要。》》（62-192~193）

又云：《《夫住道之要，厥惟知空；空既明白，漸必相應；明光亦須好好修習，因修法之根本即在死時之放光。此光有母子之分，從自己裡邊出來者爲母光，外邊由修而來者爲子光，此母子二光互相融合、無二無別，是爲無上之妙道，不可不知也。》》（62-292）

行者若以此觀想之法，而能將明點降至杵端受於大樂而不洩精者，即可於其大樂淫觸之中起觀，觀察大樂之觸空無形相、本性清淨，是故樂觸樂受皆悉清淨，名爲「空性」；再觀大樂之中覺受大樂之覺知心亦空無形相，亦是「空性」；而如是大樂乃由覺知心所生，是故「樂空不二」。如是長住於大樂之境中，令大樂與此二「空性」雙運不斷，則是成就「樂空不二、樂空雙運」之無上瑜伽大手印，亦是成就究竟佛道也。然而如是密法之修證，至「成佛」已，仍然未能證得第八識，仍將誤以觀想所得明點爲第八識，根本未入大乘見道位中，未起般若慧也。

如是密宗成佛之道，與佛法無有絲毫相應之處，有何可貴？竟然以之秘惜、炫耀於顯教耶？皆是外道妄想，而由密宗之索隱行徑，故引入佛教之中，說爲更勝於顯教之法，殊不足取也。如是密宗，不論是觀想而修之雙身法，或以實體明妃而修之雙身修法，其中心思想皆以淫觸之遍身而體會其無形無色，以此爲証得「空性」，以此爲「一切法空、正遍知覺（正知大樂遍滿全身故名正遍知覺）」，始終不離外道法中性力派邪說，今時一切佛門學人皆應知之，莫爲所惑。

復次，近日因寫此書，既已論及樂空雙運之觀想；偶因好奇、亦因密宗中人每謂余於密宗之法完全出於臆想猜測而作評論，乃抽空觀想樂空雙運之法。然於是中，發覺「樂空雙運」之境界，並非必須修成明點與氣功方可成功；明點與氣功只是對於不具善巧之「鈍根人」，助益其性高潮之持久而已，並非樂空雙運之必要條件。是故明點之修證，對於具備方便善巧之密宗行者而言，並非必要之修證。

復次，樂空雙運及其中所證之「空性」，完全是意識境界，與佛教所說之眞正空性無關，佛法中所說空性乃是第八識如來藏故；樂空雙運中之覺知心雖然空無形色，仍是意識心、仍是三界有也，雙運中之覺知心仍與別境五心所法相應故；復次，樂受並非由覺知心所生，乃是因於意識之覺知及意根之作意等，而由第八識如來藏藉「有根身」所生，非由覺知心之意識所生也。而密宗諸師皆不知此事實，昧於現實常識而言是覺知心之所生者，非是智者也。由是正理，故說密宗之樂空雙運觀想法虛妄，非佛法也。

復次，密宗上師傳此上師觀想法，令弟子修之，即是「上師相應法」之一種。然而常有不肖之男上師，藉此雙運之上師觀想法，令異性弟子每日作此觀想：《觀想男上師爲自己之本尊，現廣大天身而手抱明妃交合受樂，由其下體生出「甘露」下降而灌入己頂，淨除自己之罪業。》

異性弟子若觀想純熟之後，便又令其觀想：《自己變成彼明妃，與上師交抱受樂，上師於其時爲自己指導樂空不二之理。》如是久觀之後，女弟子便對男上師生起仰慕之情，請求上師親自指導，久之便得成就「好事」。

如是遂有男歡女愛，貪戀日深，不忍相捨而思「常相聚會、常合修雙身法」等事；久之必致東窗事發，於是性醜聞爆發，眞正佛教便因此密宗所造無妄之災而受牽累，成爲社會指責之對象。有文爲證：《末法時期，戒德不乾淨的上師很多，往往假藉上師相應法之雙身觀想，漸漸達成淫騙之結論。因此，女弟子若對上師採取保留態度，最好以觀想「金剛持」來代表自己之傳法上師，並修金剛持上師相應法，最為穩當。》》（62-348）

如是之言，出於密宗上師之口，並書之以文，顯然絕非空穴來風也。於現實世界之密宗道場，此事實乃平常事，所見多有，不足為奇；惟因尚未爆發故，不為人知爾。故余對密宗道場之常會發生性醜聞事，絕無絲毫驚訝之情；唯有不知密宗之底蘊者，方以為奇也。此節乃言觀想之法亦可成就樂空雙運之法，非唯實體明妃方可修之。

## 第八節　與佛光合一而成佛之妄想

密宗之修法中，一貫主張觀想明點與明光，冀於死時觀想自己之明光與佛光合而為一，以此為成佛之妙道：《《……在此四十九天之內，天天佛來引導；佛來之時，光芒萬丈、明亮無比，生前不修之人，此時一見是光，無不畏逃而不願近之也。惟有生前常修之人，此時識得佛光，不畏而亦不逃，當即自觀為佛，心間放光，即與佛光融合；**兩光一合，立地成佛矣！**是乃中陰身成佛之法也。》》（62-281）

又云：《《……修得好者，中陰身替代可以成佛。若云中陰身可以成佛，是說不然，須知此乃中陰身替代成佛；如取中陰身，必無成佛之可能。至於中陰身替代成佛者，即（觀想）變成一佛之樣子而後成佛也。》》（62-281-1）

如是觀想之法，唯是行者之自心所想內相分爾，與諸俗人昏沉妄想所生夢境相分無二；若以此觀想之相分本尊成就佛身，練習嫻熟，而於中陰之際觀自己之中陰身成爲佛身，即可成佛者，名爲妄想；何以故？謂一切有情之中陰身，皆依其果報而有大小勝劣之別，非由觀想之勝妙而可轉易之；不論行者生前觀想之本尊如何廣大，死後之中陰身仍須受其業力限制而有其一定之大小，不能藉由死前之觀想而轉易之也；故說密宗欲藉觀想之法，以令中陰身勝妙廣大莊嚴者，名爲妄想。轉易中陰身尚不可能，何能藉觀想之法而於中陰之際成佛耶？

復次，觀想之法所成相分，並非眞實之法，唯是自己之內相分爾；若有密宗行者不了其幻，執爲實有之法，而於觀想成功之後，不能忍於他人之不見自己所觀成之「佛身廣大相」、而不恭敬於己，則易生起憤世嫉俗之心，難以正常生活於世間，將與世人格格不入，自生煩惱，非是世間智者之所當爲也。

又觀想之法虛妄，皆是有爲有境界之法；若人不了其幻，執爲實有而求神異，便易招致鬼神外魔之附身，輕則精神恍惚，重則發瘋，一世所修道業悉皆唐捐其功，亦喪失正常人之生活，何況能學佛法及以修證？全省各大精神科醫院之收容所中，多有如是修學觀想、求有爲法而致精神失常之人長住其內，往往一住便是三五年，密宗學人對此觀想之法不可不愼也。至於中陰身替代成佛之說，有其大過，容於次節及十四章第二十節中另述，此暫表過。

復次，自己之明光「眞實心」與佛合併爲一，此說乃是密宗中人之大妄想，其過甚多，《成唯識論》中已經廣破其過；《大般涅槃經》中，佛亦多所破斥，密宗祖師未曾證道，亦不解佛破斥之言，是故有此妄想，佛教學人於此不可不知也。此後若篇幅許可，當陳述之；若不許可，則略而不論，余諸書中所說亦不少也。

## 第九節　三身成佛之道

### 第一目　法身成佛之道

有師云：《《普通未曾修過之人，其中陰身係生死中三個樣子來，至於常修瑜伽之人則異是。其第一件，即修此生死中三者，要其成爲「死中生」，將死置於前、次爲中、後爲生；**使中陰身變化爲佛之化身，自己之身口意變成佛之三身**，故修法者必天天作「我死想、我死矣、心光矣」，**要一想即來，後來變成佛矣**，此即中陰身成佛之道也。此時修法之時，行者自觀爲佛，須作眞想，不可起疑，並須明顯如見。此時之修習即爲來日成佛之因，將來中陰身成佛，即爲此時修習之果；**得此法術，報身成佛**。如修大威德者，後來即變化九面三十二臂之大威德，是即化身成佛也。三者皆有如此連起，故**生死中之三身即爲法報化之三身**。是乃成佛之道，極爲重要。》》（62-264、265）

成佛之道絕非觀想之法所能成就，此謂觀想所成者唯是內相分爾，與成佛之道完全無關。欲成佛道者，須證佛菩提道及解脫道；證解脫道者，在於斷除我見及我執等煩惱，不因觀想成佛之法而得成辦。證佛菩提道者，在於證得第八識如來藏，因此而起般若總相智；復由此般若之總相智，進修般若之別相智；由通達般若之別相智故，即可據以進修一切種智；未具足一切種智之前，名爲道種智，即是地上菩薩之般若慧也；若得圓滿具足般若之一切種智，即成究竟佛道。

如是能得三身具足圓滿，如是進修次第之內涵，方是眞正成佛之道，絕非密宗所說之觀想成佛之道也。如是觀想成佛之法，行者假饒真修三大無量數劫之後，依然不能斷除我見，仍將認取意識心爲眞實不壞心，仍是凡夫妄想，尚不能入聲聞初果位中，何況能證大乘菩提果？如是修行，窮劫亦不能與佛道相應；密宗行者受此誤導，如是辛勤修行，而徒勞無功，名爲可憐憫者。

此師又云：《《死時之明光，先見紅光賽如閃電，是後丹田火熾（原註：丹田火爲內火，溫暖乃丹田火之力），熱力上升，於是頂上見一月輪（原註：藏語稱此月輪爲小兔。西藏秘密經中此種密語甚多，苟無上師口傳，萬難明瞭。此處所謂月輪者，精點之別名也），丹田火之力，用時即修「空安無二無別」；如知空安無二無別，則抱明母之時至矣（意謂可以觀想而修證雙身法也）。抱明母者即陰陽交合之道也，抱明母能生安樂，同時視「一切法空」，使空安不分，此之謂「空安無二無別」也。抱明母時並非實際上抱一明母，乃心中想像抱一明母也。此是虛之明母（註：抱明母即空安意思，安者己心，空者明母；二者互合，是謂空安無二無別，空安二者永不分離。詳62-273），否則人死之時，何來眞實明母可抱耶？不過作此觀想而已矣。**此時心中想「一切法空」，則自己得到法身焉。**》》（62-270、271）。

此處所說者，即是密宗之「中陰成佛」之道也。密宗以如是妄想，而自言能於一生中成就法身，而言死時即可證得法身，而成究竟佛，實是妄想之說也。此謂法身即是第八識如來藏，而密宗如是修法，絕無可能證得第八識，則無法身修證之可言也。

又云：《《夫修死時之光，必須好好觀看，方能知之；平日時時刻刻修，想自己死去，四大次第融入，空來之時：見白妙空來時，見紅大空來時，見黑一切空時，氣往上升，命即外出，於是明光顯現，獲得法身等等。》》（62-294、295）

此即是誤認明光心為法身也，然而明光之心仍是意識所成境界，無關法身；一切大乘經中所說法身乃是第八識，密宗古今諸師所說之明光法身，則皆是意識所住之境界法，無關佛法也。密宗所說其餘法身成佛之道，詳見本章第四節所說，及後第八、九章中別述；限於篇幅，此處就此表過。

## 第二目　報身成佛之道

有師云：《《此外尚有法報化三身成佛之道，譬如生前修法之際修第四個空（原註：即一切空）時，明光前來，於是想「自己死矣！我死無常，一切法空」，**空中現一本尊自己，與此本尊無二無別，此即報身成**

**佛之道也。》》**（62-264）

又云：《《修法之人天天作「我死想」，八十種風氣融入二十五種，二十五種融入三種，三種者即是三遍融化也。第一遍融化時如見月亮（白色），第二遍融化時如見太陽（紅色），第三遍融化時日月皆隱、唯見黑暗。如此三遍融化後始回去，於是頂上梵門開啓，行者之命即由此門外出，其時想「一切法空，自己死矣」。如以儀軌之字而言，則心間之吽字自下上縮新月，新月歸日，日歸那打，那打歸空，此乃儀軌中所云，爲標義之説；至於以上所講之三遍融化，乃實際上經過情形也。天天所修還是照實際上之經過情形觀想，想「自己已死矣，我死無常，一切法空」，迨第四空來後，乃抱明母，與之合起。將來死時亦想「我死矣，我死無常，一切法空」，空後放光，見大亮光；一切亮光皆是佛光，遍一切處無非此光；光即是空，於是想空中上變成一佛、如平日所修之本尊樣子（原註：此本尊與自己無二無別）。一切莊嚴既備，乃從心間吽字放光（原註：此光乃自己所修之光），奉請智慧佛，奉請之後佛光前來；此時自己所修之光，一見此佛光即甚害怕，因佛光明亮無比、不可逼視；但勿畏懼，應如子遇母相近相親，立即迎上，與佛光融合。**是即報身成佛之道也。》》**（62-271、272）

如是「報身成佛之道」，所「證得」者絕非佛說之諸佛所得報身，乃是密宗自己施設之妄想法，套用佛法「報身」之名而說，絕非眞正之諸佛報身也。此謂諸佛報身乃是具足諸地之三種意生身，具足諸地之增上慧學、增上定學、增上戒學，然後斷盡煩惱障一切習氣種子，斷盡所知障一切隨眠，然後方能現起報身；此是最後身菩薩之修證所得，非諸地菩薩之所能知者。

今觀密宗古今諸師，尚且未證第八識如來藏，尚且不能了知第七住賢位菩薩之般若總相智，何況能知初地乃至佛地之般若？完全不知般若之凡夫，尚不能證七住菩薩粗淺之般若總相智，云何能證初地菩薩所證之五分法身？不知不證初地之五分法身，云何能證諸地之三種意生身？不知不證諸地之三種意生身，云何能證佛地之莊嚴報身？如是密宗所說之證得報身者，猶如乞兒之自比國王，不值識者一哂。

又云：《《至如**法身必須久修方能獲有**。本來中陰身得後，萬難成佛；氣與心合，始是修道之法，至時報身方可成就。大威德之發願經中有云：「氣與心兩者全有之時，偉大之報身始來」，如兩者不全時，則無報身焉。》》（62-281、282）

法身乃是本有之心，謂人人本有之第八識也，非如密宗上師所說之由修而有也。諸佛法身（佛地之第八識眞如）乃由第八識之證得後，再將第八識中之煩惱障習氣種子斷除淨盡；並將第八識所蘊一切種子，加以實地證驗了知，至究竟了知時即完成一切種智之修證，所知障斷盡無餘。如是名爲斷盡煩惱障習氣及所知障中過恒河沙數上煩惱者，名爲斷盡塵沙惑者，名爲究竟佛。

然十方三世一切佛之成佛所證法身，皆是依此第八識而言，不可外於第八識如來藏而言法身也；今者密宗上師以明光爲法身，以觀想之己光與觀想所成之佛光合而爲一，故言法身須因修行而得；由修如是密法，名爲證得法身，名爲已成佛道，完全不符佛法，乃是外道法之妄想也。

又：宗喀巴所說報身成佛之道，亦是其妄想也：《《倍說**母韻**之理，《教授穗》說十六母韻表示身內諸處之十六界。此分方便（父續之男性堅挺勇壯之善巧）智慧（母續之女性令人成就淫樂空無形色之覺證）成三十二（原註：男十六、女十六，故成三十二），故於字亦加倍修。引契經（密宗所創造之經）云：「如世尊（密宗所造經中之世尊）說：阿字拇指根，啊字在脛上，……諤字住於頭，昂痾在頂上；智者如是想。白分如斯住，黑分則反爾；女性金剛心，男性一切時。」《律生疏》云：「左者謂於白分，拇指至頂，依身左分漸向上昇。於黑分時從頂至拇依身右分漸次下降。」此說菩提心十六分。於分方便（父續）智慧（母續）二品，引《二觀察》證云：「界相謂世尊，其樂謂欲母。」此謂母韻所表之十六義，可分方便智慧二品，故十六字亦分兩聚。《教授穗》說由遮非界非樂各有十六分故，分三十二（密宗說此爲三十二大人相之因，故修此）。亦就上說彼彼身位而分。次從迦至羼字有三十四父音，於上再加「楂答也惹拉縛」六字共爲四十，再加一倍（則成密宗所說八十種相好之因）。三十四上所添之字，有多不同。父音分八十者，《教授穗》說：「父音攝爲五界，每界有四，共爲二十。地至風界各有四者，如云凡有一界即有四界。空界表喜，有四喜故。此二十界各具塵分，故成四十。此復各有智慧方便空樂二分，故成八十。」……次從標幟種子放光饒益有情，復收爲一。多有不說收放光明，但說合爲一者。此後當觀（本尊）身相圓滿。》》（21-509~511）

如是觀想種子字成就之後，再觀想身相具足三十二大人相、八十種隨形好；若觀想成就，亦可於此一生中成就究竟佛果──證得報身，是故宗喀巴隨後說因此觀想之成就而成就五智（請詳 21-511-5），如是之說，名爲密宗虛妄之想也。此謂密宗所作如此觀想之法，永無成佛之時也，如是觀想者永遠不能證得一切種智也；欲成佛道者，必須先證如來藏之本體，經由現觀如來藏體性而發起般若慧，然後次第漸修、地地增上，方能成佛，非是密宗之宗喀巴等人所說經由觀想…等、而能成就佛道也。復次，彼宗喀巴所說之五智，非是經由修證佛菩提而證—非由取證第八識如來藏而生起法界體性之智慧，是故起始即錯，隨後所修所證之「佛地四智」便與佛菩提完全相背，焉能如宗喀巴所說之「證得佛地五智」？復次，佛之四智非由觀想之所成就，要須經由取證第八識如來藏，然後始得發起故，此容於後第十一章第五節中，敘及法界體性智時再作分說。

### 第三目　化身成佛之道

此師又云：《《兩光合後雖已成佛，尚須灌頂方有權力。猶如爾等請得一尊佛像，必求喇嘛為之開光，蓋非如此，是佛智慧不具，不能利益眾生也；故報身成佛後，心間吽字復又放光奉請佛會灌頂，迨灌頂後方有權力化身利生矣，此理不可不知。報身得後，化身始來；如無報身，何來化身？**昔時之釋迦牟尼佛是為化身之例。報身莊嚴，如受法時頭戴五佛冠，身穿菩薩衣也。法身係光體，非肉眼所能見。**》》（62-272、273）。

如是密宗所說化身成佛之道，若未探究其實，甫聞密宗中人說言「某人已證得化身」者，往往以爲密宗祖師果眞是大修行者；然若深入探究其所證得之「化身」，方知原來只是中陰境界中之觀想與「佛光」合併所得「境界」，其實並非佛法中所說之化身，唯是密宗祖師依於自意所解釋之「化身」，而作爲 佛所說之化身，其實唯是妄想之法爾，非有 佛所說之化身證量也。如是而言化身成佛之道，皆是妄想，無關佛法之化身，卻來推崇密宗妄想之法，反而貶抑釋迦佛爲化身，意謂不及密宗上師所證之報身法身境界，狂妄亦兼無知，謂之爲可憐憫者。

復次，法身乃第八阿賴耶識，此識雖亦能放光，然而並非「光體」，光體只是此識所現之外象爾，不可謂光體即是法身也。復次，此識並非一切時中放光，若言光體即是法身，便有大錯。亦如阿羅漢入滅盡定中，其第八識仍與其身同在，而不放光照耀；亦如定不迴心阿羅漢入無餘涅槃時，其第八識法身亦不放光，云何有光體之可言者？復次，多有修得神通之鬼神，不現其身而放光芒，其實乃是依於意識心而運作之法；若於此時而謂彼意識覺知心即是光體法身，便成大過，非是佛法也。是故不可言光體即是法身也，應言法身是人人皆本具足而常恒運作不斷之第八識也，此識常、恒、一向現行不斷，方是法身也。

復次，佛之報身，並非密宗所裝扮之法王身像：頭戴五佛冠、身穿菩薩衣。報身之像，有自受用身，亦有他受用身，具載於《佛地經》等，非如密宗之所說者。限於篇幅，不復列舉。密宗所說之報身者，乃是依於自意妄想而說者也，識者比對經中所說即知，勿勞多言。

幻化身之修法者，有師云：《《醒時幻化身成就之意，即謂如中陰身時之樣子（觀想）出來也。其時行者之身雖猶作平定坐，想中陰身樣子；而其幻化身卻已外出矣。至於睡時幻化身成就之意，即於臨睡之時先修明光，明光後即入睡；睡後作夢時，猶是中陰身的樣子出來。中陰身有三個樣子，**即身口意之三業變為法報化之三身**（此乃以夢中之身口意三業，認為即是法報化三身，非是大乘佛法經典中所說之法報化三身也）。**此就修法成功者言**，幻化身還是中陰身（認為夢中之色身即是幻化身，亦名夢中之中陰身）樣子；成就夢時，亦不過為中陰身之安放名字。此乃出生久修者放光，放光後出來，中陰身不要矣，以中陰身替代報身。譬如修彌陀法或長壽法者，平日修（觀想）阿彌陀佛或長壽佛報身樣子（觀想本尊成阿彌陀佛戴五方佛冠、身穿菩薩衣之樣子），到死時放光，此光即是「空」；空中上變成一佛，照平日所修之（觀想）報身樣子作，作好後，還是中陰身。生前如此修，則死後亦如此出生焉。**此法報化三身成佛之道**，甚為重要，行者務

必知之，以為死時之準備。若平日一無準備，則死時必手忙腳亂，仍不能成佛也。》》（62-267、268）

由密宗上師如是說明，行者即知密宗所說之「即身即生成就法身、報身、化身」之理，實是荒謬之邪想，與佛所說之法報化身迥異，並非佛教中之法報化身，只是密宗上師自意所想之三身，並非眞有佛教中法報化身之修證也。是故密宗上師所謂即身成佛之道，所謂已成佛道之說，皆不可信，只是自意妄想之說爾。

又云：《《此幻化之身有「學與不學」兩種，學者由修而成；不學者乃天然具有，非從修得。常人之中陰身由因果中來，由因果中來之中陰身不能成佛，務必先將因果去除，始有成佛之望。欲除因果，必須修習「三遍融化、四空相應」，將死時之明光與幻化身合修，如此始能成就也。》》（62-281-4）。三遍融化、四空相應，其意為何？

三遍融化者：《《人死之時一定放光，放光之先，三遍融化。何謂三遍融化？即最先見白，其次見紅，再次見黑是也。白紅黑之融化，係由氣入中脈；氣入之後，頂上白點化降，臍間紅點上升，兩點遇合於心間，於是黑暗異常，一切不知矣。》》（62-289）

四空相應者：《《地歸水時，外感乏力，身體不能顫動，四肢軟若無骨，身上宛如有高山下壓，心中急欲免脫而苦無氣力，內見陽焰，此乃地歸水之徵象。水歸火時，外感口乾鼻燥，舌微外露，內見冒煙，此乃水歸火之徵象。火歸風時，外感體溫降落，手足漸涼，蓋暖氣入內也；內見螢火，此乃火歸風之徵象。風歸識時，外邊出氣多、進氣少，喉間格格作聲，呼吸異常艱難；內見豆火不動不搖，穩定非凡，此乃風歸識之徵象。是後第一空至；空來之時，內見白色宛如萬里無雲明月當空，此乃第一空來時，內見之狀。第二妙空來時，內見紅色有如晨曦（原註：白乃父給之精，居頭頂上；紅爲母予之血，居丹田中），此乃第二妙空來時內見之狀。第三大空來時，白降紅升，至心遇合，於是內見黑暗，猶如昏夜，此時死者知覺全失，呼吸斷絕，力量皆去；唯耳覺尚在，家人哭聲猶能聞得，此乃第三大空來時內見之狀。第四一切空來時，黑暗忽開，突見紅光一道，賽如閃電，瞬息即逝；紅光過後接見淡黃色之亮光、有如曙光（原註：即上午二、三時東南方天上之黃光也（西藏高原凌晨二、三點已可略見黃光，地處高原及多雪反光故）），此時魂已外出，所見之淡黃色亮光乃「空」中之光，即所謂明光者是也；此乃第四「一切空」來時所有之境界也（原註：修法時所念之觀空咒，其最後之亨字，其義謂空，即指此第四空也）。如此種種皆須修而後來，不修不來。此明

光乃正眞之「根本明光」，根本者此也。》》（62-285~287）

依此密宗上師所說，皆是死亡時之自然演變狀況；縱然能於最後階段認取第四空，依然是意識境界，未能證得法界之實相－第八識如來藏，仍然未知法身之正義。然而死亡時之演變狀況，實非如是；此等說法，純是密宗上師之臆想，而後以訛傳訛，完全不符般若所說及一切種智所說；亦不能符合一切眞實證悟如來藏及道種智者、所能預知捨壽時之狀況也。

譬如乞兒於地檢得國王所棄破舊錦衣，穿在身上，誤以爲如是穿已、即成國王，而對宰相王臣起慢；密宗祖師古今上師亦復如是，以爲自己所想之法成就已，即是證得佛所說之法報化三身，然實錯會；是故密宗古今上師所說之法身、報身、化身，迥異顯教經典中所說之三身，並非顯教中所說之法報化三身；然而密宗古今祖師不自知謬，卻以之而籠罩顯宗學人及證悟者，自以爲早已證得、或死時能證法報化身，自認「修證」高出顯教菩薩甚多，而起「佛慢」，輕蔑顯宗之學人、諸證悟者、及諸天人鬼神等；其實完全不知不證法報化身，乃竟作如是行，令人深覺可笑。

譬如：《《平日修時想「我死無常、一切法空」，空中上現一種子字，此字旋即變成本尊。如此種種，不修不來，來時萬萬不可生疑。倘疑心來，應速制伏，想其不對。**一切觀想定須視為真實不虛**；平日上師之言應絕對信從，視爲天經地義，如教修持：自己死時成爲法身，中陰身時得到報身，如再投胎則爲化身，此三身合修甚爲重要。》》（62-273）。

如是三身完全異於佛說之三身，云何密宗行者全依上師之教？而不直接由佛說經典加以探究？云何密宗上師：等人不依佛說諸經之言？全依上一代之錯誤密續而授密宗行者？云何密宗諸師不知不解顯教中佛所說之三身，而竟以如是荒謬之三身，以蔑視顯教之法爲因地之修行法門耶？如是而言佛法之正修行者，殊屬荒謬之言也。

## 第十節 密宗觀想明點中脈之法乃是精行仙之修法

密宗所說之報身，皆是依於事先之施設，而後觀想所得者，純是想像，非是色究竟天法界中眞實報身佛之形像。觀想所得法，非是現實世界中之眞實法故。

復次，密宗所說之報身佛，縱令其觀想可以成爲現實世界中之眞實法而現前者，亦非佛教之報身佛也。譬如密宗所說之報身佛，多是頭戴五方佛冠之男女交合行淫之雙身像，或如「普賢王如來」之裸身抱女行淫像；皆是依於彼等所虛妄建立之淫欲雙身修法，加以人爲建立而有之「報身佛」—以能受淫欲之至樂果報故名報身，以此而貶抑顯教之釋迦牟尼佛無此恒受至高淫樂之果報，故不名報身佛，而名爲化身佛，所以云：**《《昔時之釋迦牟尼佛是爲化身**（佛）**之例，報身莊嚴如受法時頭戴五佛冠、身穿菩薩衣也。法身係光體，非肉眼所能見。》》**（62-273-2）。

如是以虛妄之想像法，而言密教佛皆是報身佛，更勝於顯教之釋迦佛，貶抑顯教之眞實修證爲因地修行，自稱密宗歪邪之外道理論及行門爲果地修行，可以即身成「佛」，結果卻是外道法，與佛法完全無涉。

觀想明體之法，在密宗之中，亦說之爲大手印法；由以明體之觀行，而可作觀—明空雙運，故又名之爲大手印。亦因誤認明體心氣爲無生之法，故說明體爲不生不滅之大手印本體：

《《無生心氣無二者，則明明標有「無生」，無生即是大手印本體；不滅之氣，即是大手印妙用。前加行時，特因立果名，今則實現無生心氣不二之果德，故能攝之。美哉！》》（34-845）。如是以觀想所得之明體，作爲無生之法；卻不知明體乃假緣而有之法，妄認作無生之法，以之作爲一切衆生之本源實相法，誤會極大。

所以者何？謂明體之爲物也，乃是藉色身及地水火風空，以及七識心，外加受想行蘊，加以意識心之作觀想「修行」之後，方由第八識心顯現明體之像；未觀行之前本自無之，觀行成功之後，若不觀行時則亦暫滅不現。眠熟之際、悶絕之際、入無想定中、入滅盡定中、正死位中，悉皆斷而不現；如是明體之法，非是遍一切時中皆存在不滅，非如吾人所證之如來藏第八識，恒時現行而爲證悟之人所時時觀見：不須因修觀而後始在，不曾暫時不在；是故一切證悟之人，能見一切未悟者之第八識恒時現行不斷，不因彼未悟凡夫不修而不能見也。然而明體乃是有生有滅之法，必須修觀想之法而後出現，乃是有生之法，云何而可言爲無生無滅之法耶？無是理也。

如是密宗勤練明體者，其修行所得，乃是世俗練精練氣之法；如是修行者，名爲外道。《楞嚴經》卷八中佛說：《《堅固動止而不休息，氣精圓成，名空行仙。：堅固精色而不休息，吸粹圓成，名通行仙》》，非是佛法中正修三摩地者。密宗所言四瑜伽：專一、離戲、一味、無修，皆依明體而在意識上用心，無關佛法中之眞實瑜伽，故此書中關於明體修練之法，限於篇幅，乃省略之，不作細述。

# 第三章　密宗之明點與脈氣

## 第一節　密宗之明點與脈氣

密宗之明點與脈氣，在密宗中之地位極為重要；其所以重要之故，乃因其與密宗之禪定、臨終遷識、雙身修法之成佛修行法道、証得果位……等，皆息息相關；下自凡夫地，上至「佛果」之修証，悉以明點及脈氣而貫串之，是故明點與脈氣在密宗之修行法門中，佔有極為重要之地位。

明點、脈氣、無上瑜伽雙身修法，此三者乃是後期密宗修行法門之根本，密宗說之為「佛教禪定」，三者之關係極為緊密。一般而言，密宗行者必須修成明點與脈氣之後，方有資格接受樂空雙運（男女雙身修法）之秘密灌頂，以及其後之眞修雙身法；是故明點與脈氣，是密宗行者入門修學「即身成佛」法門之必修課程。

有師云：《《吾人之命在中脈之內，此脈處脊骨之中，外白內紅；脈上有疙疸（有時稱為「和合」），其狀如蛇吞蛋後所有之現象，蛇身宛比中脈，蛋喻疙疸。此種疙疸有三，以丹田火焚之；**猶如夫婦媾合、一切**

脈中之氣聚於密處、將出精時之甚樂樣子；當精將出未出之際，急念撥雌，將精關閉住，其精不出身體，日強而又極樂。能如此做者方可修，若不能將精關閉住，萬不可修。因精一洩，則悉地全去，前功盡棄，故只有聰明之人可修。》》（62-64、65）。

由此可知密宗之內，一般而言，欲以實體明妃合修雙身法者，必須先修成明點與脈氣之後，方可修之也，故知脈氣明點在密宗實修法門中之地位極爲重要。至於樂空雙運之無上瑜伽，容於第八章及第九章中另行敘述，此處從略。

密宗中人大多主張須有脈氣與明點之功夫圓滿，然後始可受密灌及實修雙身法，但非絕對；如蓮花生之主張不須完全遵照如是次第，若有人久修明點與脈氣而不能增長者，亦可藉助於女人而修練明點：《《欲令明點增長，行事業手印（可用明妃而修雙身法），當用十六歲（女人）蓮（陰戶）乳皆肥者，腰細令男（性密宗行者）生不忍（之）樂，自他本尊身明顯（觀想自己與明妃之本尊明顯）。……（即可）與亥母（明妃）密修脈界本尊同時雙運，（自夜晚乃至）黎明不斷而行，力大根明顯，脈界不亂，主要教授即此。》》（34-553、554）

由已成就明點與脈氣之故，便易於成就拙火定（靈熱），便可藉之修學雙身法之樂空雙運而即身成佛。所以陳健民上師云：《《本尊身上修靈熱（拙火），加上又修光明（虹光），就可以即身成佛。……假如是靈熱法成就了，那麼其他的五法就跟著要成就（就跟著一定會成就），所以要緊的是靈熱法啊！》》（32-242）。

至於密宗脈氣及靈熱之修法，與余少時所學之道家氣功與拳法氣功，略有不同；復因密宗氣功修法，現今已有許多密宗典籍敘述之，故此書中不予詳述。讀者若有興趣，可逕閱《藏密修法秘典－呂鐵鋼編造、北京華夏出版社印行，共五鉅册》，及《密宗氣功－馬爾巴譯、余萬治及萬果二人共同中譯註解，百通圖書公司出版》，及《曲肱齋全集－陳健民上師著，徐芹庭編，普賢王如來佛教會出版》，於此書中僅作略說，不詳述之，重在義理上之辨正。

諾姆啓堪布、道然巴羅布倉桑布上師，曾有口訣傳下：《《丹田火修好，乃修普通的次第。前講一切氣逐步聚入中脈，復由中脈而入和合之內。此和合係兩個碗形之物互相吻合而成，上半白色爲月，係父精所成；下半紅色爲日，係母血所成；得胎之時已如此生成。**吾人之命藏於內，如籠中之鳥然**。……丹田火熾，則白者融化，嗣與紅者互相融合；融合之先，白者力大，包裹紅者，是以白多；後紅者力大，反包白者，於是紅多矣。……茲再講修時氣入都地（阿瓦都地，又名和合）之內，都地所藏之命，即常人所謂之心；但此心不是肉團心，乃性命之心也。余現在所講者乃明光幻身之道，其修習之法爲不共法，密聚金剛之經中言之甚詳。氣聚中脈以擠明點使之上升，於是內見如雪之白色，由上下降；旋見如血之紅色，由下漸升；此時紅白互合，昏天黑地，宛如日落時分由暗而黑也；此時人如愚蒙，一切不知。是後紅白接合之處忽然微開，於是明點立即飛出，如鳥脱籠。飛出後立見淡黃色之亮光，如上午之日照，此時常修之人能即想到：「自己已死、我死無常、一切法空」，此「自己已死、我死無常、一切法空」三個想念來後，乃見空中現一種子字。既而此字轉成本尊，由本尊心間放光，奉請智慧佛融（入）身（中）。……今此本尊心間放光奉請智慧佛融身，亦即開光之意也。本尊心間放光照智慧佛身上，於是佛始驚覺、知有人請彼也，乃毫光一道惠然降臨；此時雜吽巴姆霍融入本尊身內無二無別。……夫修法之要，厥惟修心，心得寂靜佛始可成。先黑暗異常、一切不知；後命外出，乃見亮光；是時自觀爲佛，心間放光奉請佛會灌頂。灌頂之後可放光利生，如此種種實爲起分正分之心髓。行者如知正起分，則念儀軌之時，其中意思完全明白矣！倘不明正起分，則念誦儀軌何異盲修瞎練邪？此經所説之意倘多多修習而仍不來，則抱明母一節，務必好好想之；想之則來，不想不來。蓋抱明母時，一切安樂之心聚於一處，則氣自融入中脈，然後能至密處。如氣不入中脈，則密處不能到。修時務必有氣推擠，而後明點始能至密處；再由密處上回，回上去後，如口略出氣則甚不好。明點上回後，應將其散至各脈。即兩手作期克印（原註：握拳而伸食小兩指也），交叉於胸上；目上向，望頂上之吽字，口中呼吽字二十一遍，呼時手足並用力。呼畢兩手握拳，左右慢慢搖擺三次，擺畢、兩手撐腿上三次，撐畢、身體左右扭動三次，如向兩旁問訊然。扭畢、胸部挺數挺，頭左右前後搖數搖，如此則精氣自皆四散矣。做時應用內勁，不可隨便輕鬆；精氣如能散去（散佈於全身），則身體得益甚大，皮膚能變光潤。如不將精散去，則大病立至，或且喪命，利害非凡，不可忽略。做時心中想一切氣皆如此散去矣，完全由各處散去矣。此處所講者，盡屬正分之道，爲起分中所無。》》（62-209~219）。

以上所說，尚有許多違敎悖理之處，限於篇幅，僅就氣功部份略加辨正。氣功（練精化氣之法）與靈熱之修行，年少之時余曾修之，實可證得；是故世間求健身或延年益壽之人，不乏證得者。然於佛法中並不鼓勵學人修之，若爲體弱多病而求健身、以免妨道者，不妨修之也，然與佛道之修證無關，不可謂修證氣功為成佛之根本也。

譬如密宗上師妄想精氣為成佛之根本：《《精為人之至寶，善用之，不難成佛；將來變成無數化身之佛者，皆此精之作用也。》》（62-79）。

又云：《《**吾人將來之成佛不成佛**、長命不長命，**皆持此精**（皆依靠此精氣），**故應珍視也**。精成後，貯於睪丸旁之小池內，七天一滿，如能永遠不洩甚好。修法之人最忌洩精，冬時修法須服一種藥，服後三日之內能將精關閉住，精始不洩。若不服藥，難免夢遺；夢中遺精即是魔來之象，故修法之人勿起淫念，不得胡言亂道。見年輕之婦女視為姊妹，年長之婦女視為母姑，如此則淫慾不起；淫心不動、精始不洩，精不洩、佛可成。》》（62-89）

然而未來佛地所變化而出之化身佛，實非由精氣之鍛練而成就，乃是由觀鍊薰修等四種禪定，及無量百千三昧修證完成，加以一切種智之證量圓滿等，方能成就，絕非由於鍛鍊精氣而成就；是故密宗古今祖師所說之證量，皆違佛旨佛法，皆是出於臆想，然後由衆人渲染附會所成，非有眞實佛法證量。於密宗之內，如是錯以精氣為成佛之根本者，比比皆是，密宗古今祖師悉皆不出如是邪見。

密宗古今諸師之所以不能跳出此邪見外者，皆因密宗之根本法義偏邪所致；密宗既以樂空雙運之大手印爲究竟成佛之道，名爲無上瑜伽，則密宗一切祖師學人欲不墮此邪見窠臼者實難。是故密宗之法，乃是從本已邪，非屬佛法；欲期密宗之改變而修正邪見錯誤者，非是易事，必須從根本法義上作全面之變易故，而雙身修法之即身成佛法門實是密宗自炫於顯教之法門故；由是觀之，欲期密宗之修正法義，必將猶如與虎謀皮，難有希望。

復次，密宗古今上師每將命根誤說爲「藏在中脈內之明點」，完全誤會佛法：《《吾人之命在中脈之內，此脈處脊骨之中，外白內紅；脈上有疙疸，其狀如蛇吞蛋後所有之現象，蛇身宛比中脈，蛋喻疙疸。》》（62-64）。

又云：《《三脈皆沿脊骨而生，中間一脈即中脈，最爲重要；中脈兩旁有兩脈，一稱左脈，一稱右脈，共成三脈。其他各脈皆由此三大脈分出，遍於全身。中脈中有一「和合」，藏名「都地」。其形如和合故，姑以和合稱之。和合係二碗形之物互合而成，上白色、下紅色；吾人之命即藏於內，外來之風（原註：風即識），亦聚於此。此和合略動，吾人即病；開即死矣。在此和合之上下約二指之隔，各有結子三；正分之道得到時，心中明光出來，能將此結子打開，於是異常方便，靈魂可自主出入。凡夫須至死時，此結子始能被靈魂沖開，魂遂出去，不能自返，於是死矣。》》（62-97、98）

又云：《《不論修何法，八十個風氣進來成爲二十五個，再成爲三個的道理，甚爲重要，此風氣以融入中脈爲最佳。其次入臍化輪則亦甚方便。吾人之命不止在一處，全身皆有。但中脈之命爲命之總部，最爲重要爾。譬如密處亦有命在，命去亦能致死也。》》（62-117）

又云：《《中脈內有一黃豆般大之精點，運氣時能於中脈內上下行走，此黃豆般大之精點即以前所稱之「和合」也，內藏吾人之命。中脈猶如筆管，一切風氣入內，將精點推動，故能在中脈內隨氣上下行走也。拋斡時（遷識時），即此黃豆般大之精點微啓，吾人之命立即由內躍出，循中脈而上升至頂，由梵門外出，可隨意往任何處所，因此命即吾人之識，亦即俗語所謂靈魂者是也。》》（62-136）

又云：《《中脈中空如竹管，內有一微細之脈點，只芥子般大。此微細之脈點，即吾人性命之心也。但此心不是肉團心，肉心粗，此心細；肉心在外，此心在肉心之內；肉心死時仍留體內，此心死時外去。上云：法輪中心中脈內之倒頭吽字，即是此心之形，其他長長之脈不是

此心。此吽字去，即是此心去；此心去，人即死矣。》》（62-141）

又云：《《所修之相不可觀其在身體之外，應觀其在身體之內。如此修習久而久之，自然點隨心走；心欲其東，點即往東；心欲其西，點即往西。點者即上文所稱如黃豆般大之精點也。此精非普通之精液，乃如火焰之光點也。吾人之命即在其中。修法之術語上稱之爲點、爲命、爲明點、爲精點。其實皆一物也。》》（62-143）

又云：《《茲再講修時氣入都地之內，都地所藏之命，即常人所謂之心；但此心不是肉團心，乃性命之心也。》》（62-210）

又云：《《爾等欲修此法，必先修正分，使一切氣能融入中脈內去。氣即識也。》》（62-125）

又云：《《…第一拋幹，即自己之命（原註：又可稱識）從梵孔出去、遷移他處之法是也。斯乃無上密宗最大最勝之道，爲其他密宗所無。》》（62-315）

如是等開示，前後矛盾、自相衝突，莫衷一是；顯示密宗祖師之不知不證根本識—阿賴耶—依於臆想而說識，誤會第八識之體也。亦皆顯示密宗之古今祖師不知命根之正義；命根實由八識心王及五十一心所有法，及十一個色法所共同顯示之法，從來與意識心及實相心不相應，唯是名相施設，故名「心不相應行法」；命根實無，非眞實法。

人能存在世間生活，故名有命、有命根，然而此命之所以能存，乃由阿賴耶識所執存之往世業種果報而來，非由中脈或中脈內之明點所執，亦非由明點代表命根也。密宗中人爲有如是謬解邪見故，視精氣明點爲至寶之物，故有氣功之修行，欲藉氣功而「固精強精」，以爲如是即可長命百歲而修佛法、乃至即身成佛，其實皆是妄想。

若人欲長命百歲者，藉氣功之法實不能成就，當由愛護衆生、慈憫衆生而得來世之長壽，非由氣功之修練可以達成此目的也；觀乎密宗祖師之長壽與否，即可知之，何庸多言？如是名爲密宗行者之妄想也，精氣及明點皆非命根故。

宗喀巴則說風爲命根：《《次當知：從眼、耳、鼻、口、臍、男女根、不淨孔、髮毛孔出入之風，是名爲命。》》（21-79）。

是亦邪見，完全不符佛所說故。是故密宗學人應當探討：「我人學密修密，目的爲何？」若爲修學世間法，則繼續修學健身及淫樂不洩之法，只要能持五戒、不犯他人眷屬，則無傷大雅；若爲修學佛法之解脫道、或佛菩提道，則當摒棄密宗之理論及修行法門，如是方爲有智之人也。

## 第二節　明點有四類

陳健民上師云：《《古人將「點」分爲四類：物質明點、風明點、咒明點及智慧點。物質明點，有如男精女血；風明點即是氣，咒明點是咒字及眞言。上二（風及咒明點）屬下三部密續所有。屬無上密的智慧明點，不可誤認是精液。某些古代學者也犯此過。》》（38-673）

此謂陳上師有其獨特超越密宗祖師之見解，謂男精女血爲物質明點，氣功修練所成之氣爲風明點，觀想所成之咒字及眞言爲咒明點，經由物質明點、風明點、咒明點之修習完成，而配合觀修，令觀想所得下紅上白明點升降會合、融化爲一，再藉由無上瑜伽雙身修法之樂空雙運而提升物質明點之淨分，與融合之明點合一成功後之明點，方是智慧明點；如是見解，即可免去上節所舉之自相矛盾說法，不能不說陳上師於密法之修證確有獨到於古今上師之處。

《《四種明點中，佛身唯有智慧明點；此明點爲無上密二三灌修法所有。在中脈下端是紅明點，它是拙火及智慧明點。在中脈頂端是白智慧點，或說是由智慧所證得的大慈悲。紅點含五大，尤其是火大爲主；而白點以水大爲主。由此水火二大種之和合，可生出其他三大種，五智

也將顯現，以便加以運用。》》（38-673）

然五大實非紅明點之所蘊含，水大亦非由白明點所蘊含；五大既由紅明點所蘊含，則水大不應由白明點之所蘊含，否則於理有違也。復次，五智之說非是正理，容後別述，此暫置之。佛地之大圓鏡等四智，皆非由明點之觀想而得，亦非由明點在雙身修法樂空雙運之作用中證得，而是由修證八識心王之一切種子而證得，不可妄說爲「由修明點而證得」也。

陳上師云：《《外境所顯爲色蘊，爲五界有形明點。……物淨紅白二明點，白分從中脈上端，罕字自性如芥子，白而瑩澈如玻璃，從父所得最寶貴。……短阿名亥母自性，亦名爲春與明點。……二淨分爲紅白明點，頌中已言。其住處形相，大小顏色譬喻已，所謂海面火，以喻其熱力顏色。吉祥兮嚕噶云：「紅分爲亥母本體，亦名爲春與明點」，此二，第八識與命氣爲所依。》》（34-414、415）

此謂紅白明點皆是物明點，不可謂爲即是根本識阿賴耶也；而謂紅白明點皆以阿賴耶識及命氣爲所依，故非恒常不壞之法，斯乃正說。故當以第八識阿賴耶識（眞如）爲佛法身。

《喜金剛》則錯說：《《精等形相爲薄伽梵，彼之安樂即愛樂。》》（34-415-6）。學人當依陳上師之所說，莫依《喜金剛》之邪說也。如上所舉，謂白明點在頂上大樂輪四葉蓮花中；紅明點在臍輪中，是爲亥母性明點。

明點之初期修持，以紅白明點爲觀修對象：《《無上密宗之正分中，注重丹田火。何謂丹田火？即臍下丹田內，母給之紅物是也（原註：此紅物即是度母）。頂上父給之白物下降，要修得此紅物與頂上父給之白物均融化上下。白者融化下降之時，生四種歡喜；紅者融化上升之時，亦生四種歡喜。》》（62-51）

此乃觀想明點出現之後，進一步所應觀想者，屬於初期下三部之觀修法門要旨。至於明點與氣功之修練方法，請詳書末附錄第六十二冊、一六二冊之說明，本書不作覆述。

明點觀想完成之後，須修練寶瓶氣，以求打通中脈；修練寶瓶氣之理論，詳後第三節中略說。寶瓶氣成就之後，即可與明點配合升降運行；若唯觀想明點，不修練寶瓶氣，則紅白明點之升降及會合，即不能成就；則其後之密宗道，皆停滯而不能進修也。

關於明點，密宗上師每有妄想：《《…我未曾在西藏密續教典中看過如此詳細之描述，在此呈獻給讀者，以助其明點之觀修。**應明白佛身**

**的眞髓即明點，是法身的結晶、報身的大樂及千百億化身大慈之種子，它是至尊的生命。**當被（以遷識法）遷入阿彌陀佛心中時，行者便變成阿彌陀佛；遷入佛心中時，行者即是彼佛；如此行者可任意成就任一尊佛陀。它是至圓至高的智慧，大樂由此直趨極點，並賜與大樂智慧身之果——小大乘所未夢見的金剛乘最上宗旨。》》（38-676）

如是不以根本識阿賴耶（佛地改名眞如）爲諸佛之本源，卻以緣起法之明點作爲諸佛之本源，而謂一切佛法悉由明點而生，謂究竟佛法尚須從雙身淫樂之行門中取證之，完全與佛說之菩提道相背，如是誤解眞正佛法，而又不知自宗之邪謬，復又古今異口同聲倡言：密法是最勝最究竟之佛法，即是密宗之通病也。

高推明點之謬論，尙有如下之說：《《云如上三品脈氣明點，皆由心顯現之緣起，爲世俗菩提心所生，乃俱生智之所依故，說爲金剛身。眞實喜金剛云：「妃蓮（明妃之陰戶）大樂中，佛具卅二相、八十種相好，即明點體性」，無彼則無樂、無功能，何來本尊瑜伽樂？此樂即是佛，而非普通物；亦非無有物，具足面手相，不變大樂體，眾生俱生果，如上通達其義爲要。》》（34-427）

如是，密宗行者對於觀想所得之明點，及寶瓶氣與雙身法中修得之明點，賦與過份崇高之地位，將之高推爲成佛之根本所在，實違佛菩提道及解脫道之正理，非所宜也；不論何種明點皆是世間法故，皆與解脫道及佛菩提道無關故。至於遷識理論之邪謬，容後別述，此處暫表不論。

## 第三節　寶瓶氣略說

略說寶瓶氣如下：《《：如寶瓶氣盈滿之修法；身跏趺坐，腰挺直，兩手用力撐兩膝上，將左鼻孔閉住，只以右邊一鼻孔吸氣。吸時想三千大千世界之風及一切好的東西皆隨此氣由鼻孔進入身內，悉化爲功德矣。吸畢乃將右鼻孔閉住，左鼻孔開放，將身中之氣緩緩自左鼻孔呼出，須將腹中之氣完全呼出爲止。呼出時想身中一切罪業隨氣而出，並呼出時甚有力量，如此左右鼻孔互換呼吸。做時口萬萬不可呼吸。如此呼吸，氣定入中脈，呼時亦定由中脈放出，於是內外通達矣，身內五法輪亦皆通矣。如此呼吸三次七次九次，隨力行之可也。一鼻孔呼吸修練幾時後，始修兩鼻孔同時呼吸。修時身亦跏趺坐，將兩手左右同時用力伸出，然後縮回，用力撐於膝上，乃以兩鼻孔同時將氣吸入；吸入後閉住不呼，甚久甚久。氣入住身內時，想各輪被氣推動向右旋轉，惟臍化輪獨向左轉，並想身內飽滿異常。此氣自上、下降至臍下時，咽口津少許；此口津到各脈去。若不咽口津、將氣下壓，則氣不入脈，而且速去。口津咽後乃略略放屁；心想內外氣合矣久之，乃將腹內之氣由二鼻孔同時緩緩呼出，不可速疾呼出。速呼則速死矣！愼之愼之！呼時將腹內之氣盡行呼出，想身內一切全無，空空如也。並想一切法空，呼時想力甚大。如此兩鼻孔同時呼吸三遍七遍九遍，隨各人之力量行之。起始不可過多，後來隨力量逐漸增加，不可勉強，更萬萬不可以口呼吸。天天如此修習，則臍化輪中自能留住外入之氣。此法能延年益壽，此即所謂如寶瓶之盈滿也。》》（62-83~85）。其後之敘述，略而不舉。

又云：《《初修寶瓶氣者，不能吸後不呼，不呼則腹中之氣過滿，不復能忍矣。但修習既久，呼吸次數漸減，以至於斷。密勒云：「左右二脈之氣能入中脈，則頗安樂。如能閉住呼吸、一氣圓滿，則甚安樂；如能完全停止呼吸，則莫大安樂矣。」倘鼻中有些許之氣外出，則融入中脈奇難；蓋一、寶瓶不能聚氣，二、來時甚暫，只有彈指之久，來後即逝。其來時之狀即丹田生暖，暖生則氣漸漸入中脈。如中脈不去，而鼻中漸有氣出，則人將昏沉。此即沉掉之沉，異常不好。因沉心一生，人即不能自主，腹中之氣即不復能聚，些許亦必外出。彼不能使氣融入中脈者，乃不會寶瓶氣之人也。必須再修此種特別妙法，務必再三再四修習，方能有成。修習之時，並不得與聞世事，應一心修練，則寶瓶氣始來。早起修習寶瓶氣時，首先奉請佛會；嗣將上述寶瓶氣之道理細想一過，然後跏趺坐，兩手掌交叉仰疊於臍下，上下互換三次，如洗手狀。作畢，乃於六次彈指之間將呼吸閉住，絲毫之氣不出。同時想腹中之氣入聚寶瓶。日後將彈指之數遞增至三十六次，而氣仍能閉住，絲毫不出，入聚中脈，則寶瓶氣可謂眞來矣。是人之壽自然增益。後再逐步增加至一百零八次，而氣仍能不出，則寶瓶氣可謂成就矣。彼能於一二百次彈指之間將呼吸停止不行，則其人之壽可以無量。閉氣之時，右手彈指，左手以珠記數，同時專心想「一切法空、我死無常」，此乃成佛之總根。一切經與儀軌不修皆可。如能常想「我死無常」，則無有不能成佛。》》（62-175、176）

又云：《《丹田火在寶瓶內外、氣聚於寶瓶內甚盈滿，此即寶瓶氣之修法也。》》（62-165）

又云：《《本來修法之道由假修眞，先用觀想，後成事實；所謂理想乃事實之母也。下述各種境界修法之時，照之次第觀想，以爲練習可

也。》》（62-177）

陳健民上師云：《《首先要把握一個重要的原則：「抽象的哲理，經過日久功深地定力的凝固，而變成具體的證量，這是絕對可能的。」這歌訣裡頭有些事情，好比「息住、脈停、心休」，我都曾經過，所以不是不可靠的。》》（34-924）

然而眞實之理非可經由假想觀而變成事實，空氣亦絕無可能經由閉氣作假想觀之觀想而融入中脈；中脈是假想觀所成之虛法，空氣是物質有法故，不可能融合而入住中脈內；如是寶瓶氣之修法，實乃妄想之法也。稍有物理及醫學常識之人，一想便知；如是違反四大物性之妄想邪說，竟能於二十世紀之今日弘傳之，竟有許多高級知識份子信受，眞乃不可思議之事也。是故氣功之氣，並非空氣之氣，乃是修練之後而生成於身體經脈中之類似電能之能量（無適當名詞可用，暫以此名假說），絕非密宗所說空氣之氣也。

復次，暫時之脈停心休，並非眞實禪定。眞正之禪定，要依四禪八定之法而修，證得初禪後，方是眞實禪定；乃至三禪與四禪之中間定修證完成時，心脈俱停，或三五小時，或三五天不等，方是眞實禪定。至於密宗所修明點脈氣之修法，若能脈停心休者，不過五分、十分鐘，至多不過十五分鐘，類似潛水者之閉氣五分十分鐘爾，並非禪定。道然巴羅布倉桑布所說有人乃至能閉氣一小時者，言過其實，不可信之。猶如海中採珠貝者，入海時至多能閉氣滿十分鐘，已是其中之佼佼者；今時亦有異人，體質迥異常人，能閉氣住於海中三十分鐘，亦只是體能訓練所得，與禪定無關。寶瓶氣之修法亦如是，完全與禪定無關，不應說為禪定之正修也。如是修學禪定者，永無取證四禪八定之時，密宗學人宜知禪定正修之理，莫受密宗古今祖師之所迷惑。

又云：《《以修法堅固不堅固論，能堅固修者甚好。修法之人應想法使氣融入中脈內去，如氣入中脈，則八十種識亦入內矣。識（此處所言識者乃謂明點。詳前後文即知）即是命，命入中脈，然後始能上升由梵門外出。出外之後其高一尺，當其在身內之時，初僅一明點而已，後漸長大；迨出（頭）頂後始高一尺也。修法成就者，其命出外後能化身無數，四出利益眾生，此即幻身是也。》》（62-178）。

死後身中之八十種識合為一識，乃是密宗祖師之妄想；此謂欲界有情人類之識皆唯有八識，非如密宗祖師所說之有八十種識也，佛於諸經中說此理甚明，密宗祖師不應擅自發明八十種識之說也。既無八十種識，則八十種識合為二十五識，再合為一識而上升由梵門出去，則成妄想之說也。

復次，識無形相色彩，不應言識出梵門之後其高一尺也，此乃密宗祖師之妄想也。如是理論初始即妄，則其後之修成幻身者，亦名虛妄之想也。如是，藉寶瓶氣及明點而修幻身之理論乃是妄想，空氣不可能融化而攝入觀想所成之中脈內故，所觀想之明點絕非是識故；而寶瓶氣之修法，亦只是世間法，修成之後實與佛法無關，亦與世間禪定之四禪八定無關；密宗行者若欲修學佛法、修學四禪八定者，不應以此為正修行也。

寶瓶氣之如輪旋轉法，即是那洛六法之第二法：《《昨日講如寶瓶盈滿，即將氣會聚於臍化輪，將來心中想運氣至某處，氣即至某處，某處即動；若氣不去即不動，完全可以自主。今日講六法之第二，即如輪旋轉；此法修時仍作金剛跏趺坐，赤足兩手用力握住兩足之大趾，手臂挺直，吸氣住於身內，閉氣不呼，口不出氣，甚久甚久。有能閉氣至一小時之久者，即所謂「入、住、出」之住也。氣住於內，各輪始能旋轉。修六法之人只可以鼻呼吸，萬萬不可以口呼吸。以鼻呼吸，氣始由中脈出入；氣由中脈出入，始能住於內。吾人身內五輪，共有七萬二千脈，簡單說之，尚有一百二十脈，即心間法輪有八脈，喉間報輪有十六脈（原註：如供曼達，此爲報身，比此再好之寶貝沒有。此十六脈即十六報身佛，此報身佛永遠不動，動則能變成千萬化身佛）。頂上大安樂輪有三十二脈，其狀如寶傘；臍間化輪有六十四脈，此四輪之脈合成一百四十之數，密處護樂輪有三十二脈，不在此數之內。此一百二十脈異常重要，修法之人應熟悉之。因常常用到也。一切氣血走的是此一百二十脈，故甚重要也。》》（62-87）

復有如鉤鉤之修，如鉤鉤之修乃那洛六法之第三法也：《《如鉤鉤之修法身，仍跏趺坐，閉氣，兩手作金剛鉤拳，向前平伸，直疾舉頭上。在頭上稍停片刻，然後將兩手緩緩下移至當心而止。此時兩手仍鉤連如故，而臂則成一直線，此後兩手用力向左右拉，如欲將此金剛鉤拳拉開然。如此做則氣皆到兩手，旋將兩手分開用力，並向左伸，伸時身微微轉向左，伸後兩手慢慢縮回，復用力並向右伸，伸時身亦微微向右。伸後將兩手亦慢慢縮回，復將兩手力握兩足之大趾，手臂伸直，再將身左右微側，若向兩旁之人問訊然。側後兩手離大足，指握拳但將小指伸直耳。於是將此兩手左右分開平伸出去，成一字形。伸後將兩手縮回撐於兩脅之上，做時甚用力，並閉氣。上述各狀先各做一遍，後來隨力增多可也。如此修練，疾病全無矣。》》（62-91）。陳健民上師之說

（34-195），與此相同，不復重舉。第四、五、六法詳《那洛六法》書中具說，此處從略。

復次，關於寶瓶氣之修法，尚有其餘敘述，欲知其詳，可逕閱《那洛六法》書中細說（詳 62-157~165），即可知之，限於篇幅，此處從略。又：修練之法，於第二章第四節中亦多少曾敘述之，此處不贅。

## 第四節　那洛六法之寂止餘觀

明點與寶瓶氣是那洛六法之第一法所修者，修明點與寶瓶氣之目的之一，在於「寂止餘觀」之修證，以求證得禪定：《《修法之道，倘禪定不來，則修一切氣脈，定自速來。行者修時，先跏趺坐，一心寂定，其心之定須像佛前琉璃燈中之火頭，雖大風吹來亦不微動，如此方好。智識來後乃寂止餘觀；但此種境界非修法多年不能到達。到此境界時，雖多人圍之大聲叫囂，其心亦能不動。》》（62-105）

修此「禪定」之前，須先除煩惱及發大悲心：《《修法者應捨棄一切世俗之安樂，專心求涅槃之安樂；然若住於此心，即落二乘，當再發起大慈大悲之心，念世間一切眾生之可憐，沉淪苦海不知自拔；彼皆我多生之父母，我奚可不援之哉！如此想念，菩提心油然而生矣。但初次之菩提心乃假者，修之既久，眞菩提心始來；至此一心利益眾生矣。……同時嚴守戒律，實踐六度，勞苦不退，如此方能成就也。此乃顯教之共同法門（原註：不共法之六波羅蜜中之禪定，有寂止餘觀、或超觀兩層；寂止後，智慧生；智慧修餘觀，顯此二層，須好好修學）。顯教修好，然後學金剛乘，聽灌頂經、持金剛戒。……行者須明乎因果，知一切有爲法如夢幻泡影，鑑輪迴之劇苦，憫眾生之顚倒，於是發願學佛以度眾生，如此然後菩提心現。寂止餘觀不來，則菩提心不生；能修寂止餘觀，菩提心自然生起。**寂止者即此心寂然不動，不為環境所移，**宛如古井之不波也；**餘觀者，即觀一切法空，世間一切法無非是空、假**。如此修定，方是佛教之眞定，非外道之假定也。》》（62-19~21）

又云：《《修法應在山洞內修，修時要口與心皆寂靜。口寂靜即是人言我不言，心寂靜即是任人打罵，心終不動、不知不覺；一心修法，任他眼前陳列多少珍寶，我終不見。任他耳邊通報父母死耗，我終不聞；**不見不聞是為心寂**。……**心不動，即是寂止餘觀**（原註：餘觀二字乃照藏文直譯，但譯「超觀」亦可）。》》（62-48~49）

如是妄以爲練就明點氣功後，即可成就世間果之四禪八定。密宗之修禪定者，皆不依四禪八定之法而修，皆以脈氣修之，故皆入岐途，不能成就世間禪定。彼等所言：《《修法之道，倘禪定不來，則修一切氣脈，定自速來。（62-105）》》其實皆是虛妄之言。

而彼等勤苦修練明點脈氣等法數年後，方才證得之「寂止餘觀」只是離念靈知爾，便謂已證得眞菩提心。如是密宗之「眞菩提心」者，吾諸同修數月之中，經由無相念佛法門之修練，已能成就；而彼密宗師徒則須久練明點與脈氣數年，方能成就，顯見其法之迂迴緩效也。

密宗師徒又妄以爲所修之法可令其生欲界天、乃至色界無色界天：《《靜慮之決斷：如彼以受甘露而增長淨分，若能生禪定，復以脈氣之生痛，故教示決斷之理。》》（61-371）

又作眞言種子字之觀想，以觀想九阿（字）而成就金剛身之正理，由此說能證得阿賴耶識：《《又彼依金剛身不同理論及各續部本文必要不同之理中，其心爲阿賴耶識，乃六道習氣之所依。……由基處脈字與「上降」二者相混，而升現景象等：由彼，心氣等攝於天道之白阿字，天之覺受爲如前之覺喜，且覺自成天道天眾。頌中「舞」者，爲著花鬘，更異身之行止。頌中「咒」者，爲善用咒，能言天語。……頌云：「於嗡靜慮等之禪定」，謂：心氣等攝於靜慮之嗡字，則生色界四禪天之覺受定：（一）有尋有伺定。（二）有喜有樂定。（三）離樂有喜定。（四）等捨盡淨定。……頌云：「眞實融入佛母空阿，三界虛空」。謂：若心氣等攝於慧之「阿」處，則生四無邊處覺受定：（一）空無邊處定。（二）識無邊處定。（三）無所有處定。（四）非有非無定。》》（61-486、487、492、493）

然而如是所證之「阿賴耶識」，其實仍是意識心，能觀想之覺知心是意識故，所觀之阿字亦是意識之所取境故，並未證得佛法中所說之阿賴耶識。

以如是明點及脈氣之修法，而欲成就四禪八定者，皆是妄想，不可能成就；謂四禪八定之修證，皆須以意識心安處一心不亂之境界中，長時修練方得；必須離諸影像（包括種字觀想相分）、斷除脈氣之運行，並輔以五蓋之修除，方可證入等至位中，方可成就四禪八定。

今者密宗所說「影像不除而能證得初禪以上之等至」者，乃是對於禪定所作想像而生妄語之言。脈氣不停住者，身中脈氣不斷運行，而謂能入二禪等至者，乃是妄想及妄語之言，世間無有如是二禪等至故；二禪尚且如是，何況三禪以上之等至定境？乃竟狂言明點脈氣及持咒之法能令人證得四空定，無知已極。是故余說密宗古今師徒皆是未曾證得四禪八定者，已證四禪八定者必知此一事實故，此是親證禪定者之現量境界故，安得不知？

五蓋中最須速除者，乃是貪欲蓋－主要爲遠離男女欲；此欲不除，初禪永不現前。密宗之行門，一向不離男女欲，空言於欲離欲，實非能離者，一向以雙身法而作觀想、而起樂觸故；如是未伏初禪五蓋中最粗貪欲蓋之密宗上師，初禪尚不能得，何況四禪八定之具足修證？而其所修明點及脈氣之修法，實非修證禪定之正因，故如是修行者，永無證取四禪八定之可能。

猶如煮沙而欲成飯，永不可得也，沙非飯本故；密宗行者修學明點與脈氣，而欲成就四禪八定者，永不可得，明點及脈氣非修證禪定之正因故，明點與脈氣是修證四禪八定之障礙故。密宗行者於此應有簡擇之智慧。由是正理，可知那洛六法之寂止餘觀，及薩迦派之欲以密法求證四禪八定者，皆是妄想之說，非是禪定修習之正道，如是修者必將永與四禪八定絕緣也。

## 第五節　明點氣功之證得不能成就出世間果

薩迦派之《道果—金剛句偈》中，妄以爲可藉明點氣功之成就而離三惡道、成就出世間果，成爲「不顚倒菩薩」（詳見 61-470~491）；彼等認爲經由三導引道（氣導引道、界甘露導引道、脈字導引道）之「四十二學處」之修行，可以當生遠離三惡趣。

然而氣導引道之所攝五氣自處覺受、五大種力增長覺受、所攝四大種等分覺受、所攝十六分小種覺受；以及界甘露導引道之甘露等勻之覺受、甘露力增之覺受、明點廣增之覺受；乃至脈字導引道之尋常字導引道、十四字導引道、不可思議字導引道，皆是意識之所覺受，尚未超越意識範疇，未曾觸及第八識心；如是密宗之修道，繁複而曠日費時，然而終究不能觸及實相；實相乃是第八識故，實相以第八識之本來性、自性性、清淨性、涅槃性爲性故，本來自性清淨涅槃之第八識即是實相故，顯教以證知此識本體而證驗般若實相故。然而密宗所修所證此三種導引道，悉不能證知第八識之體及其性用，云何可以因此而成見道之「不顚倒菩薩」？未之有也。

密宗祖師每每妄謂明體爲生命之本源，爲一切法之根本：《《能千明體上不起空性孤分之偏執，切知明體之明即無生之空性；明體之體，含不滅之緣起；體中含用，體即法身，用即色身；體即勝義諦，用即世俗諦。如此明體，方爲專一所當堅固安住之地。》》（34-883）

如是乃認定明體即是佛法中所說之無生之法也。然而佛於三乘諸經中所說之無生法，乃是本來無生之法，乃是名色所緣之「識」，遍一切時現行不斷；乃是悟前恒遍一切時現行、悟後亦恒遍一切時現行不斷之第八識也，此「識」即是涅槃之實際，無餘涅槃依此識之不復受生而立名故。此識於悶絕等五位中依舊現行不斷，乃至入無餘涅槃後仍舊不斷，如是本來已有故永無生，從來不壞故永不滅，入涅槃後亦不斷之法，方是眞正無生之理。

明點則是觀之而後出現，未修觀之前並非恒遍一切時現行者，於眠熟悶絕等五位中悉斷，入涅槃後永斷，乃是有生之法也；有生則必有滅，不可謂爲無生之法也，否則即成強詞奪理之說也。如前所舉諸例，亦如是證明密宗古今諸師悉以明點作爲生命之本體，嚴重誤會佛法之無生眞旨；如是外於根本眞實如來藏心而求佛法者，悉名心外求法之外道也。

陳健民上師如是云：《《原夫法相唯識一宗，研究凡夫心理現象，如根塵之相對，煩惱已生起，善惡之分辨，異熟之成立，此對初步研究佛法者，大有裨益。至其用功之五重唯識觀等，雖玄奘、窺基，皆未見其實修實證，即身樹立規範；而最後唯識一空，八識當轉四智，果位上尤賴他宗修習方法，方得完整之道果次第。故入密乘者，所謂三界唯識，萬法唯心之論調，早已不合密法正見。一則**密宗無分新舊紅黃，各派皆破唯識而重中觀**；二則密宗于心物二者之中特重五大，必令五大業劫氣、化成五大智慧氣，修氣功、用明妃、調整飲食、斟酌運動，皆兼重物質之表示，不如唯識家一味抹煞物質也。至若大印法身見，俱生智見，亦非專談心法者。所謂明體，亦非指心性明體而脫離物質；實指一切法界，心物二者皆包羅在內。》》（34-895~896）

然而唯識之正義，豈唯陳健民誤會？乃至佛教中最有名望之佛學泰斗印順老法師，研究六七十年之後，尚且不免誤會，何況密宗諸師之淺學者，焉能不生誤會？

五重唯識觀，中國佛教史上，實唯玄奘、窺基師徒最先證之，非未證知；密宗古今諸師，實仍未有一人眞能了知五重唯識之正義。此謂密宗古今諸師（西密之覺囊巴祖師除外），尚未曾見有一人已證第八識者故；不知不證第八識者，絕無可能眞正證解唯識入門之粗淺正理，何況能證知五重唯識眞義？唯識正理以第八識爲中心故。

密宗古今上師以如是誤會唯識種智之邪知邪見，而批評眞實證悟唯識種智之三地菩薩玄奘法師；不知唯識學即是佛法中最究竟之一切種智，而誹謗唯識種智爲不了義法，對佛法中最究竟之唯識種智加以誣蔑，已嚴重成就「謗菩薩藏」之大惡業，《楞伽經》中佛說是人名爲一闡提人－斷善根人－捨報必下地獄。如是等人，不知自己已造下長劫尤重純苦之地獄罪，猶自以地獄種子之身而誹謗玄奘三地聖者，謗法已，復又誹謗大乘之勝義聖僧，名爲可憐憫者。

復次，唯識種智之法，絕非陳健民所說之「一味抹煞物質」者，乃是說明三界一切物質皆由衆生之第八識共業種子感應而生，第八識是一切物質之本源；亦說第八識有「大種性自性」，由此大種性自性故，令人間有情衆生得以攝受物質，而由胚胎長成嬰兒；由第八識之大種性自性故，令嬰兒能攝受物質而長大成人；由第八識攝藏之業種及「大種性自性」故，能令衆生老死，重又受生；故唯識種智之法，非是「一味抹煞物質」之法，反而是究竟說明一切物質根本之法。

不唯如是，乃更說明一切無爲法亦由八識心王與色法等，方能成立；若離色法及八識心王等，則六無爲、八無爲、九無爲、十二無爲法等，悉皆不能顯示之，遑論能令人修證諸無爲法？今者密宗一切古今祖師悉皆不解唯識種智正理，以彼等誤解之唯識理論，而於三乘法中最究竟之唯識正理妄作無根誹謗，其罪大矣，必成斷善根人故。

而密宗所最引以自豪之明體法、明空雙運大手印法、無上瑜伽樂空雙運法：等即生即身成佛之法，其實皆是外道法，與佛法之正理完全無涉；而引如是外道法入佛門中，欲以色法之精氣明體及觀想所得之明體、以及樂空雙運中之紅白融合明體—以如是有生之法變爲無生之法—取代佛法中所證之本來無生之第八識體，可謂完全誤會佛法也。乃竟以如是與佛法完全無涉之外道法，而排擯眞正究竟了義之唯識正義，妄稱唯識正義爲不了義法，誹謗已證種智之三地菩薩玄奘法師及其證法之徒弟窺基法師，其過大矣！由此可知密宗古今諸師悉皆不知不證唯識正義也。

如是誤會唯識究竟正義、不知不證唯識正義之凡夫，卻來主張密宗所證之明體爲最究竟法，以此外道所修之世間法而代替眞正之佛法：

《《本性雖空，即此空上，明體不滅，離於斷治，當前坦露，如是本性賅海徹源。前之皈依境、菩提心，胥在乎此；後之佛相，衆生相，字嗡阿吽，氣入住出，亦莫能離乎此。是本法澈頭澈尾之命源，原無有纖毫

可著，然不可須臾而離。》》（34-1266）

如此密宗上師，悉皆以觀想而後生起現行之虛妄法－明體－作為無生之法，實未能知三乘佛法之見道為何物，乃竟妄言氣功及明體之修證，能令人離三惡道及出離三界生死；乃竟妄言如是由外道法中引進之氣功明體修證，能令人證得出世間之果報，皆是不知不證解脫正理者也。

## 第六節　明點氣功不能成就般若波羅蜜

密宗古今祖師常愛妄說：以明點氣功之成就，可以成就般若波羅蜜，而離能斷與所斷：《《現教示出世間覺受，此中分二：一、果，二、道。

一、果：果覺受者，即頌云：「若融入大佛母、般若波羅蜜母等之宮殿，覺受法身且解二執」句。謂：心氣等攝於左精脈支分下尖之藏要「阿」字上，能覺斷離「所斷能斷」二執之分別，得所證法身大樂。二、道：道之覺受，即頌云：「於吽明晰且輕，自生智虛空極無垢」句。謂：心氣等攝於雙運之「吽」，生**大自生智定：心明晰、身輕安，無垢虛空是為其喻**。此亦非次第而生，然一切暖相易持。以上為初

集界之覺受，盡其所有圓滿釋竟！》》（61-494、495）

然我 世尊於大乘般若所說波羅蜜多，乃是般若波羅蜜多，而非「明點脈氣波羅蜜多」，明點脈氣之修證圓滿仍將永不能到生死之彼岸故，明點脈氣之修證完全是世間有爲有作之法故。由般若所證之智慧，能令人出離生死而至解脫之彼岸，乃因般若實以證得本來無生、後永不滅之第八識如來藏—法界之實相本體，故生般若智—現觀如來藏之本來無生、常住不曾暫斷；復由如來藏而現觀十八界我虛妄無常，由是而生解脫智，故斷我見我執，不共二乘之般若智並生，故能出離生死此岸「而至」解脫之彼岸。

然密宗所修明體氣功之證量，完全不與般若相應，完全不解般若爲何物，彼等以明體之修證境界爲般若故，以氣功之修證境界爲般若故，以脈中觀想之種子字境界爲般若故；佛法中則以證得第八識從來不墮兩邊之中道性，及第八識之本來自性清淨涅槃爲般若，密宗古今祖師既皆未證第八識心，則必不知不解第八識之中道性及本來自性清淨涅槃，云何能知佛法之般若爲何物？如是妄想者，焉能斷除「所斷與能斷」？故知密宗所說之「斷除『所斷與能斷』」之語，乃是妄想之言，非有眞實體證，亦非眞能依之而斷除也。

處於明體及觀想境界中之覺知心即是能取心，即是佛法中能斷之意識心；明體乃是意識覺知心所取境界法，即是佛法中所應斷之「所取」法；常住於明體境界中之覺知心即是意識，乃是解脫道中應斷之「所斷我」，即是「能取」之法；此「能取」之覺知心我，及「所取」之明體境界，乃是佛法解脫道中所應修除之「所斷與能斷」之法，云何密宗中人不斷如是「能斷所斷」之法而欲證知般若？而言已斷「所斷與能斷」？眞乃顚倒之想也。

佛法中之正修行者，應以此「能斷」之我－覺知心，現觀覺知心自我之虛妄、而斷「我恒不壞」之我見；如是斷我見我執者，方能斷「能取與所取」，方能斷「所斷與能斷」，方是已證「永斷二執分別」之阿羅漢；絕非密宗證取明體，而常住明體境界中，不捨明體及覺知明體之心者所能證得也。不能斷除「能取」之意識我見，不能斷除「所取明體常恒不壞」之所取見，則永絕於解脫道之外；是故密宗經由修證明體與氣功之境界，所能獲得者，乃是「明點脈氣波羅蜜」，乃是密宗自己發明、外於佛教之「解脫道」，乃是世間有爲有作之法，永與出三界生死之解脫道無緣，更與大乘般若智慧絕緣，故說密宗修得之明點與脈氣所能證得之「波羅蜜」，乃是世間法之「明點脈氣波羅蜜」－如果硬要說是「波羅蜜」的話。

## 第七節　明點脈氣之修證不能成就四種淨土

密宗祖師每愛倡言：依於身中脈輪等之修證，可以成就四種淨土：《《六輪半中，如何立四種淨土？於密、臍、心，三輪處立化身淨土；於喉、眉間，二輪處立報身淨土；於頂輪處立法身淨土。中脈三十二脈結中，如何立淨土？開解十六脈結，立化身；開解十二脈結，立報身；開解三結半，立法身；開解頂髻之半結，立體性身之淨土。四壇城中，如何立淨土？身脈壇城立化身淨土，字婆伽壇城立報身淨土，淨分菩提心立法身淨土，藏智氣壇城立體性身淨土。清淨現分—智所行境中如何顯現淨土？總概即：一轉輪王之淨土為四洲，百俱胝四洲為一化身淨土，百俱胝化身淨土為一報身淨土，百胝報身淨土為一法身淨土，如彼三身之淨土者為一具量。其體性身淨土則為無餘輪涅平等性，亦即為「佛與有情同一相續」之義。》》（61-552、553）

如是於身中之脈輪上建立四種淨土，於中脈之結中建立四種淨土，於壇城等建立四種淨土，皆名妄想之建立；謂如是建立者，與四種淨土之義相違，亦將令密宗學人誤會四種淨土，因此而生大妄語業，其弊甚大，不應作如是建立也。

何以故？此謂法身淨土乃是佛地第八識之自住境界，非是密宗所虛妄建立之中脈頂輪所成；報身淨土乃究竟佛之報身、所常住之色究竟天中自受用境界、及爲諸地菩薩而示現之種種莊嚴報身境界，非是密宗虛妄建立之中脈內喉輪眉間處之世法境界；化身佛所住淨土，乃此器世間與衆生共之淨穢土，仍非密宗所虛妄建立脈輪境界也。今者密宗祖師作此建立，令人修證明點境界，必將令密宗行者於證得頂輪之某一境界時，便自以爲已證得法身境界，便向他人宣示已證得法身淨土，以佛自居，則成大妄語業，害人陷於萬劫難復之險境，其弊不可謂小也。如是邪謬之虛妄施設，亟應趁早摒除於密宗之外，不可使其繼續留存於密宗之內害人，此是密宗弘法者所當急之務也。

以明點爲菩提心之邪見，於密宗古今祖師之開示中，處處可見：《《諦洛巴《恆河大手印》》曰：「若達眞實離心無爲勝義趣，任運持心安住明體。」見二二頁。另一抄本此二句譯作「欲得超心無作義，斬自心根住明體。」則明明指出明體爲專一（瑜伽）所必安住處，安住即專一之異名也。斬心根云云，尤足證明本人強調以「明體」二字代替眞如妙

心、圓覺妙心之「心」字，爲最合大手印基本理趣，而深得古人本意處。》》（34-776）

以明體代替第八識眞心，將觀想所得之明體有爲法影像作爲法界之眞實相，乃是以外道法取代佛法之行爲，如同世俗「李代桃僵」之大陰謀也。此是嚴重破壞佛法之行爲，而陳健民上師竟以認同此主張、弘傳此主張而洋洋自得，非是智者之心也。

陳上師以諦洛巴之邪見主張爲依據，遂堅決主張明體爲眞如妙心、圓覺妙心；如是行爲與昔年印度密宗祖師之作爲如出一轍，將外道法而取代佛法中之第八識法，廣泛弘傳而無人出面據理力爭，其結果便是「將李枝直接揷接於桃樹之主幹上，所長成之花果將變爲李花及李子，不復再有桃花桃實」；以明體取代佛所修證之第八識，結果將是佛教之主幹上所長成之佛教花果，皆變成密宗引自外教之外道法；若無人出而砍除密宗李樹之枝，則將來之佛教主幹上將長出外道法之花果，佛法仍將「唯存名相」而以外道法之實質存在。

此種李代桃僵之佛教危機，自天竺有密宗以來，一直不斷存在於佛教之中。古時如是，今時如是，未來無數年仍將如是；唯除有人敢作惡人－出而破邪顯正，將密宗之外道實質巨細靡遺地加以辨正、公諸於世，否則未來之佛教仍將難免再度滅於密宗手中，唯是速滅遲滅之異爾。

薩迦派之《道果—本頌及金剛句偈註》中，妄以明點之修行，而言經由智慧密灌（密灌詳後第八章所述）能夠成就佛地之三身四智：《據遠近二因，計數智慧灌頂中功德之法，即頌云：「得三身五智等自在」。謂：所依悉皆清淨之身印，以三想加持，復由智慧方便等引（即是由母續及父續之雙身修法平等引發男女雙方之淫樂），以貪火（以雙身修法中之拙火及貪求淫觸性高潮之貪心）融身內界淨分（融化身內精液之淨分。界即是種子、即是精液），由一切脈處攝集至頂輪之「罕」字，其菩提心由頂降至喉，如此，樂之智小，故爲「喜智」，所斷煩惱爲遍計執及俱生無明二者；初斷時力未圓，故半止息、半未止息。於此了悟補特伽羅無我、聲聞之道。菩提心（明點）由喉輪降於心輪，其樂之覺受如前遞增，謂「勝喜智」，所斷煩惱爲無明，遍計執止息、隨眠則未止息，四煩惱中三者得息，唯第四部分未得息止，持法無我、悟無自性之理，斷辟支佛道。以此二者受用於樂，得報身之自在。菩提心降至臍輪，以無分別樂莊嚴，謂「離喜智」，所斷煩惱爲隨眠一切煩惱，斷菩薩之道，以一切無分別戲論得息，得法身自在。菩提心降至密輪，以樂空得雙融，爲「俱生喜智」，所斷煩惱得止息，斷大菩提之道，以明點未固之故得化身自在。如此三身即得自在。復次，以開顯功德之迴返，復釋五智之自在，以俱生智樂空覺受（以雙身法淫樂中之樂空覺受「智慧」），而開顯諸法不生之體性，為「大圓鏡智」。以悟證一切輪涅平等性者，為「平等性智」。以悟證世俗菩提心遍計執不失，為「妙觀察智」。以自身成辦眞如，為「成所作智」。以無分別義，而為「法界體性智」。此類於頌中以「等」字而略。》》（61-559~561）

如是「三身四智」，與佛所說之三身四智完全不同；謂佛所說之三身，乃由第八識合前七識而成；密宗所說如是三身，則是以明體境界作為修證而成，乃是密宗自己所發明之三身，非屬佛法中所說之法報化三身也。

復次，五智之說，亦異佛說，乃是密宗祖師所自行發明者，完全不是佛教之四智再加「法界體性智」；顯教學人不知，往往為其籠罩，以為密宗祖師眞能證得四智再加一智，更勝於佛；密宗學人不知其詳，往往以為密宗上師如是外道法之修證，便是已經證得佛地五智，便以佛自居，而起佛慢欲降伏顯宗之修行者，卻不知已經成就大妄語業，誠可哀憫！如是五智之邪謬，容俟第十一章第五節中另行敘述，此處暫表不述。

明點與中脈氣功之修證，不可能證得四種淨土，亦不可能成就佛地三身，更不可能成就「五智」，如是修證與佛菩提智無關故。如人欲求飯吃，卻煮沙而求，然沙非飯本，故永不可得飯；佛地之三身四智及四種淨土之具足，要依正因而修，方可得之；必須求證第八識阿賴耶，證此如來藏後，進修般若之別相智，再進修般若之一切種智，方能成就佛地之三身四智與四種淨土，第八識如來藏方是佛地功德之正因故。

今者密宗古今祖師邪見妄想，以外道法之明點、脈氣修練，而欲成就佛地功德，名爲煮沙求飯之徒也；所修諸法皆非佛道之正因故。密宗學人若眞欲求佛法者，當細審之，莫因修學「佛法」而犯重戒，成就不可悔罪，有智之人務必深細探究之。

## 第八節　密宗修練拙火定者應須食肉

密宗行者食肉之因緣有二：乃因爲求迅速成就拙火定，及爲強精不洩，故食肉增強體力。如陳健民上師云：

《《爲修鍊拙火氣功、紅白菩提，故需肉食。佛教密宗（原註：金剛乘）的飲食療法是爲修學無上瑜伽的瑜伽士所普遍使用。由於他們曾經完成了第一及第二階段的教授—一、二級灌頂。因爲他們能依法修同本尊一樣，他們又達成了氣功的修鍊，可用來控制他的呼吸，至少可以保持兩分鐘之久。同時爲了健康的需要，正在進行實驗—使自己成爲一個肉食的茶吉尼。瑜伽信徒和肉食的茶吉尼信徒，兩者都須要攝取動物的荷爾蒙來增加一種拙火的功夫。由於他們必須具有這一功夫，才能用來保護在他們體內的紅與白菩提不被改變，因此他們都可以食用動物的肉類。》》（32-1077）

一般大乘法中學佛者原諒密宗行者肉食，多因西藏高原寒冷，唯生長野草，不生稻穀蔬菜水果等，故唯有食草之動物肉類可食，因而諒解之。然密宗中人之食肉者，其背後之重要原因，實乃此二：一爲修拙火定及雙身修法，須要增強性能力之故；二爲證得之後，須保持其所證之紅白明點不致失去，故須食肉。是故達賴喇嘛來至素食精美之台灣時，仍不能遠離肉食，而繼續大食牛肉。

凡此皆因拙火定之修行、須要大量動物性蛋白質故，男性行者須要大量動物性蛋白質以增強其性能力—鞏固精關，以免早洩而不能常處於性高潮中，以免失去體驗空樂不二境界之機會，所以必須攝取動物性蛋白質，故必須食肉。是故密宗精進虔誠之老修行者，必定不離食肉，此乃因於邪見所致，違背佛於《楞伽經》及《楞嚴經》之教示。

又云：《《修拙火者，多服類似黃老鼠肉（原註：無以名之故云），以大牛膽（原註：師（諾那活佛）云：此牛之肉重及千斤，心如斗，寒山野牛也），或普通公牛膽、亞大黃，於洗身後塗之，無垢白布拭擦之，令光潔。又加黃鵝油塗足心，不致成跛。》》（34-532）

爲求拙火定及雙身修法順利成功，故須食肉；乃至爲確保修法成功，更求稀奇珍異之動物而食其肉，乃有尋覓黃老鼠肉，及雪山大牛之膽、黃鵝油等，以供修法之用。然而如是大肆張羅而後所修之法，實與佛法無關，唯是外道妄想爾；以如是故而殘害衆生，食其肉、取其膽，成就惡業，不亦愚乎！

由修密法故，遂如俗人求於種種壯陽之物：《《假使你不是一個帝洛巴那樣的瑜伽信徒的話，那麼你最好不要吃新鮮的活魚，你可以到中國人開的魚市場去買曬乾的魚；其存放時間不要太久，肉質仍要保持有新鮮的來燉食。因爲這一類的魚含有天門冬素酸，它能夠清除睪丸急速的衰退及脂肪蛋白質，增強性功能作用。何首烏的形狀像陰莖，顏色是黑色的，在中醫學裏，黑色能夠增強睪丸和腎功能；紅蘿蔔的形狀像一隻狗的陰莖，它的顏色像血，可以增強性功能及造血，在陰曆的初一、初二及初三，正當能運行至密輪（性器官）時服用其湯，但不是在晚飯之時。如果夫妻要行房事，最好在子時，或者更後些，但是絕不能在子時前。》》（32-1085）

若是修雙身法的女性，則有不同之飲食：《《只要資格相當，並遵守相同的戒律，此種飲食療法亦同樣的適合女性修行者。將這一藥物改以枸杞就可以了。枸杞的形狀和顏色，兩者都很像女孩子的陰唇，女性服用、對身心會有很大的益處。……對於女性修行者，曬乾的牡蠣也會有相同的效果，將牡蠣的殼去掉，牠的形狀、每一部份都與女性的生殖器官相似，在外面包裹得像大小陰唇；在內部的像陰蒂；口外是女陰珠，陰毛也都非常明顯的具備，這種相同於女性生殖器官的特性，也都有益於她們的身心。》》（32-1086~1087）

如是，密宗之「修行」理論及實修之法門，既皆在男女淫欲上求其「證果」與「智慧」，則彼等之飲食及諸觀念與行為，處處不離男女兩性之事，也就不足為奇了。如是邪謬歪理之修行宗派，焉可名為佛教、而混入佛門之中？顯教一切長老大德及諸學人，必須正視此事，不可再逃避或再支助之，以免佛教被此外道滲透而「李代桃僵」，否則「真正之佛教」將「滅在不久」了。

## 第九節　密宗所證之三三昧

密宗所說靜慮，並非佛門中正統禪定之靜慮，其實另有其法；如宗喀巴《密宗道次第廣論》所舉《後靜慮……》所述種種「三昧」修法，皆屬供養唸誦觀想等，與禪定無關，修之再久，亦不能証得禪定也：《《此中所生之三摩地總有三種：謂緣天身、緣天語咒、及緣天意眞實。初云最粗者，即極粗顯三摩地。第二較前微細，第三最細。以於身中須從粗漸生故，次第決定如是。其中先須天身明顯及能久住二和合生，是故須以多相靜慮，修令明顯，以所修相須數數作意乃能明顯故。……念誦之前先須成就堅固緣天之三摩地，最爲主要。》》（21-103）

宗喀巴所言「緣天之三摩地」者，謂心中觀想自己有一廣大天身，將來「成佛」時，即以此一觀想所成之「天身」作爲「佛身」。如此觀想成就時，即是「緣天之三摩地」成就。如是三摩地，並非佛法中所說之三摩地，而是密宗自設之三昧，與佛法無關。

宗喀巴又闡釋「後靜慮」云：《《如是從修天身，乃至住聲持心，由遮命力之風加行，即由緣火、緣天身等眾多粗細所緣心專注力，能得如《妙臂問經》所說堅固住分，及於身心生勝喜樂，發生身心調柔輕安。尤以久修風加行力及緣火力，引生樂煖，依此發生有力安樂光明無分別定。》》（21-105）

然而，修脈氣明點之法，絕對不可能成就無分別之決定性，與佛法所說之無分別智無關故。脈氣明點之修行，亦不可能成就禪定，明點是緣起法故，與禪定之生起無關故。密宗上師亦自言之：《《又菩提明點自性者，于彼上念我，我執我，生起水界。又頌曰：「菩提明點之自性，此爲水大之所生，由動生煖爲火大。」彼即血本體也。》》（34-359）

禪定雖亦是緣起法，然須摒棄一切音聲影像氣脈之後，方可證得。今者密宗所說之靜慮，完全在觀想之影像及脈氣明點之上觀行，絕非佛法中所說「通於外道之四禪八定」；如是修行用功，窮其一生之精神氣力，亦絕無可能證得禪定，明點脈氣之運行，必將對密宗行者修習禪定等至產生障礙故，與修禪定之法門背道而馳故。密宗上師所修之明點氣功等法成就之後，雖然自稱已證得禪定靜慮，其實與眞正之禪定靜慮完全無關也。密宗修法不能成就禪定之理，已於本章第四節中敘述，讀者若已忘之，可再攬閱，此勿再贅。

密宗古今諸師之禪定層次皆低，緣於不離欲界淫欲故，所得禪定皆不能超出欲界定範圍，初禪修証必須遠離欲界男女欲故、必須伏（或斷）欲界淫樂之貪故。

密宗古今諸師由依「密宗之佛教禪定（雙身貪淫之法）」而修故，不能証得四禪八定、四無量心等；由是之故，密宗祖師便以己意解釋四禪八定及四無量心，規避正規禪定之修法及證量，而向外宣稱彼等之禪定證量極高：早已證得禪定。以如是妄語而令人受其籠罩，而恭敬信受之；其實並未證得禪定。密宗之禪定修法，由於違背禪定正修之理，復又依於雙身修法之理論而修禪定，是故不能超出欲界之範疇，不能證得初禪以上之禪定，故導致神通境界之低下；三界一切有情之神通境界，皆依禪定之高下而判故。

密宗又有狂妄之人，言氣功之修證可以超越唯識種智，如陳淳隆、丁光文二人於網站上作是狂言：《《因爲唯識學只發展到「六七因中轉，五八果上圓」的階段，密法氣功理論乃在作更深入之補充。……密宗爲何對氣脈如此重視？因爲就是與「開悟成佛，息息相關。」……但是密宗就是在對唯識學作更深入之補充，密宗認爲「心平」才能「氣和」，「氣和」才能「心平」，兩者是互動的。要達成「心平」、「第六識的安詳心理」，顯密宗禪坐方法多如牛毛，不如用「氣和」的手段來直接處理是較爲直接了當的。所以說「氣和」（原註：紅、白菩提、各種能量的平衡）是「安詳心理」的基礎，也是唯識學「六七因中轉，五八果上圓」的基礎。》》（226-9）

如是二人，於佛法完全不懂，以己臆想之「密宗佛法」而說「唯識」，其實完全與佛教唯識種智之理無關，乃是以彼自己所臆想之「密宗唯識」理論而妄評佛教唯識也。更於網站上作諸謬論，大談唯識與氣脈神經之關係，何嘗稍知稍解唯識正義？所以者何？謂釋迦佛於唯識學之種智之中，早已敘說「大種性自性」故；大種性自性中，早已闡釋如來藏與四大種之關係；由如來藏與四大種之關係中，即可探知氣功之本質與生成氣脈之原因。

由知如是原理故，余於寫作此書期間，僅以數日時間而作密宗氣功之試修，即能將氣運至杵尖，無有何難。然而返觀此氣功之法，唯是生死輪迴之法，唯是四大色身所成之法；而於此氣功成就之背後，其實是第八識依於意識及末那之作意而運作成功；若離第八識之大種性自性，單憑意識自身，絕無可能成功。如是亦是第八識如來藏之「大種性自性」之種子所成就者，然而密宗之陳淳隆、丁光文二人，何能知之？莫說彼二人不能知之，乃至四大派法王及一切「乘願再來」之大修行人亦皆不知。

何故余作是說？謂密宗四大派一切法王、活佛、仁波切……等人，迄無一人證得第八識如來藏，焉有可能證知如來藏之「大種性自性」？不知不證如來藏之人，根本尚未能入般若總相智中，何況能知彼諸已證般若者所應修學之唯識種智？不知不證之人，而作是狂言，妄將外道所修意識相應法、高置於唯識種智之上，則如小學生不知代數幾何之學，而將加減乘除之法作爲最勝妙之數學，反而貶抑大學中傳授微積分之大學教授不懂數學，嘲笑大學教授之數學修養粗淺；亦如井蛙之自稱世界之王一般，令人難免忍俊。乃竟狂言「心平氣和」及「第六識的安詳心理」修行，可以令人證得佛道；狂言如是凡夫之世間法修行，能令人圓成高於唯識種智之佛果；如是粗淺之見解，乃竟敢於網站上奢言其法更勝於唯識種智之學，奢言其法能超越唯識「五八果上圓」之修法。

如是等人，狂言「心平、氣和」之用功方法，不唯能「六七因中轉」，尚能「五八果上轉」；然觀彼二人知見，尚且未斷我見，墮於「意識我」之覺知心上，常見外道見尚且未破，聲聞初果之證量尚無，何況菩薩七住位之般若智（下品妙觀察智及平等性智）？不能轉生因地六七識之下品智，云何能轉生佛地五八識而生大圓鏡等智？故彼二人所說皆是空言也。如是空言之人，於大乘見道前所應具備之基本知識尚無，而敢狂言成佛之道、妄論他人法義正邪，妄評自所不知不解之唯識種智增上慧學，何其狂妄！

如是二人不解佛法，以凡夫邪謬知見而於網站上妄評於余：《《由此可知有些自稱開悟、犯下大妄語的修行人，一遇到不同見解之人批評，就心頭上火，公開出書要求辯論，書中還明言雙方辯論必須寫切結書：【辯論之輸方必須自裁表示負責】，此種欲置對方於死地而後快之仇恨心，明顯違背佛菩薩「悲智雙運」之解脫境界，故此等人當然沒有開悟，其言論主張當然不必理會之。》》（226-9）

如是妄論已，乃下載如是文字；於此段文字下，以紅筆註記：《《「邪見與佛法」p.135，（蕭平實）》》等字樣，而於 2001.06.08 寄來本會，意圖影響某人，冀其受影響後，對余「破密宗之邪、示顯教之正」之作爲加以阻撓。由是作爲，顯示彼二人於佛法及佛門規矩完全不懂也。

依天竺法義辨正無遮大會規矩，論主提出第一義諦辨正之公開邀請時，一切人皆得上台辨正彼等對於第一義諦之不同觀點，不得以任何理由而遮止他人上台辨正。若觀點相同，即無所謂辨正之問題；以有不同觀點故，上台而作法義辨正。但爲防無理取鬧之人上台鬧場，各辨正所在地之國王必派軍隊於現場維持秩序及「執行規矩」；凡有不同於論主意見者上台時，則須立下切結書，寫明：辨正墮於負處者，應當場自裁以示負責，表示非爲鬧場而來者；若不願自裁斷命者，則須禮拜勝出者爲師，可以不必斷命。若辯輸後不願履行其二之一者，則國王便下令軍將捉取彼人就地斷命。此是天竺法義辨正之規矩。

上台辨正者如是切結，台上之論主亦須如是具結，非由上台挑戰者單方具結也。否則彼諸不學無術之徒皆可隨便要求召開法義辨正，亦可於他人開辨正大會時上台亂辯一場，辯輸時亦不肯認錯，則此無遮大會便成無義，是故天竺一向對法義辨正之無遮大會，訂有如是規矩；自認有理者方敢上台具結辨正法義也。

今者陳淳隆、丁光文二人，自無膽識前來辨正法義，而於網站上作歪曲之抨擊，顯見彼等對自身之知見尚無把握，故恐他人嘲笑無膽，乃作誣蔑之語，用以謗余護持正法之作爲。當知余此聲明不唯要諸辨正者具結，余亦須同時具結與來辯之對方；雙方皆共同具結，平等相待，誰死誰活，尚在未定之天，亦有可能應自裁者正是余本人也。既然余亦同時具結與對方，即有可能「欲置自己於死地」，是故「己死、他死」悉皆平等，陳丁二人如何可以因此謗余爲「欲置他人於死地」？不應正理也。

如彼謗余「欲置他人於死地」之語，名爲自找下台階也；何以故？此謂余已於聲明中，別開善門：諸方被評之在家出家大師，亦可要余私下辨正法義，不須具結，純結善緣。而彼二人連此私下辨正之膽識亦無，所說之理又復如是粗淺歪曲，豈是懂佛法之人？宜其不敢前來作公開或私下之辨正也。（編案：被評論之諸方出家在家大師，迄今尚無一人前來作私下之法義辨正。唯多作諸飾言，譬如：「蕭平實外行，吾等不屑與之辯論法義。」多作如是等遁辭，尚無一人有勇有膽有智前來辨正法義。）

復次，如玄奘大師昔年遍歷印度諸國，請求各國國王召開法義辨正無遮大會，悉皆遵行如是規矩，令諸邪師收斂其邪說、以護佛教正法，復興佛教正法於印度；如是作爲，是否可言玄奘大師「欲置人於死地」？有是理乎？是否可責玄奘菩薩如是作爲違背「悲智雙運」之原則？是否可以因此責備玄奘菩薩「沒有開悟」？

復次，玄奘菩薩返國之後，於國都長安城門高懸其第一義諦之證量：「眞唯識量」，接受各方大師之法義辨正無遮大會邀請，而窮其一生，未曾有人請求辨正；吾人是否可以因此而責玄奘大師爲「高傲」及「欲置人於死地」？非唯玄奘大師如是，天竺如來賢…等人悉皆如是揭櫫正義大旗，以護佛教正法之純正無雜，吾人是否可以因此而責如來賢等人之護法正行？

陳淳隆等二人既不敢前來當面作公開或私下之法義辨正，而於網站上作如是歪曲事實之攻擊，然後下載爲文字，復寄與本會某人，意圖影響之而對余掣肘，不可謂爲光明磊落之行也。

彼等二人尚不知何爲佛之正法，云何能知悲智雙運之正理？乃以密宗所自設之「悲智雙運」而自褒己－以密宗所自設之男女二人合修性愛淫樂中之境界修證，自稱爲已得悲智雙運（悲智雙運之理容俟第八、九章中再敘）。若欲眞成悲智雙運之人，必須先行證悟般若正理；欲悟般若正理者，須先證得第八識如來藏；悟般若已，復修除異生性，發起金剛心，不被婦人之仁所囿；然後加修唯識一切種智（如來藏所蘊含八識心王一切種子之正理），得道種智已，發起欲救衆生被密宗誤導之大悲心，而出面破邪顯正，不畏密宗邪法之龐大勢力及其誅法，置個人之生死於度外，敢向諸方作公開及私下之法義辨正邀請，如是救眾生脫離密宗邪見而無所畏懼；以有種智能知諸方密宗法王大師之墮處，故能如是，方得名爲悲智雙運也。豈如密宗諸大法王活佛仁波切等人、於余之批判密宗諸書廣爲流傳之際而噤聲不語者，而可言爲悲智雙運乎！豈如陳淳隆等二人之作歪曲謬論、而不敢前來作私下辨正者，而可說之爲「懂得悲智雙運」乎！

復次，陳淳隆等二人又妄言：氣功之修證可以成佛：《《密宗爲何對氣脈如此重視？因爲就是與「開悟成佛，息息相關」。……氣功理論到目前爲止仍然未完整，也是古人嘗試用類似神經生理學【氣脈學說】來解釋開悟虛空粉粹，到底是那條神經【氣脈】作祟；此等利用廣義的氣脈神經生理學，來解剖聖人的見道的觀點，實在是千古以來的大突破。我們華人擁有許多中醫、藏密氣功的遺產，使之發揚光大都來不及了—「如何從垃圾中篩選出黃金來」，建立更完美的學說，也許能開發新技術、新西藥，快速消除我法二執，使人修行更易成就，利益更無量無邊的人們，這才是繼往開來、光宗耀祖的行爲。現在黃教達賴喇嘛已允許世界頂尖級的科學家來研究修拙火定的喇嘛，我們台灣的宗教界人士（卻）還在私底下宣揚「氣功是外道，不是佛教」。》》（226-9、10）

然而氣功之修證，若眞能成功，而又已證第八識如來藏者，乃至悟後起修而證道種智者，皆知氣功只是外道之有爲有作之法，與佛法完全無關—氣功之證得，不能使人生起佛法中之任何智慧—不論三乘法之任何一種見道智慧。而虛空粉碎之定境，顯然陳淳隆等二人俱未證得，故不能了知其謬—不知此境純是定境，妄謂與佛法之開悟有關；乃竟欲以神經醫學而了知虛空粉粹之定境，眞是愚痴人也。

又：《楞嚴經》卷六云：《《是故阿難！若不斷淫修禪定者，如蒸沙石欲其成飯，經百千劫祇成熱沙；何以故？此非飯本，石沙成故。汝以婬身、求佛妙果，縱得妙悟，皆是婬根，根本成婬；輪轉三途必不能出，如來涅槃何路修証？必使婬機身心俱斷，斷性亦無，於佛菩提斯可希冀。如我此說名爲佛說，不如此說、即波旬說。》》

是故密宗古今諸師欲以明點及氣功之成就，而藉雙身修法成就「樂空不二、正遍知覺」者，悉是外道妄想，何以故？謂密宗諸修行者，不肯斷於淫心淫行而求佛道，**根本成婬，輪轉三途必不能出，如來涅槃何路修証？必使婬機身心俱斷，斷性亦無，於佛菩提斯可希冀。如我此說名為佛說，不如此說，即波旬說**。是故密宗行者如陳淳隆等人之尙欲藉明點氣脈，而遵密宗教義修行雙身法以求成佛者，皆是魔行；如是教人而修者，所說即是魔說也。

復次，陳丁二人若言密宗無有雙身法者，則已顯見彼二人於密宗之法完全外行，根本不知密宗自古口耳相傳之法，在密宗中乃是淺學之人，何有資格出面爲密宗辯解法義耶？

# 第四章　甘露

## 第一節　五甘露

甘露通常用來供養「佛、菩薩」及護法神，然而密宗之甘露，種類繁多，乃至有諸「極不可思議」之甘露者；印順法師於《以佛法研究佛法》一書中（頁146~147），曾作是說：

《《佛世以依教奉行、爲最勝之供養，佛後亦供以燈明香華等而已。密教以（所）崇拜者爲鬼神相，其供品乃有酒肉。有所謂「五甘露」者，則尿、屎、骨髓、男精、女血也。更有「五肉」者，則狗肉、牛、馬、象及人肉也。以此等爲供品而求本尊之呵護，亦可異矣。》》如是之說，非爲印老贓誣之言；於密宗之內，實有其事，並載於典籍焉：《《除上述之二十五種供品外，密宗寶瓶裡一定放的東西還有五肉五甘露。五甘露說明如下：1大香－有香之大便。有功德成就的行者，其糞便是含有檀香之味道。2小香－有香之小便，有功德成就之行者，其尿是香的。3腦髓－有功德成就之西藏行者，如係天葬（原註：即餵大鳥），死後他的腦髓都保存下來。4紅菩提－空行母之卵子（明妃所排放之月經），不是普通女人的；或用處女初次之月經。5白菩提—有功德成就，證空性的瑜伽行者所出之悲智雙運不漏之精子。五肉是象肉、馬肉、人肉、豬肉和狗肉。》》（32-678~679）

密宗以上師之糞便尿液爲甘露，名爲大香小香。如陳健民上師所言：《《昔在盧山，大雪數日，盈膝難行，收糞人不來亦數日，上師特具之糞桶已滿，上師之侍者喇嘛相率怨言；余聞而奮勇直前，力捧其桶、踏雪而行，直至平日傾倒地帶而傾之、洗之，置回原處。上師獎勵有加，余則稟告上師曰：「假令上師令我嘗糞，我亦不辭。」上師大糞即是大香，于我無所不樂聞者。昔在漢藏教理苑時，嚴定法師以札假古學之丸藥見賜，立即吞服。嚴師問有何感覺？余答曰：「感覺一陣香氣耳。」又問亦知此丸原料否？答曰：「當係香料混合于糌粑。」嚴師曰：「糌粑固爲一般丸藥通用之原料，但其中最重要之加持物，乃札假古學自身之小香。」小香者即其小便也。余才報告貢師，待作讚嘆之辭，貢師乃急獎勵我曰：「汝信心好，余見汝嘗我小便，面無難色，可以知矣。」此等小事，在古人極爲平常；在西藏、西康之今人，亦常有之。當余閉關西康鑪霍縣關帝廟時，亦時有人索小便者，堅拒亦不得（不能拒絕）也。》》（34-732~733）

甘露通常於供曼達（聚寶盆）時用之：《《普通者，盆中供上廿七物，如「須彌」、四洲並日月，再加上八小洲、輪王七寶、及寶瓶、寶山、樹、牛、米等。多者則供上卅七物，如前廿七物再加香、花、燈、塗、嬉、鬘、歌、舞、八供養女，及大小寶蓋。……其三身曼達則多於其他派別者。五層即供法、報、化三身。法身即供全法界，超出須彌四洲遠矣，其中以常寂光明爲主。報身則供五智、五大、五肉、五甘露及紅白勝義菩提。……》》（32-1034）。此中所言甘露者，即前所述之甘露，自亦包括混合大香小香之甘露也。

五甘露別有用途：譬如以不淨物供密宗之「佛菩薩」或施食時，可用五甘露作爲「清淨」不淨物之用，是故宗喀巴作是說：《《…廣者修甘露食之器，《結合經》說蓮花器謂顱器（人之頭骨所製成之供器，又名嘎巴拉。實物詳見封面）；《教授穗》說盤等亦可，《紅大威德經》說於台或於銅盤，《鬘論》說瓦盃盤亦可行施，故可隨宜。食物：《鬘論》與《教授穗論》說：用麵、豆、肉、魚、粥、餅、酒、水、葱、蒜、牛乳等。若不具者，唯麵與水亦可。陳設供物法，《結合經》云：「閼伽等供物，魚肉諸食品，酒爲左（佐）所需，能醉品亦可。右側設水器，閼伽器陳前，**此一切供物，以五甘露淨。**」第三句文釋論作「酒能令歡喜」。

若有肉與魚肉所作食物，分陳左右。**以五甘露淨者**，《教授穗》說或放**甘露丸**，或修（觀想本尊父母交合受樂而降下淫液「甘露」）爲甘露而淨。》》（21-531~532）

然而五甘露之本身，即是極穢物，何能以之而清淨餘諸不淨物？非是正理之言也。有智之人，自可知之。

## 第二節　靜慮之受甘露等

「靜慮」之受甘露者，總有其五，分述如下：

一、飲食之受甘露。若服用食甘露者，《《應斷辛辣、過鹹、極燙之食，及山蒜、烈酒、酸酒、腐肉、魚肉、苗類等粗劣食。（61-367）》》然後可服食甘露。飲食之甘露復有五種：1、《《謂甘露之續，即白蒜類之蒜草，入口不辣，生長菜葉等，湯麵，或製藥酥油等食，（服用之後）其血脈等則漸不浮露，生最上定。（61-368）》》 2、《《又嚼吮藏青果汁於口者，謂「熬水乳」之訣。（61-368）》》 3、《《又取酥油若干、奶三升、水一錢，調勻共煎，先至水乾，後乳汁亦乾，逮至汩汩而出焦煙時，則取出置一潔淨器內，於每次空腹時服一口；如是一年，則筋脈亦不浮露。（61-368）》》4、又有謂「蜜煉三果」者：《《藏青果三分之二，毛訶子三分之一，餘甘子少份，三者研細，和糖攪拌，復研爲末，和蜜爲丸；服至一年，則筋脈不有浮露。（61-368）》》5、《《又有謂「蜜煉大香」者：依上述應斷之食而行後，取斷粗劣食後之自身大香，置一潔淨石板，以木刀均平鋪散，風乾之；另以蜜及酥油拌勻，添水少許，煎熬至水乾爲度；復取已風乾之大香研末，二者相混，製約羊糞大小之丸。於初一日黎明時，服一丸，……如是行至一年間，則可得筋脈不浮露之辟穀成就。此等諸法亦爲成菩提心供事後，成最勝甘露成就。》》（61-368~369）

二、行止之受甘露。欲受此甘露者，亦有應斷者，然後得此甘露：《《應斷者：爲長時處烈火、酷日下、汗出如漿、疲乏虛脫、熬夜不眠。謂「受」者，其行止之要，於先串習跏趺且身語意三寬坦閑緩，且離驚怖等，爲悠閒之「受甘露」》》（61-369）

三、氣之受甘露：《《修前已授之七支中任一支，或於黎明時修特勝之命勤氣。》》（61-370）。

四、明點之受甘露：《《修任一明點瑜伽，然特以實修眉間白毫種子，爲能生身力中之最勝，得以速生禪定。其他則於座間修受境之甘

露。》》（61-370）

五、手印之受甘露：《《手印之受甘露部份，如第三灌時所授。（61-370）》》以上為能生（或）不（能）生禪定之甘露。

復有得利能生之甘露。所謂得利能生之甘露，乃謂能生「密宗佛教禪定」，而得「成佛大利」之甘露，即是雙身修法中所得之淫液及其境界受也：《《復次本頌中所云：「五淨分之樂」句，其為能得利之甘露者，若欲生一切樂，能遍於身中一切處、或欲以樂遍一切所現，則須（於雙身合修至性高潮時）遮止懃息、命息內吸，雙手金剛拳置胸前交叉，眼略上翻視，慣習於視之轉變。於彼五甘露轉淨分，於身一切遍生樂。又、初時汗毛豎起等徵兆，為僅生少許樂，次樂痛熾燃，次逆上動搖，次遍身一切脈處，乃至空樂雙運、至彼堅固之時，無有不生，無過。》》（61-370~371）

復有能生禪定、離諸過患之甘露：《《又本頌云：「以不離五根覺受而受甘露」，即謂能離過者，樂生何處、識即專注其上。復次，以語引導寂忿之要訣，僅行三次，則達及任何痛及不生樂之處或根門。其樂生於根及禪定，亦能離諸過患。》》（61-371）

謂於樂空雙運、樂空不二之際，專注於樂受，遠離種種貪著；並以

「語引導寂忿之要訣（詳依上師之口授）」，而令樂觸遍於全身一切根門。如是專注於樂空之上，住於如是「三昧耶」中，「無有一切執著」，則是能生禪定、離諸過患之甘露，此亦「受甘露」之一種也。

復次，受甘露者，因於行者「界（界謂種子，精液也）甘露導引道」之修證差別，故有三種不同，謂甘露等匀之覺受、甘露力增之覺受、明點廣增之覺受：

《《甘露等匀之覺受者：頌云：「五甘露與五如來身等」句，即謂以五甘露等匀而自加持，行「內緣起」後，其外所依之覺受有三：上品等匀為五如來，中品等匀為佛子、菩薩等，下品等匀為五色光等，應其所有而生。甘露力增之覺受者：頌云：「希拉及太陽」，謂殊勝者乃由母處得之血分於密處，以右血脈運行之力攝持之，而「力增」後，於其他甘露等得自在。…又頌云：「卡布與太陰」句，謂由父處得白菩提於眉間，以左精脈之力攝持而住之，「力增」而於其他一切甘露得自在。》》（61-478、479）

明點廣增之覺受甘露者：《《頌云：「於細微脈等，細分明點與星曜」，謂於七萬二仟細微脈中散布細微明點而廣增。…於彼所釋出世間道中，其甘露導引道等，於出世間道時當了知。》》（61-479~480）

如是三者合名為「界甘露導引道」。其中所說固多邪知邪見，佛門學者既讀上來所作諸多說明，自然已知，無庸再作敘述。

## 第三節　妄想藉甘露成就禪定

密宗行者作是妄想：欲藉甘露成就禪定。譬如前一節中所舉之「界甘露」不離五根覺受而受甘露，謂依如是雙身修法之「受甘露」覺受，而欲成就禪定者（詳61-371）。復又妄想藉「界甘露導引道」成就五如來身等（詳61-478），然而彼諸修行法門，從來不與佛說之二大甘露法門相應。佛所說之二大甘露法門，乃謂解脫道與佛菩提道，藉欲界天最好之食物甘露，以喻出世間法中最好之二大法門，非眞謂欲界甘露是助益修行最好之物也。

甘露之為物，乃是欲界天之法，本是欲界天人之食物；如是世間有為法，且是三界中層次最低之欲界飲食法，不可能對佛法之修證產生助益之作用。云何我說甘露是欲界天之飲食法？謂甘露乃是搏食，唯欲界天有，色界及無色界天皆無此法，故是三界中層次最低之法。讀者欲知其詳，請索取拙著《甘露法雨》，讀之即知，此處不再重述。

復次，甘露既是欲界中之有爲法，解脫道與佛菩提道俱是出三界之無爲法，云何有爲法能助益出三界之無爲法？無是理也。復次，出三界之解脫道及佛菩提道，俱是非色之法，純是心法；甘露乃是三界中層次最低之欲界物質法，欲界物質之法，云何可以成爲出三界之非物質法之助緣？無是理也。

當知出三界之解脫道，純在斷除我見，滅除我執；欲斷我見者，當從斷除「受甘露」中領受淫樂境界之「覺知心我」下手，當觀此樂受中之覺知心虛妄不實，不能去至未來世，亦非由前世來，唯能存在一世而已；如是現前觀察而斷「覺知心我實有不壞」之我見，方能分證解脫道。隨後續斷我執，令末那識（意根）不復自執我，不復以恒審思量（處處作主）之意根自我爲不壞心，如是斷除我執已，方能滿證解脫道。

今觀密宗之「界甘露、受甘露」，皆是認定覺知心常恒不壞，以此覺知心爲「空性」；又觀樂空雙運之「樂受」無形無色而常恒永住，以之爲「空性」；冀求以覺知心常住於如是淫樂之境界中，名爲樂空雙運、樂空不二，則是未斷我見我執者，更是未斷「欲界愛」者，尚未能到「色界愛、無色界愛」境界，空言「界甘露、受甘露」能令人出離三界生苦，空言以之能令人證得解脫，名爲「輪涅不二」，皆是虛妄想也。

佛菩提則以證得一切種智爲鵠的，一切種智之修證則須以親證道種智爲其基礎，道種智則以般若之總相智爲根本，總相智則是因證得第八識如來藏而生；歸結佛菩提智，則以親證第八識如來藏爲根本；今者密宗古今師徒悉不循此正理而修，外於佛菩提及解脫道而別立甘露法，欲以之而證解脫道及佛菩提智，即成心外求法之徒。如是緣木求魚，邪知邪見，必定永遠絕緣於解脫道與佛菩提道之外，永遠絕緣於佛門之外。勤苦而曠日費時、花卻許多精神氣力及錢財之後，卻緣於佛法二大甘露法門之外、而求世間有爲有漏之欲界甘露，寧非世間愚者？密宗法王、活佛、仁波切、及諸行者悉當審愼細思之，方是有智之人也。

復次，亦有觀想之甘露，可用來滋養身心，宗喀巴如是云：《《修行疲倦、休養身心之法，然燈賢以集密所説方便修養如云：「頂月嗡、潤降注勝心水，滿足身語意，當如法降注。」此法當想頂上一張手處空中，有一月輪、嗡字莊嚴；彼注甘露，充滿全身，乃至足下，一一微塵悉皆潤澤。《祥米金剛》説：「想由出息入息導引鉤召甘露，從頂下注。」寂靜師云：「由嗡字光召自十方，次以命力令入身内於筋脈轉，周遍全身。」》》（21-530）

如是以觀想之甘露，作爲眞實可以滋潤身心之物，猶如饑餓大窮之愚人，畫餅而欲充饑也，焉可謂爲正知正見？有智之人當審度詳思，自知其謬也。

《《…《鬘論、教授穗論》說五甘露以及五燈，雖作如是次第，然《教授穗》又云：「勝解如是行相五智體性，即五如來，謂五燈與五鉤。」此說五燈五鉤爲五如來。又云：「不動、毗盧、寶生、彌陀、不空，是爲五鉤。」次第又如此說，故前五種子字生爲五肉，從中央起右繞乃至四方。吽等五字如其次第生大肉等，彼字莊嚴。從火（東南）乃至自在（東北），仲四字如其次第生大香等，彼字莊嚴。大肉共（五肉與甘露）故，僅說四種。亦有說五甘露爲五佛者，如《大印點經》云：「寶生（佛）說爲血（女子之月經），（精）液爲無量光（佛），不空（成就佛）爲大肉（五肉），不動（佛）即香水（大修行人之小便），毗盧（遮那佛）爲大香（大修行人之大便）。此是五甘露。」　鈴論師之《勝樂修法》亦如是說；如云：「吽嗡康鄂掌，小大香大肉，菩提心妙華，又朗芒邦當，牛犬象馬肉，皆有種子嚴。」毳衣大師亦如是說。……《律生》中說肉中脂肪，骨中髓肉，頭中腦膜，爲下中上三品。五肉亦名五鉤、五燈，以能鉤召（五佛）及光顯悉地故。次想食物有訶賀什，如其次第淨除尋常之色香力，變成勝妙色等。……次當觀想風動火燃，溶化諸字變成液汁，色如日出。由彼蒸氣變成吽字，生喀敞迦金剛莊嚴；由彼溶化三次，落顱器中，變成甘露。其上嗡字變成月輪，月上有嗡啊吽三字重豎，從彼放光鈎召十方佛菩提心甘露（密宗之雙身像「報身佛」所降下之淫液）、大海等中甘露，入三字及月輪；三字月輪溶入顱中，次誦三字三遍，加持清淨成水銀性。此是鬘論所說。…嘗甘露（詳拙著《甘露法雨》中說）之儀軌，毳衣大師與鈴論師亦如是說：如是生已，想諸天舌根有吽字所生白色金剛、量如大麥；從彼放光如管，吸飲甘露，悉皆飽足。次以大指與無明指彈灑供養。《四座經釋》謂：齊舌端、眉尖、頂上，三處彈灑。》》（21-532~535）。以上是宗喀巴所說觀想之甘露，行者自惟可知，無庸再贅。

## 第四節　酒及精液為密宗修行者之甘露

佛教弟子於三歸時，普受五戒而禁酒，視酒爲亂性之物；亦因酒之爲物，必障四禪八定之修證，故一切有智佛弟子悉皆禁酒不飲。然於密宗修行者而言，由於知見及行門之錯誤故，多數密宗行者並不禁酒，乃至將酒視爲密宗修行者之甘露。有師云：

《《或問曰：「酒既不可飲，何以噶巴拉（以人頭骨製成之供酒器）內用酒供耶？」曰：「噶巴拉內之酒，瑜伽人（密宗內修學無上瑜伽雙身法者）視爲甘露，不以酒視之。此乃瑜伽之道，蓋瑜伽人必須視一切有情爲佛，**視一切器物為佛之宮殿，視一切飲料為甘露**，一心不疑視爲眞實，方能成就此種瑜伽（密宗將雙身淫行之修法視爲瑜伽之行，比擬顯教之瑜伽。並認爲雙身法之樂空不二是勝於顯教之法，故名無上瑜伽）之修法。」》》（62-71）

又云：《《酒爲魔女之溺（尿），以前亦曾講過；但顱器中所盛之酒則不然，因其**曾經法師加持，已成為無上之甘露**，不可復以酒視之也。》》（62-290-8）

然而不論密宗上師如何加持，亦不論加持之密宗上師法力如何高強，加持後之酒，仍然可以醉人，飲後仍然會對行者之定境與證量產生負面影響；是故佛一向禁酒，令諸弟子不可飲之；唯除極少數情況特殊之弟子，由佛眼觀察而逐一特許之。復次，酒之爲物，能助淫機，是故爲預防酒後亂性—邪淫，乃禁佛弟子飲之。

然密宗行者因修男女合修之雙身法故，男衆往往須酒助興，以增強其性能力，故藉詞加持之後已成甘露，而將飲酒合理化、神聖化。然諸密宗法王…等人，必定不肯接受余語，而仍繼續信受奉行「酒經加持後即成無上甘露」之邪見，所以者何？謂密宗諸師若採納余說，則其雙身修法之行門及理論勢將全面瓦解，茲事體大，必定無人敢冒密宗之大不韙也。

復次，上師與明妃進入灌頂壇，依無上密灌之法而行淫後之排洩物，亦是密宗上師於密灌時賜給弟子之無上甘露，密宗行者相信服之可以加持行者之證量。密灌時以上師下體之分泌物、或性高潮後之排洩物爲密灌之甘露，作爲三昧耶物：

《《金剛阿闍黎，放（明點—精液—之）緣有四：第一爲密灌頂，（作）爲三昧耶物（賜與弟子作爲增長弟子三昧耶證量之助緣物）；第二、作（爲製作）甘露丸（時之混合物），第三利他：生菩薩子（藉射精而令女人受精生子）；第四、障難出生時，（諾那）師云：觀如蒲巴（杵）而殺之（原註：現自死相及除明點住病，然不必阿闍黎也。）》》（34-558）。宗喀巴餘說，詳第八章第三節第四目，茲不先舉。

復次，修雙身法之男性，若有人使用閉精之藥物太多，或修法不當導致精液不能射出（應係性器官之神經系統因不當之性行爲運作而發生病變，以致不能射精）導致病徵與痛苦者，亦可用方便法而使之出精，然後視同甘露而自行飲用之；譬如：

《《明點欲不能提，而塞於金剛杵（陽具）脈內，尿亦停住，生熱燒等病；於杵（陽莖）近密處一部份，以手揉擦（然後射入明妃子宮內），（觀想）於佛母（明妃）蓮宮（子宮）中本尊行供養。明點又或著粘於身脈內，所出如水，當行提散拳法，以手揉擦之，如取乳然，如去水池之塞然；（然後）食未落地之自明點（接取自身所射出之精液，不令落地，而認作甘露食用之）、念阿米打（唸甘露咒），（觀想）自供本尊。》》（34-559~560）

由於密宗依其邪見，認爲精液明點即是將來成佛之因，乃是無上甘露；尤其是自己已修至無上密階段時，已是「大修行者」，精液已是無上妙物，於佛法之修證上有大作用，是故絕對不可浪費，乃接取而飲用之，以免減少「佛法」上之修證。此不特紅白花敎如是，黃敎之宗喀巴所說敎示，亦無二致；欲知其詳，逕閱宗喀巴所造《密宗道次第廣論》即可知之，此勿再舉。

## 第五節　精液亦可作為供養自己之甘露

密宗中人修練拙火及氣功者，有時以精液作爲甘露而自供養：

《《如明點增盛（如果身中精液極多而未漏洩），杵不倒（導致事後陽具不能軟化）；（則應）多行拳法。不除（若仍不能除掉硬挺情形），則多依業印（則大多是依實體明妃而）作提散拳法。（若）又不除，於業印（於明妃因自己之樂觸而射精亦）不致生子時，（則於）蓮宮（陰戶）中觀寂靜忿怒本尊，而放點（射精）供養（子宮中行淫之本尊「佛父母」）；此後於業印蓮上（於已被射精之陰戶上），上品以舌（直接吮）取之，下品以匙舀服，念阿米打咒（即甘露咒）自供；作已、罪亦不生，身不致衰，可以圓資糧。》》（34-558、559）

如是，男性密宗行者以精液而自供養，謂彼時之精液已混合明妃之明點（淫液），故爲大補之物，能大補「佛法」上之修證，故謂爲「自供養」也。非唯紅白花敎如是說，黃敎之宗喀巴亦如是說；欲知其詳，請閱宗喀巴之《密宗道次第廣論》即知。

雙身合修之時，男性爲增益「佛法」上之證量故，於女方身上所提取之明妃淫液，名爲紅明點之濁分或淨分：

《《其提有三法：上提者：…。中提者，（觀想由）自生本尊領納三昧耶物：於母降淨分（淫液多）時，口中含阿米打甘露（酒），以竹筒吸取（以竹筒吸取女方之淫液入口中），與甘露（酒）相合，以舌自攪動，（觀想）供養自界本尊（而呑服之）。由此圓滿資糧，秘密三昧耶物（領納酒與淫液之混合物），殊勝游戲（殊勝之雙身修法金剛遊戲）能令長壽；後抖身（然後抖身，以

便將所提取之淫液淨分散至全身）。》》（34-566）

至於下品之提明點法者：《《下提者，身界增廣（謂女方達於高潮）時，母（女方）降點（淫液大量分泌時），其腰（下）墊枕，蓮（陰戶）以下以盤承之，不可爲陽光所照；以右鼻孔接竹筒而吸之（吸其氣味），二手按二鼻孔，令氣（味）專由（竹）筒達右（鼻）孔，決可提其淨分，事後抖身。》》（34-566~567）

如是提取明點者，皆爲希望藉此而迅速成就「無上瑜伽究竟佛果」，故如是想、如是作。在密宗而言，此是極爲神聖之事，彼時之淫液乃極神聖之甘露－於「佛法」上可以產生莫大之助益，所以對於顯宗之批評其五甘露等，彼等不能接受。

彼等既視此種「甘露」爲極神聖之物質，遂有依於五甘露而設之誓句，必須誓死守護：《《大肉（大肉謂生鮮之人肉）勝誓句，三金剛應修；糞尿勝誓句，持明之首要；象肉三昧耶，能獲五種通；諸馬肉誓句，成隱身主宰；諸犬肉誓句，成一切悉地；牛肉三昧耶，勝金剛勾召。若無一切肉，思一切善觀，作金剛瑜伽，一切佛加持。普具諸勝相，身語意金剛，心間智誓句，頂嚴持金剛。一切佛歡喜，勝誓句作者，成一切悉地，勝誓句善作。》》（65-58）。

復有提女方甘露（淫液）淨分之觀想法：《《其提淨觀想者，面前虛空（觀想所成之）蓮日月上，上師無量壽佛父母（交合樂空）雙運間，降流紅白甘露（「無量壽佛」與明妃所生之淫液下降流注），充滿自（己之頭）頂與鼻孔，趨入一切身脈界内。母明點能提已，其相已詳前。此中三昧耶者：離能所取執著。》》（34-567）

上述下品提甘露之法，陳健民上師傳有口訣：《《下提口訣者，以各種方便令生大樂：螃蟹、黑蟲、雞下冠令（彼女）食，可開脈口（可開子宮口）；腰以下用油塗之。起分觀想：大杵入蓮，深入其中，當知自樂之量（應知自己所能忍受之淫樂程度，以防射精）；又當知母（明妃）生起樂相，即以手抱緊女腰、自身端正；女左脈開，降紅菩提（淫液大出），自杵如筒，由此提淨分，濁分留住（只提淫液之氣分，不提其淫水）。（所吸取之）淨分從中脈入杭、十六明點間，空聲而提；二足大趾内勾，二手第二三指在自背後左右支身；除於大趾外，其餘身分，不可支地。提下氣六加行中，惟四洲不縮（即不縮手足），餘皆相同。女無念昏迷，縮如絨球，不忍，出惡聲，此爲被提相。此後分離（至此階段後離開女身），安住本淨，抖身行獅子遊戲、五輪等拳法。女現衰相，當以食品補之，否則易衰老。》》（34-567）

此即是由女方身上提取「甘露」，希望藉此而增長自己在無上瑜伽法之證量，而得以迅速「成佛」也。此乃妄想邪見，謂由此法精進修持無量無數億阿僧祇劫之後，仍然不可能成佛也，永無可能證悟第八識故，永與種智絕緣故，所修皆無關佛法故，是破戒之地獄罪故。如是以「甘露」而自供，欲求成佛者，名爲妄想，此非甘露故；縱饒此是天界之甘露，亦仍與成佛之道完全無涉，甘露是欲界天之飲食法故，與佛法修證完全無關也。

《楞嚴經》云：《《於明悟中得虛明性，其中忽然歸向永滅，撥無因果、一向入空；空心現前，乃至心生長斷滅解。悟則無咎、非爲聖證，若作聖解，則有空魔入其心腑，乃謗：「持戒名爲小乘，菩薩悟空，有何持犯？」其人常於信心檀越、飲酒噉肉、廣行淫穢（與諸女人廣修雙身法）。因魔力故，攝其前人（攝受合修雙身法之諸女及其弟子等衆）不生疑謗，鬼心久入；或食屎尿（詳見五甘露及第九章第五、六節之敘述）與酒肉等。一種俱空、破佛律儀，誤入人罪；失於正受，當從淪墜。》》（卷九）

如是《楞嚴經》中所說者，正是密宗上師與久修密法學徒之具體寫照也；有智之密宗行者聞此經言，當即捨棄五甘露及雙身法之修行，以免未來世之長劫尤重純苦大患。

# 第五章　持明、手印及夢瑜伽

## 第一節　藉持咒而獲得世間法之利益

持咒之法，於密宗之內，說爲「持明」，此乃由於密宗行者認爲持咒可以發起佛法修證之智慧，故說諸咒爲明咒，即說持咒者名爲持明者。密宗中人往往欲藉持咒而達到攝心一處、一心不亂之成果，此於密教中之初機修行者中，較爲常見。顯宗之中亦不乏如是之人，但其數較少。

一般而言，密宗中人之持咒者，多因欲修密法故，須先修學前行之法，即是密宗之資糧道。復次，於密法壇之種種修行法門中，不論供養、觀想、懺摩……等，皆須誦咒；供種種物，有種種咒，一一物皆有不同之咒。乃至入壇有入壇眞言，著衣有著衣咒，洗手有洗手咒，勾召有勾召咒，塗香有塗香咒，以及供花眞言、燒香眞言、供燈眞言、飲食眞言、無量種類觀想法門之無量眞言；乃至「諸佛菩薩、諸護法神」悉皆各有心眞言，無量無數，難以記取，極爲繁複；詳見《大日經》卷三至卷五，及《金剛頂一切如來眞實攝大乘現證大教王經……》等，即可知之，無庸一一舉示。凡修此持明之法者，多屬爲修密法故而執持諸咒，作爲密法修行之前行法，屬於生起次第之修法也。

持咒之求證一心不亂定境，顯然較諸四禪八定之正修法門爲難；於持咒之過程中，有咒音之干擾；於心中唸誦之過程中，有心中咒音之念干擾，不易得定。如人修定，初入門時多用數息法；彼時以一息爲一數而數之，每一數字即成一念；如是週而復始，前後總以十念而貫串之，共有十個妄念。若心得定，即改爲隨息，不復數之。若更深細，則棄隨而由覺知心自住於止，不緣任何一法而安住自內境中，久之即入欲界定、乃至未到地定中。

持咒之法，則難入定，爲有咒音干擾之故。余於此世學佛早期亦曾持咒，而不能入於定境中，隨即捨之。後來曾於佛前盤坐結印而口誦眞言，入住定中不覺外境，亦不聞自己所誦咒音，亦不覺知自己正在持咒；如是過數十分鐘已，忽然復聞自己誦咒之聲、覺知自己正在誦咒，方才覺知持咒之時已經入定許久。

如是數次持咒入定後，比較禪定之正修行，證明持咒者欲求禪定之定境實難。復次，余之持咒入定者，乃是已經證得禪定後之事；而欲如是持咒入定，亦非每次皆能成功；對照於依禪定正修之法而速易進入定境者，即知其修定之法非爲禪定之正修行法門也。是故欲藉持咒而修定者，宜應審度其法之良窳，而後行之。

若爲獲得世間利益，「如求感應及驅役鬼神等」，則持咒之法，斯爲有用。譬如《大日經》及諸密宗「經典」所說，持咒可得許多世間法上之助益。然而密宗所造諸「經典」所說密咒及手印之運用，固可獲得許多世間法之利益，然而應知彼諸「佛菩薩」其實多是鬼神變現，眞正屬於佛教中之佛菩薩所示現者極少。

鬼神法界之法，猶如世間人之交易；彼若爲人付出勞力，完成祈求者之願望，則亦希冀人之回報，是故鬼神亦觀因緣而索取人之回報；若鬼神欲索回報時，人不能具足回應、滿足其需要，則鬼神往往便予作祟，令人心神家宅不寧。

各大醫院之精神病房中，多有如是求有爲法之密宗學人長住其內而不能復原，或者出院後仍須長期接受治療者；彼等所學實非佛法，而皆自言修學佛法，彼諸精神科醫師亦不知佛教與密宗之異，便以爲彼諸病人眞是修學佛法而致精神失常；然實非是，乃是因於求有爲法—求證神通及諸有境界法—而修密宗之鬼神相應法所致。是故藉持咒而獲取世間利益之行，佛子不應嚮往，應當引爲前車之鑑。

今時每有善咒之密宗中人，爲年老生病之出家法師治病；法師因其治病之有效，遂以爲眞是佛菩薩爲其治病，便改信密宗之法，由此而一步一步走入密宗所傳之外道法中，而不能警覺；由此緣故，此世改信密宗，後世便成爲密宗之信徒，世世修學密宗所傳之外道法而以爲是究竟佛法，皆因此世與密咒治病之法有緣之故。是故有病當求世醫，莫求密宗鬼神，以免來世成爲魔民，而不能自知爲魔民。

## 第二節　持咒不能令人獲得佛法上之果證

古時之密宗祖師聞受鬼神所示現之佛菩薩語，乃創造諸種密教部之經典，妄以爲持咒可以求得佛法上之果証，譬如《大日經》之「佛」云：《復次祕密主！此眞言相，非一切諸佛所作，不令他作，亦不隨喜，何以故？以是諸法法爾如是故。若諸如來出現，若諸如來不出，**諸法法爾如是住，謂諸真言，真言法爾故**。祕密主！成等正覺一切知者、一切見者，出興於世，而自此法說種種道。隨種種樂欲、種種諸眾生心，以種種句、種種文、種種隨方語言、種種諸趣音聲，而以加持說眞言道。……云何眞言教法？謂阿字門一切諸法本不生故，迦字門一切諸法離作業故，佉字門一切諸法等虛空、不可得故，……縛字門一切諸法語言道斷故，奢字門一切諸法本性寂故，沙字門一切諸法性鈍故，婆字門一切諸法、一切諦不可得故，訶字門一切諸法因不可得故。祕密主！仰若拏那麼於一切三昧自在，速能成辦諸事，所爲義利皆悉成就。》》（卷二）

然而三乘經典中，佛所說之「諸法法住法位，法爾如是」者，非謂眞言（咒語）之法爾如是住，密宗祖師不應擅自發明「眞言法爾如是住」而創造密經，用來取代佛所說之「諸法法爾如是住」。此謂佛所說之「諸法法住法位，法爾如是」者，乃是謂諸法皆依第八識如來藏而生；如來藏如是恒而不斷地常住於三界及涅槃本際—不離涅槃本際而隨緣出生萬法—如來藏自無始劫以來一向如是，非作、非非作，非有爲、非無爲，非涅槃、非輪迴，非淨非垢，非增非減，非一非異，非來非無來，非去非無去……，令一切有情因此不離涅槃而輪迴生死，本自如是，故名「法住法位、法爾如是」。

如是第八識及其所生色身七識等法，能衍生十方六道法界之一切法；如是法者方是佛所倡言之法界眞實相也。反觀眞言密咒則是依於五蘊之運作，加以唇舌臉頰聲帶空氣腹力之和合，方能現起；既是依於衆緣而起、有生之法，不可謂爲「常住不滅、本來如是」之法也，烏可倡言「法住法位、法爾如是」耶？不應正理也。

復次，眞言之意乃是依於意識之施設，鬼神法界、天法界等衆生之「互相約定俗成」而定其義，非是法界中本有之常住法，乃是依他起性之緣生法，焉得說爲「常住不滅、本來如是」之法？與法界實相之理相違也。如是依他而起、有爲生滅之眞言密咒法，既與法界之眞實相無關，密宗祖師即不應將之高推，不應假藉毗盧遮那佛名義而建立爲「法住法位，法爾如是」之實相法。

密宗祖師如是以眞言法而取代佛法之涅槃本際—如來藏—以建立其法義，如是以鬼神之咒語而取代涅槃法之八識心王一切種智，外於眞正佛法而說外道法爲「佛法」，即如世俗農稼之「李代桃僵」—將桃樹攔腰砍斷，接以李樹之枝，於大桃樹之基礎上建立李樹之生基，桃樹從此永無開花結果之日，永遠爲李樹服務：密宗祖師如是作爲，即是欲令佛教永遠爲密宗之外道法服務，令眞正之佛教永無翻身之日。

如是從根本上轉易佛教之事實，我諸佛教學人悉應知之，應當同心協力，早日將李樹巨枝砍除，桃樹方有重新生枝開花結果之日；苟能如是，則今時正是佛教未來萬年基業之轉折期—於此際令佛教正式回歸佛之眞旨，令佛教法義轉趨純淨，亦是未來萬年佛教學人之福也，亦是未來世重新受生於此界之吾等衆生之福也。

密宗古今祖師依《大日經》修眞言法；千餘年來、將《大日經》奉爲根本經典，虔修至今，卻尚無一人能證七住位菩薩所證之般若總相智－證得第八識之本來自性清淨涅槃，故不能現起般若總相智；何況能證十住菩薩之眼見佛性境界？何況能證十行十迴向位之般若別相智？更云何知地上菩薩所得之無生法忍－道種智？是故《大日經》中之「佛」所說佛教之悉地（佛法中之種種智慧境界），不能經由持誦密宗經典之種種咒語而得證悟；是故欲求證悟般若者，當依顯教之法、依顯教之知見而修－依眞善知識而取證第八識、生起般若智慧；莫期待持誦密宗「佛」所說之咒可以證悟佛菩提也。

若欲持咒者，大悲咒、楞嚴咒……等可以持誦，以求減少修學佛法過程中之障礙，亦可藉楞嚴咒之持誦及深解《楞嚴經》意旨，而於定中或夢中蒙佛菩薩開示、證悟般若；或蒙佛菩薩安排，得遇眞善知識，一生便得見道而證般若眞旨。

然楞嚴咒則非密宗古今祖師之所願持，《楞嚴經》文及咒意皆直斥密宗之「淫欲爲道」故，楞嚴咒主旨在於預破密宗所奉行之《大日經》－

大毗盧遮那成佛神變加持經、金剛頂一切如來眞實攝大乘現證大教王經…》之邪見故。是故眞密之法，應依楞嚴主旨爲準，此經之修證能令人證悟佛菩提及悟後起修之道，爲諸古今密宗諸祖所不能證；由如是之故，密宗古今諸祖（特別是應成派諸中觀師）極力誣蔑《楞嚴經》爲僞經，而多持《大白傘蓋咒》，卻不知所持《大白傘蓋咒》其實正是楞嚴咒。若人有智，依《楞嚴經》意旨而修證第八識如來藏，便能證得般若之總相智，乃至依此經而悟後起修，證得別相智等，方是眞實佛法之修證也；如是無上密法，方是眞正之密宗也。是故一切學人應有正知正見，莫冀密宗《大日經－大毗盧遮那成佛神變加持經、金剛頂一切如來眞實攝大乘現證大教王經…》所說咒語之持誦，可以求得佛法之證悟；當依顯教之法，依於般若經旨而覓自身本有之第八識如來藏，方能進入大乘見道位中眞修佛法也。

復次，《大日經》中之「佛」云：《《摩訶薩意處，說名漫荼羅，諸眞言心位，了知得成果。諸有所分別，悉皆從意生；分辨白赤黃，是等從心起。決定心歡喜，說名內心處；眞言住斯位，能授廣大果。…囉字爲眼界，輝燭猶明燈，俛頸小低頭，舌近於顎間，而以觀心處，當心現等引；無垢妙淨清，圓鏡常現前，如是眞實心，古佛所宣說。照了心

明達，諸色皆發光，眞言者當見，正覺兩足尊，若見成悉地，第一常恒體。》》（卷三）

此段經文顯示《大日經》中之「佛」如是所言諸法，證明彼「佛」尚未能證第八識如來藏，不知般若總相智；而以覺知心作爲眞實心，故其「眞實心」能分辨白赤黃，故說「分辨白赤黃，是等從心起」，認爲此覺知心不貪著諸法、不分別諸法、不住於一切境而生執著，即是「無垢妙淨清，圓鏡常現前」，由是而說「如是眞實心，古佛所宣說」，未證第八識如來藏，猶墮意識心中，名爲未斷我見者。

阿含諸經中，佛早已說如是心爲意識心，十八界所攝，名爲「常見外道所執常不壞我」；由此可知《大日經》中之「佛」未斷我見，尚非聲聞之初果，何況是佛？由此可知《大日經》乃是密宗古時祖師所長期集體創造者，乃是僞經也。

《大日經》中之「佛」又認爲覺知心住於一心不亂之境，一心不動而能明了五塵萬法，具有如是明性，即是大圓鏡智。如是成就「悉地」，尚不能知般若之初悟處，有何悉地可言耶？何故余作是說耶？謂《大日經》中之「佛」，誤以覺知心爲眞實心故，誤以覺知心中離語言文字之分別性爲大圓鏡智故。

譬如《大日經》中之「佛」作如是說：《《於園苑僧坊，若在巖窟中，或意所樂處，觀彼菩提心。乃至初安住，不生疑慮意，**隨取彼一心，以心置於心**。證於極淨句，無垢安不動，不分別如鏡，現前甚微細。》》（卷三）

此說不應正理，何以故？謂心不能置於心中，三乘諸經佛語甚多，不曾作如是言也。一切人若細心觀察，悉可證知余說之不謬故。唯有密宗中人以觀想所成之月輪爲菩提心者，方可將意識心觀想化爲光明而融入所觀成之「月輪菩提心」中，故說「以心置於心」之語；然而如是作觀之後，意識心其實仍未融入所觀成之月輪中，仍舊外於月輪而自存在—月輪存在於意識所觀想之境界中，而非意識心融入月輪中。

而密宗行者所觀成之覺知心中月輪，終非佛所說之菩提眞心也，然而《大日經》中之「佛」竟說觀想所成之月輪即是眞菩提心，是故余說《大日經》中之「佛」未曾證得菩提心—第八識也。既未證得菩提心，則非是大乘見道之人；既非見道之人，則其所說之法，何可信耶？乃竟於《大日經》中奢言佛地之大圓鏡智，何其荒謬？而密宗古今諸祖竟然無人能知其謬，竟無一人能加以檢擇。

何故說《大日經》中之「佛」所悟之心爲意識覺知心耶？有「經」

文爲證：《《善男子！此阿字，一切如來之所加持，眞言門修菩薩行諸菩薩，能作佛事普現色身；於阿字門一切法轉。是故祕密主！眞言門修菩薩行諸菩薩，若欲見佛、若欲供養、欲發菩提心、欲與諸菩薩同會、欲利益衆生、欲求悉地、欲求一切智智者，於此一切佛心，當勤修習。》》（卷三）。如是一段經文所說，皆於覺知心上立言，未曾與第八識如來藏心相應也。

復次，《大日經》中之「佛」如是說言：《《所謂阿字者、一切眞言心，從此遍流出、無量諸眞言，一切戲論息，能生巧智慧；祕密主何等、一切眞語心？佛兩足尊說：阿字名種子，故一切如是、安住諸支分，如相應布已，依法皆遍授。由彼本初字，遍在增加字，衆字以成音，支體由是生；故此遍一切，身生種種德。今說所分布，佛子一心聽：以心而作心，餘以布支分；**一切如是作，即同於我體**。安住瑜伽座，尋念諸如來；若於此教法，解斯廣大智，正覺大功德，說爲阿闍梨；**是即爲如來，亦即名爲佛**。》》（卷五）

如是則謂所觀想之阿字是能生一切法之本際，迥異佛所說「以第八識如來藏爲能生一切法之本際」者；又說觀想阿字成就者，如其所言廣布餘諸觀想種字相於阿字旁，觀想完成之時，其覺知心體即同於佛，即是阿闍梨，亦即是已經成佛者。如是虛妄之想，而可謂之爲佛者，一切能作更勝妙觀想之外道亦皆可以自稱爲佛；而密宗一切上師皆不應否定之，所觀更勝於密宗諸師故。審如是者，密宗即不得自言是無上密教也。

若密宗行者無有正知正見，因此而自謂成佛者，大妄語罪立即成就；捨壽前若不知對衆懺悔，並對佛前懺悔直至見好相者，是人必墮地獄，無人能救之也。余今所說雖然苦切，然而良藥之苦口，病人不得不服；忠誠之言雖然逆耳，而密宗一切有智行者不能不聽。若以面子爲重，寧可錯到底，堅不檢討法義對錯，而一味狡辯、不肯消除大妄語罪者，乃是以自己之未來無量世果報，而作此一世面子之賭注，非是智者也。

若人不信余言，堅謂《大日經》中之「佛」所說心、非是意識覺知心者，且觀再舉「佛」語爲證：《《眞言者靜坐，安住於法界，**我即法界性，而住菩提心**。向於帝釋方，結金剛慧印……》》（卷三）

然而如來藏從無始來不曾一剎那住於一法中－於一切法皆無所住；今者《大日經》中之「佛」所說菩提心，能靜坐、能住於法界、能住於菩提心、能分別青黃赤白，具有明性，顯見是覺知心－意識也；佛一向說眞心離見聞覺知故，一向說眞心不起分別性、從來不墮明性中故。此等以覺知心意識心爲常住不壞之法界性，而言「**我即法界性**」；此等以意識心爲菩提心之「佛」，不離常見外道見；如是所說言語而可謂爲佛法者，未之有也。依於如是「佛」所說之眞言，而希冀可以證得佛法中之一切果證者，眞乃愚痴人也。由是余倡是言：持諸密宗眞言至無數劫後，仍不能證得佛法上之一切果證也，《大日經》等乃密宗古時祖師長期結集所共同創造者故，非是佛所說之法故。

## 第三節　持誦密宗經典之咒不能消除誹謗三寶重罪

密宗祖師妄以爲藉著密宗護法神變成佛菩薩形所說之咒法持誦，可以消除一切邪淫及誹謗三寶與大妄語之重罪；故不畏修習邪淫之雙身修法，亦不畏誹謗世尊及大乘法之果報，更不畏懼誹謗大乘勝義僧之果報，妄以爲誹謗之後、持誦彼諸咒語便可消災免罪故。

殊不知彼密宗「經典」乃是鬼神變爲佛菩薩形而說之鬼神法，假冒爲佛法；彼諸鬼神自身尚且不知不證佛法，欲求密宗行者之酒供養，及諸不淨物（五肉五甘露）之供養故，妄言所說即是佛法，並矇騙密宗學人

「能依之而得佛法上之果證」，以邀信心而得五肉五甘露等不淨物之供養。

密宗祖師（特別是宗喀巴）悉皆不具正知正見，如是迷信而不能知其底蘊；反以如是鬼神所傳之虛妄法，妄言更勝於顯教之法，而抵制及貶抑顯教，誣為因地修行之法，高推自己所修之鬼神法為果地修證，何其愚痴無智！而密宗古今諸師竟無人知之，寧非怪中之怪？

如宗喀巴後來能憑自己之力而見**黑文殊菩薩**，於密法之行門，大如雙身法、儀軌、建壇、咒語、……乃至著衣時之右肩應露幾許等芝麻小事，亦須一一請示黑文殊，顯見自身不具絲毫見地，只是將密宗諸師所說之法加以集合敘述、結集成書流通而已。後人不知，見其著作繁多，便以為有大修證者，迷信崇拜之。

復次，密宗每將諸佛及諸菩薩分成五色，故有五色佛、五色菩薩、五色空行母、五色之種種事物等，黑文殊即因此有。然而諸佛菩薩皆現金色光，由佛菩提之智慧而生故；佐以白色光而增盛其金光，乃因由禪定故生白色光，故增益金光爾。余亦如是出金色光，佐以禪定之證量而間雜白光以增益金光，有天眼者自能見之。

諸佛菩薩絕無白光金光以外之光，何況有紅黃藍綠、乃至黑光？皆是鬼神所現，假冒佛菩薩之名義，妄說邪謬之法而迷惑無智愚人，以邀愚人之修習彼法，彼等則於法中獲得五肉、五甘露等不淨物之供養。然而密宗行人固有能辨其妄者，多數則無能力辨別其謬，而深心信其妄語，迷信而不敢加以簡別，於此外道法繼續深入修習，不欲改絃易轍、迴入正法，深可哀憫！

密宗祖師從鬼神所化現之「佛菩薩」聞法之後、所創造之「經典」中，每言雙身法之勝妙，言修此法者一世能得成佛而無惡業；又言持彼咒者，能滅一切罪業：《《由此眞言，設作無間罪、**謗一切如來、及方廣大乘正法**一切惡作，尚得成就一切如來印者，由金剛薩埵堅固體故；現生速疾隨樂、得一切最勝成就，乃至獲得如來最勝悉地。婆伽梵一切如來金剛薩埵作如是說。》》（《金剛頂經》卷下）。

由持誦密宗之「佛」所授之咒語故，便敢誹謗大乘法爲不了義、不究竟，便敢誹謗大乘第三轉法輪諸唯識系經典爲不了義經，更敢極力誹謗大乘勝義僧爲修證淺薄、肉胎凡夫者；乃因相信有如是咒能消一切罪業，而心中有恃無恐故。

然而有智之人聞已思惟，便知其謬；謂諸佛菩薩既於大乘經中，說誹謗三寶者必墮地獄，乃至最最方便、最最慈悲接引之極樂淨土法門經中，亦不容許謗佛及誹謗方廣經者得生極樂，何況**謗一切如來、及方廣大乘正法一切惡作者**，不唯能依此咒而不墮惡趣，更令證**得成就一切如來印**？乃至成佛？無斯理也。

復次，密宗之《大日經、金剛頂經、……經》所說既非眞正佛法，未能言及第一義諦，而以世俗諦之一切法緣起性空作爲第一義諦而說實相；復又誤解二乘之世俗諦，否定涅槃本際之識－名色所緣之識－外於實相心而說一切法緣起性空，顯然不知不證二乘之世俗諦，如是「經典」顯然非是 佛說，乃是鬼神假冒 佛名而說之法。既然非是 佛說，則其中所授眞言之能消除「謗三寶罪、謗正法罪、謗勝義僧罪」等咒語，焉有可信之處？是故密宗學人萬勿信之而謗三寶，以免捨壽時救之不及，後悔不迭。

譬如律部經典《菩薩瓔珞本業經》所說：三賢十地之菩薩若謗三寶者，捨壽後必墮地獄，三賢十地一切皆失；十地菩薩修證何等勝妙，仍然不能自救誹謗三寶之重罪，何況尚未見道之鬼神，焉有能力自救？鬼神尚且無力能救自身誹謗三寶之大惡業，捨壽時必墮地獄，何況彼所說之咒語、有力能救密宗行者如是大惡業耶？當自詳審思惟，以免未來無量世之極重純苦長劫重報；能如是謹言愼思愼行愼修之人，方是有智之人也。是故《大日經、金剛頂經、…》所說諸咒之能救大惡業者，不可信受，萬勿於此時作法自斃，捨壽時而自承受苦果。

## 第四節　手印及真言

學密宗者必學手印。作手印之目的在建立種性標誌，並得以之配合眞言而斷惑、證涅槃、成就金剛寶座及成佛。密宗之《大日經》云：

《《爾時薄伽梵毗盧遮那，觀察諸大眾會，告執金剛祕密主言：「祕密主！有同如來莊嚴具，同法界趣標幟；菩薩由是嚴身故，處生死中巡歷諸趣，於一切如來大會，以此大菩提幢而標幟之。諸天龍、夜叉、乾達婆、阿修羅、揭嚕茶、緊那囉、摩喉羅伽、人、非人等，敬而遶之，受教而行。…。」》》（卷四。大正藏18冊 24~30頁）。說如是語已，便廣說諸種手印，略舉如下：

《《爾時薄伽梵即便住於身無害力三昧，住斯定故，說一切如來入三昧耶（入雙身法樂空雙運之「等至」）遍一切無能障礙力無等三昧力明妃曰：「（咒語，省略）。」祕密主！如是明妃示現一切如來地，不越三法道界，圓滿地波羅蜜。是密印相，當用定慧手作空心合掌，以定慧二虛

空輪並合而建立之。頌曰：此一切諸佛，救世之大印，正覺三昧耶，於此印而住。》》（卷四）

謂此手印爲一切佛之大手印，是諸佛正覺三昧耶之所住。然而作此印及誦咒已，仍未能知七住菩薩所悟之般若，仍未能知七住菩薩所悟之第八識如來藏何在，猶是大乘中未悟之凡夫，云何可謂此印配合眞言即能成就諸佛三昧耶而住此印？

復次，諸佛三昧耶不可能於此眞言及手印中住，因手印及眞言乃是緣起法，不可以此表示而便謂爲即是也。（註：密宗之手印作法，以左手掌代表定門，以右手掌代表慧門。各指節悉有代表之意義，詳見書後所附圖示說明。若能了知此意，則密經中所說各種手印悉能知之也。）

《大日經》又云：《《又以定慧手爲拳，虛空輪入於掌中，而舒風輪，是爲淨法界印。眞言曰：「（咒語，省略）」。復以定慧手，五輪皆等，迭翻相鉤，二虛空輪首俱相向。頌曰：是名爲勝願，吉祥法輪印，世依救世者，悉皆轉此輪。眞言曰：「（咒語，省略）」。》》（卷四）。如是作手印及唱唸眞言，即是轉法輪，而不必說法，即能令衆生知法證法，云何可信？

《大日經》又云：《《復舒定慧二手，作歸命合掌，風輪相捻，以二空輪加於上，形如揭伽。頌曰：此大慧刀印，一切佛所說，**能斷於諸見，謂俱生身見**。眞言曰：「（咒語，省略）」。》》（卷四）

然而如是作手印及誦眞言已，仍不能令任何人斷除俱生身見，謂俱生身見乃是末那相應之我執，要由體驗末那我之虛妄而後方能斷之，非由作如是手印及誦眞言而可斷除也；是故《大日經》此說名虛妄想也。

《大日經》又云：《《復以定慧二手，作虛心合掌，屈二風輪，以二空輪絞之，形如商佉。頌曰：此名爲勝願，吉祥法螺印，諸佛世之師，菩薩救世者，皆說無垢法，**至寂靜涅槃**。眞言曰：「（咒語，省略）」。》》（卷四）。如是而言證得涅槃者，顯然與《阿含經》中佛所開示之涅槃大不相同，不可言是佛教之涅槃，應是密宗獨有之「外道涅槃」也。然而出三界之無餘涅槃唯有一種，無有二三；今者密宗所發明之涅槃既異佛說，則知如是密宗「經典」非是佛法也。由如是故，密宗古今祖師證得涅槃已，皆墮於意識境界，皆未斷除意識之我見，只成個「證得密宗涅槃之凡夫」外道。

《大日經》又云：《《復以定慧手，相合普舒散之，猶如健吒，二地輪二空輪相持，令火風和合。頌曰：吉祥願蓮華，諸佛救世者，不壞金剛座，覺悟名爲佛，菩提與佛子，悉皆從是生。眞言曰：「（咒語，省略）」。》》（卷四）。此說亦復違於佛說。佛說金剛寶座及菩提之證悟，皆從解脫道及佛菩提道之正知、及親自正覺正見而生；一切親證解脫道及佛菩提道而成佛子者，悉皆親見金剛寶座及佛菩提等，非由如是手印及咒語而生。

《大日經》又云：《《復以定慧手，五輪內向爲拳，建立火輪，以二風輪置旁，屈二虛空相並。頌曰：此印摩訶印，所謂如來頂；適才結作之，即同於世尊。眞言曰：「（咒語，省略）」。》》（卷四）

密宗之「佛」如是說：如此作手印及誦眞言已，即已成佛。審如是者，不須世尊四十九年之爲眾生奔走及辛苦說法，只須先爲眾生灌頂後，再將如是手印傳授，並令弟子眾等誦唸眞言即可，便能使一切弟子當生成佛，何等簡易？方是慈悲。然而現見密宗古今諸師之已作是印，及已持誦此眞言者，竟無一人證悟般若之總相智，乃至不能證得顯教四加行之「雙印能所取空」，迄今仍墮常見外道知見中，如是空言成佛，有何意義？

《大日經》又云：《《復以智慧手爲拳，而舒火輪水輪，以虛空輪而在其下。頌曰：此名一切佛，世依悲生眼；想置於眼界，智者成佛眼。眞言曰：「（咒語，省略）」。》》（卷四）

然觀密宗古今諸師，無有一人不依《大日經》而修，乃竟無有一人證得佛眼。莫謂佛眼，乃至法眼、慧眼、天眼俱皆不得，何以故？謂若有人已得法眼者，便能簡別一切古今大師之所墮，亦能簡別一切古今大師之證量果位，絕不會誤判。若有慧眼，則於古今一切大師之有悟抑未悟，悉能了知；若有天眼，便能了知眼前所示現之「佛菩薩」是否爲鬼神假冒？便能了知其所說法可不可信？便不致爲鬼神所惑。

然觀密宗古今祖師所證所修所說、及所傳口訣等，悉皆隨於鬼神所說、而墮於鬼神相應法中，從來不與佛法相應，故知此「經」所說手印眞言能令人證得佛眼者，名爲妄想。是故密宗行者依此手印及咒語而想置於眼界者，悉皆無人能成就佛眼法眼乃至天眼也。

《大日經》中之「大毗盧遮那佛」，隨後又說種種手印及種種眞言，共有一三一種之多，然後總結云：《《祕密主！如是上首諸如來印，從如來信解生，即同菩薩之標幟，其數無量。又祕密主！乃至身分舉動住止，應知皆是密印；舌相所轉眾多言說，應知皆是眞言。是故祕密主！眞言門修菩薩行諸菩薩已發菩提心，**應當住如來地**，畫漫荼羅；若異此者，同謗諸佛菩薩，越三昧耶，決定墮於惡趣。》》（卷四）

若依此「經」而修手印及眞言已，如是完全不知佛菩提道與解脫道，而自言**已住於佛地者**，皆名大妄語者，捨壽必墮地獄受無量苦。必墮地獄之人，乃反恐嚇破斥密宗邪說之菩薩們必墮地獄，謂破斥其邪說者爲謗　佛菩薩，如同賊人之大喊捉賊無異，顚倒已極。

《大日經》中之「大毗盧遮那佛」，其實並非《華嚴經》所說眞正之「大毗盧遮那佛」，乃是密宗祖師將鬼神所說法，妄攀爲「大毗盧遮那佛」所說者，完全不是　佛說之法也。「大毗盧遮那佛」既是報身佛，必說一切種智之法，豈有可能將常見外道法說爲佛法？豈有可能將外道淫欲爲道之法門說爲最究竟佛法？密宗以此類外道見而攀緣　佛菩薩之行爲，敗闕大矣！如是鬼神所說結手印、及依印而誦眞言，欲求佛法上之果證者，乃是大妄想也。

此謂佛法之證修，唯有二主要道—佛菩提道與解脫道，除此二主要道之外，無別佛法。今者密宗施設如是手印及眞言法，謂修此二法，配合觀想之運爲，便能成就究竟佛道者，溯自天竺密宗祖師，迄至於今，並無一人能入大乘之見道；乃至並無一人能證得二乘法解脫道之見道，尚無一人已斷意識我見，皆未能證聲聞初果之見地，何況能有大乘菩薩之實相般若見地？

由是緣故，平實普勸密宗諸有智學人，應當冷靜思考：**我學密法之**

**目的為何？密宗之法義與真正之佛法是否相符？**冷靜思考已，而後斷然抉擇之；一者不須浪費自己之財力於外道法上，二者可免破壞正法之共業，三者可以別擇正法而進修眞正之佛法、不致浪費生命，四者乃至可以因修習正確之顯教正法而證般若—如實證解大乘般若經旨、乃至進修三轉法輪諸唯識種智而入諸地。苟能如是，方是眞正有智之密宗行者也。

復次，於無上瑜伽中，尙有二種手印：一者事業手印，二者智慧手印。事業手印者，謂以妙齡少女作爲雙身合修之貪道手印；此妙齡少女由有女陰，能令密宗行者於淫行之過程中，體驗空樂不二之「成佛」智慧，故又名爲佛母、度母、智慧、明妃。由此少女親自提供其身體，供養密宗行者修證成佛之法門，非僅觀想，故又名爲事業—親自配合共修、一起受樂故名事業；反之，男性行者由因具有男陰，能令密宗女性行者依之而共修雙身法，故於廣義而言，亦得名爲女行者之事業手印。

然一般所說事業手印者，多謂女性。

智慧手印者，謂密宗男行者若不具明妃之緣時，或不捨出家戒之密宗「比丘」，不得接觸實體明妃，只能以觀想之法而修雙身法之空樂不二，彼行者所觀想之心中明妃，非如人之有實體互動生樂，故如是觀想空樂不二者，不名事業手印；然因此一觀想之法，能生空樂不二之「智慧」，故說此觀想修行法門中所觀想之明妃即是智慧手印。

復有一說：謂密宗之女性行者，若已證得空樂不二、空樂雙運者，如是女性已能指導密宗男性行者，已能與男行者合修雙身法、而令男行者亦證得樂空不二、樂空雙運境界，而成就「報身佛」果，故說如是女行者名爲智慧手印，能令男行者證得雙身法之「智慧」故。關於事業手印及智慧手印，容後第八、九章中再行敘述。

## 第五節　夢瑜伽

夢瑜伽者，謂密宗有法能令人於睡夢中修證佛法，故名爲夢瑜伽。如陳健民上師解說夢瑜伽之修法云：《《彼彼脈界諸習氣，由此夢知正不正；中陰食香所當往，顯現彼量可預知。智慧手印當修習，如是之因與果等，此中未曾廣述之，迷亂之夢轉輪迴。不迷之夢爲對治，是故十地菩薩中，分示夢相經已說，彼因爲無漏界持。薄伽梵則無有夢，無漏離行意緣故。現在修氣脈明點者，由此夢境，可知氣脈等正與不正；今日夢異日死之境，兩者略同。故薄伽梵云：「轉識往生時，所去道各別不同；中陰身向何處去，與夢中所常往同。」或問：「夢轉變善巧，及其功德云何？」答：當於自心所顯境，意所爲行有爲法上得自在，然後能轉變夢境。故頌云：智慧手印（雙身修法）當修習。於此修習中，如無量宮本尊天女，佛刹遍住處，及諸變化等境上起分別，漸次能自在圓滿一切境。知夢、修夢、轉變，則容易成辦，故於龍樹等所云：幻身雙運等當修。」》》（34-433）

如是夢瑜伽者，謂依夢境而可檢查脈與氣之正或不正；亦可藉夢境而檢查身中諸病所在，如云：《《夢如何顯現物體形色？顯色之緣者，在黃昏時，以胃病作用熾盛；半夜膽病，黎明風病，依彼等緣而分別顯相，密經散見甚多，略攝如下：風作用夢境則見青色地，一切物作藍色或黑色，如衣服等；黑鳥虛空飛行，騎馬藍寶，或現心清淨相；又所見物多不堅固，或隱或現。由膽界作用，夢起火紅色或黃色衣，地黃金等；……》》（34-431~432）

又云：《《或問：「如前風等三境，夢境以煩惱爲能生，諸菩薩離一切煩惱蘊，清淨無漏，何故有夢？」答：彼夢所依者爲無漏界，故從安住初地起，三界煩惱雖已斷，由無漏業能生蘊處界認持，故與蘊相合，故有無漏界夢出生。》》（34-434）

如是夢瑜伽者，謂由夢境而占身中疾病，或以善夢而易不善之夢，即名爲夢瑜伽也。此意易知，無庸多費筆墨敘述之；如是修行之法，於佛法之見道是否有益，一切眞道者悉能知之：唯是徒勞無功之虛妄想爾。

復次，無夢之境界，乃是俱解脫者之境界，非慧解脫之阿羅漢所知。三地滿心起，即能如是，非必佛地而後如是，行者應知。由此可知密宗諸師之以自意妄想而說而修「佛法」也。

復次，轉變有漏有爲之夢境爲無漏有爲之夢境者，非由修習「貪道幻身雙運」之「智慧手印」所能成就，當由斷除我見及我執而成就。若由密宗所說之修習雙身法，而欲「知夢、修夢、轉變夢」者，乃是妄想，雙身修法之樂空雙運仍未離男女欲貪故，成就樂空不二者仍是在欲界貪中故。龍樹菩薩亦未勸人修雙身法，皆是密宗祖師於龍樹入滅之後妄攀爲龍樹所說者，龍樹既已證如來藏而得道種智，焉有可能認同密宗所說之虛相法及性力派之外道法？明眼人一聞即知，勿庸多言。

有師云：《《…此時不論身至何處，凡六根所接、莫不知空矣。是即悟道之證也。苟夢中亦然，如此則功德甚大。行者日間習於見空，故夢中亦能如此也。昔迦葉佛時有一國王，其妃遍體生香，故王奇寵之。

一日，王出遊，未與妃俱，旅次，念妃甚切。晚夢妃至，相聚甚歡；及醒方知是夢，王因之悟色空之理焉。行者能修一切法空固屬甚好，如能夢中亦然，則功德更無量焉。日間一心空幻熏習，既久，晚上作夢自無不然矣。如能於夜中一二時許、作此等夢，則尤爲佳妙，因此時心最清明也。**至其修法乃修眉心之三角小輪、及喉間之受用輪兩處，即於其中想一切法空也**。修時善心甚爲重要，日有所思、夜有所夢；日間苟存惡念，夜中必得惡夢，此乃一定不易之理也。修空之人心如清水，故能無所不照；不修之人心如濁水，是以昏昧顛倒。簡而言之，修法之要惟在一心不疑；設能如此，任修何法、無有不就。否則疑慮多端，決無成望也。夫吾人之夢有善有惡有明有各各不同，倘遇魔來，祇要一心利生，無有不可去之。並於本尊之前多多祝禱，求其加被保佑，護法之處亦以拔靈多多供養，將自己所作之業對其坦白說出；然後閉關修持，謝絕賓客。**白日修法，晚間作夢**；作夢之時倘心中清明，知爲夢幻，則甚佳妙。苟心隨境轉、以夢爲眞，則甚不好。故日間清醒之時須視一切如夢幻，一心不疑。並在佛前多多祝禱，求其加被，使自己不論行住坐臥皆爲善業。夜間作夢不被境迷，如此修持至十分困倦之時，方始睡下。然心中卻始終觀空不稍鬆懈，苟能醒睡一如，則甚妙矣。夫作夢之修法有三：一、修喉間之受用輪。**此輪有佛十六**，能使行者知自己所作之事爲善爲惡。輪中並有本尊那洛空行母在焉。修此法時先想上師，請來住己頂上，自己將心意向上師多多禱告，然後於受用輪之中脈內修一嗡字，此嗡字之修法係釋迦牟尼佛所說。其外尚有主在中脈內修嗡阿路打納數字者。宗喀巴曰：「後者之修法，經中有斥其毫無功德者。」故行者依釋尊之言而修**可也，蓋佛言決無訛也。》》**（62-246。註：此段文後並無二、三之修法敘述，非故意節略之也）。

以上所說口訣即是密宗那洛六法中夢瑜伽之修法也。如是修法者，永不能與佛法中所說之瑜伽相應也；誤會佛法、誤會瑜伽故。佛法中所說之瑜伽者，乃是解脫道之斷除我見與我執，及佛菩提道之證得一切衆生法界之實相—第八識之本來自性清淨涅槃，而非密宗所說之「一切法空」也；外於如來藏而言一切法空者，同於斷見外道邪見故，佛法實依法界實相而說「蘊處界及身外一切法空」故，不可外於實相心而說一切法空也，否則即同斷見外道，即同無因論之外道。

復次，密宗每言夢瑜伽中應修中脈內之喉輪，於喉輪中修觀想，及修頂上之上師觀想…等，其實皆與佛法無關；如此而言夢瑜伽者，實無意義，非佛法也。而彼等所謂「釋迦佛曾說如是脈中種子字之觀想」

者，其實是密宗古時祖師自己創造之「經典」中，假託爲 佛所說者，三乘佛法經典中，不說如是觀想種子字爲佛法正修也。如是夢瑜伽之修行法門，初始已謬，加功進修之結果，當知必是外道境界；此謂彼等如是修法者，乃是外於自性眞心而求佛法，名爲心外求法，故名外道。是故學人欲求佛法者，當依佛菩提道及解脫道之正理而修，莫如是修夢瑜伽也。

利用睡眠而修佛法，乃是密宗之妄想。譬如陳健民如是云：《《法身無爲，本屬法性秘密，然佛依成佛果位之經驗，發現有各種緣起能顯法性空性之光明，如醉時、交合時、得灌時、調習時、入中脈時、悶絕時、臨終時、**睡眠時**；此見喜金剛圓滿次第之解析。口授論則曰：「法身喜遍空，死、悶絕、**睡眠**，呵欠與噴嚏，剎那能覺知。」**唯其只在剎那間**，眾生不自知，佛陀能發現眾生法身光明之速發速失，故在其大悲中，開出密法方法，**利用睡眠無夢時修習法身光明**。而一整部貪道即就交合方便，用氣功明點生起四喜四空，以合其緣起秘密。》》（34-19）

亦如餘師所云：《《所謂修者即觀想是也，時輪金剛之修法與上述者略有不同。即醒時修頂上之大安樂輪及臍間之臍化輪，睡時修喉間之報輪，及密處之護樂輪；**濃睡中一切不知之時，修心間之法輪。**》》

如是之言悉是妄語妄想，謂能修學世間或出世間法者，乃是意識，除此識外絕無一法能修一切法。然而意識於五位必滅，謂眠熟、悶絕、正死位、無想定、滅盡定。眠熟既然必滅，當知無有可能修證任何一法；如是正理，於四阿含及諸大乘經中屢見世尊開示，亦是現實常識，一切醫師及非愚痴之世俗人悉知。今者「最有智慧」之密宗諸上師反而昧於此理，言於睡眠濃睡之時可作修行而觀想心間之法輪，或「**利用睡眠無夢時修習法身光明**」，眞是睜眼說瞎話者也，有智之人何堪信之？信者即是愚人！

復次，法身光明時時顯現，絕非只有刹那間顯現，此是一切顯教中證悟者之現量親證者；證悟之後，能觀察法身於一切時中恒現、而不曾刹那暫斷。密宗卻言法身只在刹那間顯現，故令人於「醉時、交合時、得灌時、調習時、入中脈時、悶絕時、臨終時、**睡眠時**」尋覓之，可知密宗乃是以意識之暫時一念不生之清明境界作爲眞如法身也。如是而言證得佛地眞如，昧於「法身時時顯現，遍一切時不曾不顯」之事實，眞是誤會佛法之外道也。(62-77)

欲證第八識法身者，當於意識現前時證之；苟無意識覺知之心，欲教阿誰證取第八識法身？欲教阿誰修證佛法？密宗古今諸師悉皆昧於此理，每欲轉變意識心為眞如法身，悉是妄想也。如是妄想，其過甚多，余諸書中已曾多所破斥，尤於諸輯公案拈提中多所著墨，詳閱可知，此勿重述。是故密宗諸師之教令徒衆修習夢瑜伽者，乃是不解佛法者之妄想；以如是妄想而教導衆生者，即名邪教導也。

# 第六章　如來藏見

## 第一節　密宗一向以常見外道之意識爲如來藏

密宗古今祖師一向以意識爲佛所說之如來藏，並以意識覺知心不執著覺知心自己，名爲「本心住」，如是而自言已證解脫果。有密宗上師云：《《茲先講**本心住**的道理：**心從身有，若無身體則心亦無**；故識由根生，有根始有識。又識由塵顯，無塵則識無由起；是以無色則無見，無聲則無聽，無香則無聞，無味則無嚐，無觸則無覺，無法則無想，故根塵觸三，缺一不可。六根六塵六識互相依待，是謂十八界；十八界均係因緣湊合而生，自性本空，盡屬虛妄，不可執著，著則不利。但無十八界亦不能成佛，修之而後得成。**十八界之本身，本來虛妄；然則假乎亦非假也，真乎亦非真也，猶如水中之月。若云是假，明明在彼；若云是真，又不可得；此無他自性空耳。**》》(62-67)

如是而言十八界非眞非假，名爲無他自性空者，非是佛所說之中道也。十八界中之意識心，固然無自性，乃因其無有常恒不壞性，依他而起，其性無常必壞故空，故說其爲無自性空，然此非是佛所言之空性也；佛言空性者，乃謂衆生之第八識如來藏－無餘涅槃之本際，不應混雜爲同一空性也。

今者密宗中人，認爲意識即是空性心、本心，以意識心不執著自己，即名本心住；如是之見，仍是認意識心爲不壞心也，認意識心爲不壞心者、即是未斷我見之凡夫也，意識非是本心故，意識即是常見外道所說之「常不壞我」故，佛說第八識阿賴耶識方是本心故。今者密宗上師自言「**心從身有，若無身體則心亦無**」，當知密宗所說之心即是覺知心意識。復欲將此意識覺知心修行而變成空性眞心，則非如　佛所說之取證本已存在之第八識如來藏，昧於佛法眞旨，非是佛法之正修行者也。今於此段文中，顯見密宗所說之本心，乃是覺知心之意識，未斷我見，猶墮我見之中而自言已斷我見也。如是之人，皆是不知不證如來藏者，皆是於修證如來藏之正知見全無所知者。

密宗又以靈魂爲常住不壞心：《《…因欲心熾盛則梵門（原註：一稱梵孔，又稱頂門，乃人頭頂中心之穴道也）堵塞，將來死時靈魂不得由此而出。如不由此出，必致墮落。吸煙之人，其梵門被煙氣所堵，死時靈魂亦不得由此出去。若不由此出，勢必由他處出去；如往下由穀道（肛門）中出，必墮落無疑。故吸煙異常不好，修法之人尤應禁忌；因靈魂由梵

門出去，始能成佛。爾等有此癖者應速戒除，不可自誤。》》（62-68）

如此之言，則又認爲靈魂是生命之本體，迥異佛說。復次，靈魂乃是民間信仰者及外道所說之生命常恒體，其實是將中陰身誤認爲生命之根本眞實體，非是佛法正義。佛法說死時之捨身者，乃說**去後來先作主公**之第八識，一向非是指靈魂也，亦非世俗所誤認之中陰身也，故說密宗此說乃是邪謬之見，非佛法也。

第八識之捨身，並非如密宗所說之聚爲明點一處，而後由身體之一處出去；乃說第八識遍身、遍十八界而持，以此正見而說不同業報衆生死時由何處先捨，何處最後捨；並說捨身一分，則中陰身成就一分；捨身九分，則中陰身成就九分；乃至第八識完全捨離時，中陰身具足成就，說名是人已完全捨報。

乃至說彼諸未悟言悟、誹謗三寶、破壞正法之人，無中陰身：於此界色身捨一分時，即於地獄中形成一分地獄身；於此界色身捨離五分時，即於地獄中形成五分地獄身；於此界色身捨十分時，即於地獄中形成十分地獄身，不經由中陰身而後受生。於捨身之過程中，說有先捨之處、後捨之處，故說有一處爲最後捨之處，並非第八識由全身聚合至一處，然後由一處一點而一時捨身，是故密宗所說靈魂捨身之法，乃是妄說也。密宗上師有時妄說明點即是根本識阿賴耶，死時由明點聚於一處，然後由某一處出離色身者，皆是妄說也，皆違 佛語聖教量故，亦違已證道種智之菩薩現量所見故。

密宗之說法常常自相錯亂，有時復以雙身修法修行中之意識覺知心為「法性眞如清淨」，有時以打坐中之一念不生覺知心作為法性清淨之佛地眞如，有時則以明點為佛之法身及衆生之生命本源，有時則以觀想所成之明光作為眞心如來藏，有時則於密經中主張：觀想所成之月輪即是眞心如來藏，……種種說法不一，令密宗學人錯亂修學，不知所從。

有智之人學之，必生疑惑：「云何密宗經續所說前後不一？自相矛盾？」彼密宗諸師便故作神祕，要求學人繼續修學，力言：「至最後乃能知之證之，故名為密。」學人不知，便為其所惑，繼續修學；空耗光陰及諸錢財，如是蹉跎一世而至年老，最後一無所成，墮於外道邪知邪見邪修邪證之中、抱恨而歿；凡此皆由被密宗諸師所作之邪教導所致，思之甚覺可痛也。

## 第二節　格魯派乃否定如來藏之破法者

密宗黃教格魯派否定第八識如來藏，否定第三轉法輪諸唯識經佛旨，不承認有第八阿賴耶識，宗喀巴如是云：《《……若說小乘人不通達無自性空性爲彼宗者，即彼論（密宗之釋菩提心論）云：「若不知空性，彼即無解脫，諸愚者輪轉，六道三有獄」，則不應理，以小乘人亦能解脫三有獄故。如是攝行論說：佛爲廣大勝解者說八識等令通達者，**亦僅顯示經有是說；非自宗許離六識外、別有異體阿賴耶識**。如聖派集密，說死有光明一切空心爲死心，從彼逆起近得心爲生心，彼二非是阿賴耶識。釋菩提心論雖說阿賴耶識之名，然義說**意識爲一切染淨法之根本**。此於集智金剛疏中已廣釋訖。》》（11-387~388）

由宗喀巴之《勝集密教王五次第教授善顯炬論》此一段語中，即已顯示宗喀巴於大乘法之般若中觀，根本未曾見道；於小乘之解脫道亦未見道，尚不能證聲聞初果，何況大乘之佛菩提耶？乃至對於三乘佛法中之小乘法亦生大誤解也。

此謂宗喀巴誤解小乘法之基本法義：小乘法中，佛於四阿含諸經中，一再說五蘊有十八界—眼等六識是心，復有意根亦心，總有七識，此七識乃「名色」之「名」所攝。由此七識及色身故有受想行蘊，合稱「名色」。名色七識必須緣另一識，方能於三界六道現行運作；「名色」中之七識心若離所緣之另一識，則不能現行運作，是故佛於偏說二乘法之阿含諸經中說「識緣名色、名色緣識」。名色之「名」中既已有六識及意根等七識，而此「名」與「色身」復同緣別一「識」，則此所緣之「識」，非是第八識阿賴耶者，復是何識？而宗喀巴由未能證得故，便否定之；如是我見深重，復又誤會阿含經旨，何可謂爲已證阿含解脫道之聖者？如是嚴重誤會阿含經旨之人，乃至聲聞之初果尚不能證也，彼諸聲聞初果乃至四果聖者皆不敢否定「名色緣識」之「識」故。

佛又說：「是名色因、名色習、名色本，謂此識也。」名色之中既已有七識，此七識及名色復又緣另一識方能現行－此另一「識」是名色之因之本－當知另一名色所緣之識即是第八識也。今者宗喀巴於小乘基本佛法十八界中七八識之理，懵然無知，尚且不可謂爲世俗有智之眞正研究佛學者，更無資格稱之爲小乘見道之人也；何況彼等不迴心阿羅漢所不能知之大乘見道之般若甚深意，宗喀巴一介凡夫，云何能知？

宗喀巴言：「然義說意識爲一切染淨法之根本」，觀乎上開《阿含經》中多處可見之佛語，明明說第八識爲一切染淨法之根本，非是意識，云何宗喀巴可以硬拗？可以硬行扭曲佛旨？可以無視於四阿含諸經中佛說之旨意、而堅持「意識是一切染淨法之根本」？

復次，《瑜伽師地論》卷51中，彌勒菩薩亦明說第八識爲一切染淨法之根本，迥異宗喀巴之邪說；彌勒菩薩如是說：《《云何建立阿賴耶識雜染還滅相？謂略說阿賴耶識是一切雜染根本。》》

諸經諸論亦說阿賴耶識於修行過程中，若至二取習氣滅盡，即轉變成佛地之極純淨眞如，改名爲第十無垢識。密宗所崇奉之龍樹、無著、世親等菩薩所造諸論之中，莫不如是開示；此諸眞實言，於諸經中多處可見；宗喀巴卻故意忽視、故意違背如是佛語、菩薩語，否定諸法根本之阿賴耶識，乃至不肯承認有十八界法中之第七識意根，否定第七識意根，將諸經所說之佛語強作歪曲之解釋，堅持意識是一切染淨法之根本，故意斷章取義以附會其主張，非是眞實修學佛法之人也。

宗喀巴既未證得第八識如來藏，不知不證第八識阿賴耶，則可證明彼未曾悟入大乘般若，未得大乘見道之見地；如是未悟凡夫而妄行否定三乘法根本之第八識，依《楞伽經》云：「**謗菩薩藏者，作是語已，善根悉斷**」，依此經中 佛語，宗喀巴已成一闡提人——善根悉斷，捨報必墮地獄；則其所說諸法之不可信，亦可知矣！

復次，二乘聖者唯證諸法空相，不知不證諸法之實相空性也。二乘聖者唯依四聖諦八正道，而於蘊處界等世俗法之空相上觀行，實證蘊處界等法一切皆空；如是所證皆依世間蘊處界等世間法而觀其無常故空，故證實「覺知心我」無常之空，實證意識無常故空，永不再認意識爲諸法之本源；復又進斷作主之第七識意根心空、而斷我執，如是斷我見我執已，證得人空；所知所斷皆是世俗法──三界中十八界之世俗有爲法，故名世俗諦。

菩薩固亦如是修證諸法空相而證人空，然復加修般若實相，求證第八識，以之而能生起般若智慧。證得第八識時，其般若慧便開始出生，便解般若經中佛語之密意；由已取證第八識而現前證知諸法之本源即是此第八識，故能發起般若慧，現觀一切法界皆由此第八識而有，現觀一切法界之根源即是此第八識心，故能發起「法界體性智」。如是修證之第八識、方是般若系諸經所說之空性也，非是小乘所證之五蘊空相也。不迴心之大阿羅漢亦不能知菩薩所證第八識是何物，故說定性聲聞唯證空相，不證空性，雖不名凡，於大乘法中卻名之爲愚。

今者宗喀巴不知不證空性，將彼小乘所證之空相，與大乘法所證之空性混爲一譚；復又認取意識心，誤將意識心作爲一切法之根本，墮於常見外道之常見中，而自言已知已解佛法中之聲聞解脫道，其實完全不解佛法之解脫道也。尚不能證得聲聞初果解脫，何況大乘解脫？聲聞初果必斷「意識常住不壞」之我見故，宗喀巴卻執取意識爲常不壞法故。由是凡夫地之知見而說「小乘人能出三界，故亦證得般若空性」，於「般若空性」與「蘊處界空相」之分際，完全不知，膚淺若此，何聖可言耶？而密宗黃教卻封之爲「至尊」，由此可見黃教諸師絕非見道之人，三乘見道俱無其份。是故小乘阿羅漢只須證得蘊處界空相，便證解脫果，能出三界生死苦；非必證得空性後方出生死苦。彼密宗黃教一切師徒皆應知此，而後方免誤解佛法也。

宗喀巴既否定有七八識，則其所謂眞如者，唯有不執染法之意識也—黃教以意識爲終極心故。由是故說宗喀巴實以意識爲金剛心：

《《其薩埵者，眞如一味無戲論無分別智菩提心，即是金剛薩埵自性。彼由分別所不能壞，故是金剛。何爲此中菩提心耶？謂諸菩薩無始相續心性本淨，於諸地中漸除諸垢究竟淨之法身，彼即勝義菩提心故，無始無終最爲第一。如除牆壁等障、假名出生虛空；彼虛空相謂能表之譬喻，**於此中有名、具彼相。真如性亦爾，由離障明顯，假立生名，故無始終生滅。**》》（21-322）

宗喀巴既否定七八識已，則如是諸語所言眞如心者，乃謂意識心（覺知心）**由離障明顯**而說其爲眞如；**由離障明顯**而說意識心變成眞如了，是**故假立生名**；由如是誤會之歪理，而說「眞如本無今有，然因離障而假名爲生，然意識是本來無生的」，所以宗喀巴說意識覺知心由因此「**故無始終生滅**」，由是而建立意識心「**由離障明顯**」而變爲法身。宗喀巴作如是言，可見未斷「意識心常」之凡夫外道見。

然而佛於四阿含諸經中，早已廣破意識心常，斥之爲常見外道之「常不壞我」，說彼堅執此意識心不壞之外道等人爲常見外道，宗喀巴不應堅執「意識覺知心常不壞滅」之邪見，密宗行者不應隨其邪見而認定意識心常不壞滅，應當現前觀察意識於眠熟等五位中必斷必滅之理，然後求證第八識心，方能眞實證解般若眞旨。

宗喀巴又云：《《…：「班拶」謂**空性境與能緣智，二無分別，名曰金剛**，以非逆品所能壞故，能摧折所治品故，無始終故。猶如法界無始無終，緣彼之心亦得彼名；以緣眞如為彼相故。「娑跋縛」謂自性，由自性淨即住離垢之體性故。》》（21-500）

宗喀巴以「外於如來藏之一切法空」、以「蘊處界之一切法空」——諸法無常空，作爲佛法中所證之空性，依此認知而說能緣此「空性」之智爲能緣智，然後主張「**空性境與能緣智、二無分別，名曰金剛**」，則是合彼「認知一切法空之意識覺知心及一切法空之空境」爲一，乃云空性境與能緣智，二無分別，名曰金剛，是以意識爲不生不滅之法，違背佛於三乘諸經所說者，墮於意識層次之中，未斷我見，云何可以名爲證悟之聖者？而封爲至尊？不應正理也。

如是錯認意識爲空性心之宗喀巴，不知佛於原始佛教四阿含諸經中早已評破意識，說之爲緣起之法—根塵觸三而生意識—由意根、法塵之接觸，方由阿賴耶識而生；是緣起之法故，夜夜斷滅，次晨復起；悶絕則斷滅，五勝義根正常時、方能復起；正死位中、滅盡定位、無想定位悉皆如是；投生之後永遠斷滅，不能去至後世—現見一切有情之此世意識不從前世來，皆不能復知前世事如憶昨日及小兒時事之故。如是緣起緣滅之意識心，宗喀巴卻堅執爲無始無終之心，強辯意識心是眞如心，如是強詞奪理，顢頇無比。

宗喀巴云：《《通達自心眞實（通達意識自心真實之理），修習增長，若時一切無明都盡，**內心真實所依色蘊**等相悉皆不現，**變成佛身**，則知凡身是雜染因所起客法，**佛身乃是盡虛空際永不離法**。如《口授論釋》引《集智金剛經》云：「秘密主！繩蛇非有，然由眩翳如是妄現。若諸士夫斷除眩翳，則唯見繩、不見餘事。秘密主！如是於常等上誤爲色等亦非是有，然由貪著色等習氣故現。若諸士夫修眞實道，遣遍計執，唯見常等，不見餘事。」常者是毗盧佛異名。》》（21-541~542）

宗喀巴以意識心爲眞實不壞心，未離常見外道之我見；復又未知未證自身從無始劫來本有不斷之第七識意根，則必不知意根之遍計執何在；不知不證意根之遍計執者，而云能斷遍計執者，無有是處！必須如二乘人之隨佛開示而證知自身之第七識意根，然後方能於四威儀中檢查意根之遍計執性何在，方能於四威儀中修斷其遍計執性，由此緣故修斷我執、成阿羅漢，方是解脫道之正修也。宗喀巴既不知不證其第七識意根，云何能體驗第七識意根之遍計執性而斷除之？不能斷除意根之遍計執性，空言能斷，有何可信？而密宗黃教師徒封其爲至尊，則爲無義，由彼宗喀巴之否定第七識末那心，已可證實宗喀巴確實未知未證解脫道之聲聞初果解脫故。

宗喀巴認爲內心覺知心依色蘊而有，故說色蘊是「**內心真實所依**」；然因色蘊無常幻有，故此意識覺知心隨之無常，然色蘊若能經由觀想廣大天身，而修學密宗之「佛法」，則可轉變爲觀想所成之「佛身」；由於佛身常住不滅故，所以「**內心真實所依色蘊**」亦成常住法。

所依色蘊既成常住法，則能依之內心意識心，亦將隨之轉變成眞實法。殊不知意識心雖然要依色蘊而起，然色蘊僅是意識心之四種俱有依中之一種爾。四種俱有依者，謂阿賴耶識、末那識、色蘊（未壞之五根）、法塵。具此四種俱有依後，亦非由色蘊而生，乃由第八識阿賴耶而生；如是之理，具載於阿含經中，即是 佛所說《《**是名色因、名色習、名色本者，謂此識也**》》，此名與色之因、名與色之本既是此「識」，而「名」中色蘊已有七識（六識及意根末那識），當知此識即是「識緣名色、名色緣識」之「識」也，是故「**內心眞實所依**」者，絕非宗喀巴所說之**色蘊**，而是第八識阿賴耶心也。

宗喀巴既承認四阿含二乘法眞是 佛說，四阿含中又已明說「名色」緣「識」生，焉可反之說而狡辯爲「意識依色蘊而有」？焉可反之說而狡辯爲「**色蘊是內心之眞實所依**」？不應正理！

色蘊既非意識之眞實所依，則宗喀巴主張「生滅無常之意識心觀想天身成就後，再轉變天身爲佛身，即可令此常住不壞之佛身作爲意識之所依；佛身不壞故，意識便亦常住無壞」，由此歪理，便不需有第八識作爲實相心，便可否定第八識如來藏。然色蘊（不論是人間受用之色身，抑或是觀想所成之「天身佛身」）既是無常變異之法，復是依名色所緣之第八識而起者，顯見是緣起緣滅之法；緣起緣滅之色蘊法而可作爲常住不壞法之所依，此理焉可得通？而宗喀巴於其《密宗道次第廣論》中作如是歪理，狡辯之說，云何西密黃教諸師不知其謬，云何歷代達賴喇嘛不知其謬，竟封之爲黃教之至尊，無智若此！

然而三乘諸經終不說意識之眞實所依是色蘊，或觀想所成之「天身佛身」也；觀想所成之「天身」絕非即是天身也，觀想所成之「佛身」亦非佛身也，二俱虛妄。宗喀巴以虛妄之法，而作種種妄想，欲將虛妄之法轉變成眞實法，始終不能觸及法界實相之第八識如來藏也；不知不證法界實相之如來藏，尚不能成爲七住菩薩，何況能成究竟佛？而竟狡辯可藉此虛妄法之「修行」而成就佛道？寧有斯理？由宗喀巴此段「通達自心眞實」之歪理，亦可知宗喀巴之善於狡辯也。

宗喀巴又云：《《大疏答此難云：「諸愚鈍者說離微塵合集爲體之蘊處界，唯心慧智不應自證」；實非如是，以由客心「習氣力故。此云蘊處界者，謂由客心習氣，由此力故心有苦樂；若以勝義觀察，非唯此身而有損益。」如是廣說。義謂他說若無微塵合集之身，唯心不應能受樂者，不應正理。**唯由內心習氣之力即能受苦樂故**。……如在夢位，雖微塵身安臥床上無所損益，然似夢中身往他處遇損益事而受苦樂，**故受**

**苦樂不須微塵合集之身**。義謂若總成立受諸喜樂不須微塵合集之身，則亦能立別受不變妙樂，不須彼身。……此如第五品云：「身淨無塵如虛空，一切相好皆圓滿；種種一切三世間，清淨離障如夢現。語音無斷俱多音，能於他人心中轉，心滿妙樂不傾動，一切時中俱生持。」此明永盡微塵清淨無礙等同虛空之空色身、相好莊嚴，**不變妙樂**（雙身法第四喜之樂受）**為心**。》》（21-559~560）。

宗喀巴一心想要證成「**意識心可以外於身根而獨存**」之歪理，故作如是邪說也。意識心在人間、乃至色界諸天，皆不可能外於身根而獨存，必須依附於有根身，方能現行運作；在無色界天，則必須依於四空定之定力及阿賴耶識所持之意根與命根，方能現行存在。宗喀巴所說「**外於身根意根而能獨自受於苦樂**」之說，非正理也。譬如宗喀巴說人在夢中依舊可以受諸苦樂，以此而謂意識覺知心可以外於色身而受苦樂者，其實仍然不離色身，不能外於色身而獨自存在、受諸苦樂。

人之所以能有美夢惡夢，皆因意識之現行；然而意識之現行，必須有「有根身」－有生命之色身五根，方能現行；是故唯有生命現象正常者，方有夢境；若有人生命現象異常－譬如昏迷或正死位中，則意識不能現行，則不可能有夢。若無夢，即無夢中之苦樂受也。是故人之美夢惡夢，皆依於正常之身根始能有之，不可能外於身根而有夢也，是故宗喀巴所言「外於身根而有之夢境苦樂」，乃是妄想，亦是強詞奪理之言也。欲界人間既離身根即無夢境之樂受，焉得主張離身可以有「**不變妙樂**」？焉得主張「**故受苦樂不須微塵合集之身**」？焉得主張「**唯由內心習氣之力即能受苦樂**」？不應正理。

無色界中雖無身根，然亦無夢，悉無睡眠之法故；然無色界中之有情，要依禪定之禪悅為食，以維持其生命，方能有定境之樂（非如初禪之樂，乃心無想念之極靜樂趣），是故意識心非可外於身根或命根而獨自存在，宗喀巴所說不應正理。

復次，宗喀巴所說：「**此明永盡微塵清淨無礙等同虛空之空色身、相好莊嚴，不變妙樂**（雙身法第四喜之樂受）**為心**」，有大過焉。謂淫樂之第四喜大樂，亦是緣起法—依身根及末那識、阿賴耶識及觸塵，方能令意識心現起而領納「**不變妙樂**」故，「不變」妙樂既是依他而起者，當知即是變異法，非是常住不變異法；既非不變異之常法，焉得成為「**永盡微塵清淨無礙等同虛空之空色身、相好莊嚴之所依心**」？此理歪邪，不得謂為正說也。

復次，第四喜之「至樂」，乃是意識心之所受；所受之法，焉得成爲意識之所依「心」？所受之法是變異法故，所受之法非是涅槃寂靜相故，焉得成爲意識心之所依心？焉得成爲「佛身」之所依心？無是理也！

復次，於《長阿含經》卷24經文中，佛如是開示：《《佛曰：「設使離名身及色身，當有更樂、施設更樂耶？」答曰：「無也。」「阿難！是故當知：是更樂因、更樂習、更樂本、更樂緣者，謂此名色也。所以者何？緣名色故則有更樂。」》》

如是佛語明說苦樂之覺受觸等，皆由名等四陰身及色身方能有之；若離名與色等五陰，則必無更樂（苦樂觸）。此段經文佛語中，已明白宣示要依名色等五陰，方能有苦樂觸覺受，密宗雙身法淫樂之第四喜亦不能自外於此理。謂離名色時，則無意識覺知心現起，則不能產生更樂（苦樂觸）；覺知心（意識）不能離俱有依之有根身故。是故宗喀巴主張離於色身而能有樂受者，乃是強詞奪理之言也；豈唯違背世諦？亦乃牴觸世尊所遺聖教，故說其言不可信之。

復次，不唯四阿含諸經如是說，大乘眞密之《楞嚴經》中，佛亦如是言：《《由塵發知，因根有相；相見無性，同於交蘆。……此覺知性、

離彼寤寐生滅二塵，畢竟無體。》》（卷三）

如是佛語，已明白宣示：「知覺之心，乃是以外塵為緣而生起；因有六根，故有六塵相現起於覺知心中；所見之六塵相，及能見之覺知心（意識），與交蘆所成之掃帚一般，乃是因緣所成之法，非有眞實不壞之自性。：此能覺能知之心性，若離清醒及昏昧二種生滅之法塵，畢竟無有眞實常住之自體性。」

覺知性即是意識心性，佛如是明言，宗喀巴云何故意違反佛語、而反其說？乃至今時諸方大師所不知之意根覺知性，佛亦說其虛妄，必須依如來藏而有，具載於《楞嚴經》中；宗喀巴及今時諸方大師所不知之意根覺知性（眠熟無夢時之覺知心性），佛尚說言其假，何況衆生所知、可以現觀其依他而起之意識覺知心性，云何宗喀巴可以公然違佛所說，狡辯其為眞實不壞之心性？不應正理。復次，一切常人及醫學界，皆已知悉意識心不可能外於色身五勝義根（頭腦）而獨存，此是世諦；云何密宗黃教行者乃是學習智慧之人，自稱其所崇奉之應成派中觀是佛法中最究竟之法，而竟不能知此淺易之理？盲目至此。

當知一切有情所知之心及覺知性，皆不能外於名色而獨存；能外於名色及一切法而獨自存在之心，唯有第八識如來藏（此識於凡夫及解脫道之有學位中名爲阿賴耶識，無學位中改名爲第九識異熟識，佛地改名爲第十識無垢識，亦名眞如。未至佛地之前一切位中總名如來藏）可以離於一切法而單獨存在，其餘一切識皆不能外於諸法而單獨存在。譬如證得有餘涅槃位之意根尚可存在，然必須以第八識爲俱有依，方能現起，無法離第八識而單獨現起；意識覺知心則必須有第八識、意根、法塵、有命根之色身做爲俱有依，方能現起於人間—不論是醒時睡時。此是現實常識，亦是一切眞悟之人所能現前體驗證實之事。

意識與意根皆是可滅之法：意識於五位中必滅，謂於眠熟時、悶絕時、正死時、無想定時、滅盡定時。是故若有人得罪鬼神，鬼神爲報復故，即設法斷其命根—毀其五根身；五根身若壞，命根隨斷；命根若斷，則其冤家之意識必須轉入中陰階段之微細五根身中、方能再起；中陰身投胎之後則此世意識永斷，不能去至後世故，是故一切人皆不能了知宿命如知昨日事（唯除修得及報得宿命通者），是故意識非是常住不壞之法。

意根則無任何人能斷之，一切天主之威神合爲一力，亦不能壞任一有情之意根；唯有證悟之菩薩乃至諸佛有力能壞有情之意根，謂爲有情細說解脫道，令有情親證解脫果，捨報便入無餘涅槃，意根則滅；除此之外，無人能滅任一有情之意根末那識。末那識既是可滅之法，則非是自在心；眞正自在之心乃是第八識。定性聲聞無學聖人，捨壽後，十八界俱滅，故意識意根俱滅，唯餘第八識（改名爲第九異熟識，仍是第八識心體）獨存，名爲涅槃之實際、本際。此識性如金剛，永不可壞，乃至將十方諸佛威神之力合爲一無窮大之威神力，亦無法將一低賤螞蟻之第八識毀滅，第八識之性法爾如是，是故名爲金剛心；《金剛經》所說者乃是此常住不壞之金剛識，故名金剛之經。

末那識尚且可滅，何況依於多緣方得現行之意識覺知心，焉得說爲金剛不壞之心？無斯理也。宗喀巴欲將緣起法之意識覺知心，建立爲金剛不壞之心，窮其聰明才智，終究無能成就此理；有般若慧之佛子終必破之，以護正法。是故宗喀巴所言離於色身而能獨自存在之意識心，名爲妄想者所說，言之非理也。

如是，宗喀巴將意識心建立爲法身、建立爲密宗之金剛心，其知見同於常見外道，密宗學人不應隨其錯誤知見而同謗第八識如來藏，否則將與宗喀巴同成謗菩薩藏者、同成一闡提人，善根悉斷；《楞伽經》中佛說謗如來藏阿賴耶識者名爲斷善根人故，一切密宗學人千萬勿效宗喀巴之愚行，方是明哲保身（心）之智者也。

宗喀巴又以觀想之空點光明作爲法界之實際：《《收入光明之理，如《如五次第論》云：「從頭乃至足，直至於心間，**行者入實際**，說名爲整持。先攝動非動，令入於（空點）光明；後自身亦爾，是隨壞次第。猶如鏡上氣，一切盡消滅；如是瑜伽師，**數數入實際**。」……本論（宗喀巴所造之密宗道次第廣論）亦作是說，故是與五色風無分別轉，**表心之空點也**。生時既從彼（空點光明）生風火水等，收時亦復還入於彼（空點光明）。順所淨事修三層薩埵已，入三摩地薩埵（空點）光明之理，此與聖派所許相同。》》（21-555）

如是，宗喀巴認爲人身之地水火風等，皆由身中之明點光明所出生，是故作種種明點之觀行已，應將依於明點所觀想之五風，復收入明點之中，而結束觀想之修行。此謂宗喀巴以明點光明爲生命之本源，以明點光明爲一切法界之實際，故言**行者入實際，數數入實際**。既然明點光明是實際，宗喀巴便不須再辛苦尋覓久參而不可證得之阿賴耶識，不必受人指責爲未見道者。由於認定明點光明即是實際故、認定明點光明即是能生地水火風之實際故、認定明點光明即是攝持色身之實際故，便不須有宗喀巴所不能證得之阿賴耶識，所以宗喀巴便可以否定第八識之存在，便可以否定第八識如來藏，將第三法輪諸經中 佛所說之第八識如來藏了義究竟之法，加以斷章取義、硬拗爲方便說－妄稱其實無第八識如來藏，指稱第八識如來藏是佛之方便說。

復次，《大日經》之「佛」亦否定第八識：《《爾時大日世尊入於等至三昧（住於雙身修法所生之淫樂境界樂空雙運中），……隨諸眾生種種性欲，令得歡喜。時彼如來一切支分無障礙力，從十智力信解所生無量形色莊嚴之相，無數百千俱胝那由他劫布施持戒忍辱精進禪定智慧諸度功德所資長身即時出現；彼出現已，於諸世界大眾會中，發大音聲而說偈言：諸佛甚奇特，權智不思議，**無阿賴耶慧，含藏說諸法**。若解無所得，諸法之法相；彼無得而得，得諸佛導師。》（卷六《大正藏》18冊36頁）

由於密宗祖師誤會阿賴耶識故、未能證得阿賴耶識故，造此否定第八識之經典，如是顯示《大日經》中之「佛」尚未見道；大乘般若以證得第八識－無心相心－爲見道故；大乘之佛所證得之一切種智，以證得第八識所含藏之一切種子（又名爲界、功能差別）而說爲證得一切種智故。今者密宗《大日經》之「佛」既未證得第八識而否定第八識阿賴耶，以「無阿賴耶慧」而說諸法，則已證明密宗之佛尚未證得大乘見道之般若慧；未見道之「佛」，尚不能知七住菩薩般若之總相智，如何可能進修般若之別相智？不知般若之別相智，如何可能進修一切種智？不解一切種智，則不可能證得初地以上之道種智；不得道種智，則必不得一切種智；如是密宗之「佛」尚不能了知七住菩薩粗淺之般若總相智，如何而可稱之爲佛？無是理也。

當知不證第八識者，尚不能知般若慧中最粗淺之總相智，尚不能稱之爲七住位菩薩，乃竟敢以外道之雙身淫樂修法之樂空不二邪法修證，而高推爲更勝於顯教之佛。譬如乞丐向大富長者乞得一兩銀子，而向人宣稱更富於布施銀子之大富長者，寧非世間至愚之人耶？密宗祖師亦復如是，向佛教中學得一點兒皮毛名相，不知涅槃之實際阿賴耶識，便創造《大日經》，誑言《大日經》之「佛」是法身佛、報身佛、更勝於顯教之佛，眞是世間至愚之人也。是故學佛之人須有智慧，若無智慧，便遭彼諸邪見外道法所誑惑而不自知；若欲建立學法之抉擇分者，應當多閱余諸著作，重複久讀之後，印證三乘諸經佛語，自然漸生抉擇分之慧，不受外道見所誑惑。

宗喀巴及密宗之「佛」千方百計、強詞奪理而建立意識覺知心爲不壞心者，其目的乃爲否定其不能證得之第八識也。若大衆普皆信受密宗應成派中觀否定第八識等邪見者，則彼等尚未見道之事實，便可以完全遮掩而無人知之，彼等便都可以成爲大師、而推廣密宗之外道邪見法門，無人可以評破之。若密宗以此手段而取代顯教者，佛教便從實質上被消滅－空有佛教之名及寺院法師表相，而弘「唯有佛教名相」之法及外道邪淫之雙身修法；昔年天竺佛教滅於密宗之故事，便將重演於今日之全世界，彼時即是地球佛教永滅之時。

若欲阻止如是演變者，今日之佛教學人即必須出而顯示密宗之虛妄邪謬，將其本質加以鉅細靡遺地如實顯示於世人之前；苟能如是，則佛教尚可延續九千餘年，以俟月光菩薩之示現於人間；大衆若皆不此之圖，競作濫好人，則佛教將於五十年內，再度步上昔年天竺佛教滅於密宗之覆轍，只餘波羅王朝形態之佛教－以應成派中觀斷滅見爲主之佛教、以印度教性力派雙身修法爲主之「佛教」；眞正之佛教從此永無翻身重生之機會，末法期正式提前告終，此後永無眞正之佛教正法弘傳人間；要待彌勒菩薩之降生成佛，方再有佛法弘傳。

凡我佛教學人，悉應於此有所警覺，親自加以深入瞭解，然後作出正確之抉擇；苟能如是，則是此世及未來再度受生於此娑婆之吾等衆生之福也；若不能如是，則二三十年後之一切學人，當以求生極樂爲要，莫再欣求成佛之道，必隨密宗修學雙身法而墮於大妄語業故，必隨印順法師修學密宗應成派中觀而墮於破壞佛教之大惡業中故。

## 第三節 紅白花教皆錯認意識爲如來藏

密宗格魯派以外之各派雖不否認第八識，言有阿賴耶識，承認第八識阿賴耶爲眞實心如來藏，並謂已証阿賴耶識，然皆錯以一念不生之意識爲阿賴耶，或以觀想所成之明點作爲阿賴耶識；如是事實，散見於密宗古今上師著作之密續中，不勝枚舉。今舉白教大修證者陳健民上師所譯、西康德格八榜寺親尊仁波切（即今時之貝魯欽哲前世）所講授、明朝帝師讓蔣多傑所傳之《扎莫囊敦－甚深內義》所說爲例：

《《不了義邊，如繪圖壇城，供養手印外佛母（供養事業手印、智慧手印以外之「佛母」），及起分各種事業，此皆趣入內義（內義謂雙身法之樂空雙運密意）之方便。了義邊，氣脈明點之心要－自性光明心之眞實第八識如來藏，不變殊勝大手印是（親修雙身法所證得之樂空雙運「不變」妙樂爲殊勝大手印）。……內道般若乘，則唯住一分空理于心，明（樂空雙運之明體）不顯故，故（明體如來藏）自處於秘密中（而不能顯示出來）。吉祥鬘經云：「如此難通達薄伽梵如來藏，而自處于外所成各別異生、聲聞、辟支佛及初學空性者、心散亂諸菩薩」云云。蓋彼金剛身于如來藏（此處所說如來藏者謂明點）中顯現之順，最極甚深之色身，具足相好而無垢；即此無垢身，從本安住于有喜身內，心與垢相俱，以諸煩惱殼而纏縛故，說名為如來藏；是處非處等智力，無畏不共諸佛功德皆備焉。如是內義，故極隱覆，為金剛句，我為令彼等明顯了知故，願造此論，故頌云。》》（34-332、333）

此是西康德格八榜寺親尊仁波切所講授、明朝帝師讓蔣多傑所傳之《扎莫囊敦—甚深內義》所說，謂密宗以氣脈明點為基礎而修之雙身法樂空雙運為了義教，而以繪製壇城、供養：等為不了義教。而此樂空雙運之法，極「甚深」，外人所不能了知，有別於顯教之法，故名「甚深內義」。

彼等認為顯宗所證之般若，乃是證解「一切法緣起性空」，故**唯住一分空理于心**，故樂空雙運之如來藏明點不能顯露，致令「如來藏明點」**處於秘密中**，所以密宗祖師為憐憫顯教之修行人，乃發起悲心而為大眾說：應於證得顯教所修之一切法緣起性空之後，加修明點及雙身法，而令樂空雙運之「明點如來藏」具足顯露出來，然後可以即生即身成就究竟佛道。

然而顯教般若所證者，其實正是密宗所不能證得之第八識如來藏，絕非如密宗諸師所誤會之「以觀行一切法緣起性空為般若」，密宗古今上師、及應成派中觀師之印順法師皆誤會般若也。彼等密宗祖師認為明點即是如來藏，明點是本來就存在的，只是隱於身中不能見到；並認為明點是一切衆生生命之本源，是生命之根本。然而明點實是觀想而後出生，並非本有而隱於身中。顯教所說之如來藏，則是一切時、一切處皆分明顯示，毫不隱藏；一切眞悟之人，悉能於一切時中見一切有情身中之如來藏－阿賴耶識－不斷現行運作。未悟之人以不具見地故，不能見之，然其第八識如來藏仍然分明顯現而不隱藏，不需觀想即可見之。一切眞悟之人皆能見未悟者之如來藏現行運作，不由觀想；眞悟者亦於初悟及悟後之一切中，皆可現見自他一切有情身中之如來藏分明現前，不需觀想而後始現。不論修與未修、悟與未悟，各人之如來藏皆是於一切時嶄露頭角、無有隱晦之處，不需觀想而後始見；如是方可謂為「遍一切時、遍一切處、遍一切界、遍一切識」之如來藏；禪宗祖師所言「**頭角混泥塵，遍處不曾藏；綠楊芳草岸、何處不稱尊**」，正是如來藏遍一切時、遍一切處示現之最好寫照。

密宗古今祖師說明點即是如來藏、即是執受身根者，此說乃是未悟者之虛妄想；謂明點非遍一切時分明顯現，須待作觀而後方現，須待色身具足身分及意識現起之後，方能藉由意識之觀想而後出現於自身之中。出現之後，亦不能爲他人之所觀見；迥異第八識如來藏之遍於一切時示現，亦能由已悟之一切他人觀見自己之如來藏。明點既是有時而在、有時斷滅不在之法，則顯然非能持身；不在之時則必定不能持身，則應明點不現之時，一切有情悉應死亡；然而現見不然，故說密宗以明點爲如來藏者，其說違於佛法，不符三乘諸經，非佛法也；密宗如是說法，只是用來取代眞正之如來藏法、取代眞正之佛教正法罷了，純是外道妄想，與眞正之佛法內義無關也。

翻譯《扎莫囊敦－甚深內義》之白教陳健民上師，則認同黃教之說法，謂阿賴耶由意識分出：

《《小乘之業感緣起，於共業能解析宇宙之生滅現象，於別業能解析各種不同之人生命運。然再加研究，何以此種業果能通三世？或生起異熟？而貯藏種能發起現行？尚無一人可以解釋之根源，於是大乘法相建立阿賴耶識。**實則此識即在小乘佛所說第六意識開出第八阿賴耶識，名曰藏識，名曰異熟識**；於是前所不便解釋者，皆能迎刃而解。其於共業尤爲善巧，謂同爲人類，同有地球共業。由甲腦海之印象，託其質而變現於乙腦海中，故皆相同。而共業之形成，亦由累積之別業產生，故大眾風氣所趨，日益下劣，唯物是尚，背叛唯心正理，但遂（逐）外境物

欲，不加內心反省，於是所有物欲，皆成爲殺身之具矣。》》（34-24）

陳健民上師如是認同黃教宗喀巴之說法，認爲第八識如來藏只是從意識細分而出，並非本有，與宗喀巴同一鼻孔出氣，悉墮應成派中觀之邪見中。只因不能證得顯教所說之第八識，所以同認明點爲如來藏，將如來藏與阿賴耶識一分爲二－如來藏爲明點，阿賴耶識爲從第六意識體性細分而說者，所以阿賴耶識實際上並不存在，而如來藏即是觀想所成之明點；如是建立之後，密宗明點之觀修，乃至即身成佛之雙身修法，即可成爲合理化之修行體系，則可擺脫未證第八識如來藏、所帶來之理論矛盾與實修之困擾，即可成爲大修行者、而廣弘淫欲爲道之雙身修法。

但是佛於原始佛法四阿含諸經中，早已明說意識由第八識生出，以第八識爲「因」、爲「本」，即是能出生意識心者；今者陳健民、宗喀巴、印順法師（詳拙著諸書所舉證據）則反佛之說，而倒說第八識由第六意識細分而出，藉此否定第八識阿賴耶，而避開未證第八識如來藏之困境；密宗藉此將第八識阿賴耶與如來藏之關係分開，使阿賴耶識與如來藏成爲二法，然後別立明點爲如來藏，以建立外道明點觀修法門於佛門之中，從根本上轉變佛教法義之內涵，眞可謂善於設計轉易者，卻是居心叵測者、破壞佛教者。

復次，由陳健民所說：「由甲腦海之印象，託其質而變現於乙腦海中，故皆相同」之說法，即知陳健民尚未證知內相分之理，故於唯識經典一切種智佛說「所見唯是心」之理，產生邪解，以爲「由甲腦海之印象，託其質而變現於乙腦海中，故皆相同」；誤會唯識種智之理大矣。此屬道種智，非屬本書所欲辨正之理，暫置勿論。

陳健民認同宗喀巴所說「第八識由第六意識細分而出」之說法後，卻又建立第九識，說第九識與前八識同在，完全誤解種智正義：《《……並開發各種智慧之脈，而昇華紅白明點。明點者，智慧；點即其精華。其後復在粗重貪煩惱之上，以智滲透，直至九識轉五智：前五識轉成所作智，六識轉妙觀察智，七識轉平等性智，八識轉大圓鏡智，九識轉法界體性智。》》（34-76）

此即是不解佛法者所說之唯識轉識成智之說法也。謂彼密宗古今諸師－尤其是黃教師徒－否定第八識、不證第八識，而倡言能轉識成智，眞是巧言善辯之徒也。既然七八九識由意識細分而出，並非實有此七八九識，則應轉識成智只到第六識之妙觀察智爲止，不應有其後之平等性智乃至法界體性智等三智也。密宗黃教應成派中觀師（譬如宗喀巴與今之印順法師）既認定七八九識是虛設之名相，而無有實法；則七八九識唯是名相、無有實法，云何可有實性？能生平等性智等三智？若謂意識細分而出三識，故有如是三智者，則應此三智皆是意識所出，應說「意識轉生妙觀察智、平等性智、大圓鏡智、法界體性智」，如此方屬「正說」，七八九識皆是意識之性而虛設其名，無有實體法故，是故此四智皆應是意識之所出生故。

密宗諸師普遍皆以明點爲如來藏：「含藏識—眞如」：《《行靜慮九支，觀心如空卵；其內：下月輪、上日輪；大小約如剖豆，中有明點：白芥子大小；色紅白、其相光明、體性空樂，具此三法。復次意略專注其上，於明點依「興」音，鑿開上之日輪一孔穴，粗約一馬尾毛；其下月輪以意觀見，且以氣相和合，無聲引滿，明點隱融入其穴中；由日月中之明點，生一白光線，以十字形交纏六結半；且適當抑壓氣，至未能忍時，復緩緩無聲呼出，意識於前纏縛之線向內收攏，沒入明點。復次，日月二者即表「方便、智慧」，其中之明點即阿賴耶識，纏縛之六結即六識，半纏結即是末那識。如此以修力禪定之所緣明晰之極際，及能迅速生現神通。》》（61-250、251）

此是薩迦派《道果—金剛句偈註》所說者。如其所說**明點即阿賴耶**

**識，纏縛之六結即六識，半纏結即是末那識**，完全異於佛在三乘諸經之開示。明點既是密宗所說之阿賴耶識，而明點又是密宗入門所必修之基礎，是故密宗行者於聞說吾等正覺同修會所悟之實相心即是阿賴耶識時，便嘲笑我諸同修之般若修證淺薄，自謂「阿賴耶識是密宗初入門者所應修證之法」，而彼等早已證得「佛地眞如」；殊不知明點根本不是佛所說之阿賴耶識，乃竟以未證阿賴耶識之凡夫邪見，而嘲笑已證根本心阿賴耶識之證悟者爲修證淺薄；返觀其所證之佛地眞如，則是於觀想境中一念不生之覺知心，仍是意識，仍墮常見凡夫外道見中。密宗之「佛法」修證，往往如是將佛法修證之境界名相亂予套用，根本不懂佛法正義，令諸親證正法般若之人啼笑皆非；若欲辨正之，則須大量言語方能解釋清楚。

復次，意識心絕無可能融化而沒入明點之內，明點是意識心所生之法故，不可能主客易位故。若言明點生已，然後融化而沒入意識心中，方可通也，主從不紊故。由是可見密宗之「見、修、行、果」，處處邪謬、無一正確，而諸密宗古今祖師竟然無人能具正知正見，出而修正之，眞是天下之第一大怪事也。

薩迦派《道果—金剛句偈註》復如是言：《《本頌中云：「含藏識

清淨之大菩提」；本頌中云：「含藏」者，即如前述之爲輪涅二事之基；本頌中云：「識」者，即其本身中以明識之部分所攝者；由其本淨故云：「清淨之大菩提」。「如彼若其本淨，則不許輪迴之基，且不須殷勤求解脫」！設有此想，即差矣，因其忽蒙垢染，爾後爲有情眾；故此理無悖，且更須戳力求解脫。其自性若淨，則如理淨治，忽蒙垢染，更須淨治，方爲斯理。》》（61-386、486）。

如是密宗之說法，乃是誤會「如來藏其性本淨」之佛語，而作此說。一則明點並非如來藏，明點固然不於六塵生執而起欲貪，「其性本淨（此語乃爲辨正法義而方便說，有語病之過失故）」。然明點是虛妄法—由意識之觀想而有，如同夢中之相分，唯是阿賴耶所出生之內相分，屬於六塵之色塵，並非是心，不可謂明點即是眾生之實相心也；既非實相心，亦非緣起法之妄心，而言其性本淨者，則有大過。

佛說眾生皆有第八識本來清淨，於意識及末那識作種種分別及遍計執萬法之際，祂仍繼續住於清淨本性之中，不起貪染，而有其功能德用，爲一切有情所不能或時而無者；如是體性自無始以來，一向如是不變，故名本性清淨；非如密宗誤解者之以「明點本性清淨」而言也，是故密宗之「見地」初始即錯，往後加修之結果，則是離佛道越來越遠，完全違背佛法正道；故我常說：密宗行者極為可憐，花費極多之金錢及精神而供養上師，加之以精進修行之後，竟落入外道邪法之中，而完全與佛法無關。令人唏嘘不已。

密宗法中每謂菩提心可以融化，而引生樂觸：《《如丹田火甚熾，一起而來，則精可化；即術語上所謂菩提心融化也。精化則地水火風等性不平矣，不平方有上下內外等道理焉。倘地水火風等性不失其平，而只是氣上升，則身體雖亦生暖，然精之化，未可必也。……丹田火熾而後菩提心化（原註：菩提心者即輪上之精點也），白菩提心化，則骨病除；白紅黃等菩提心皆化，則一切疾病皆除，身體健康，膚色光潤，力大無窮，入水不寒，是皆丹田火之功也。昔釋迦牟尼佛（密宗古時上師長期創造之密經中，妄說顯教中之釋迦牟尼佛曾作是言）言曰：「頂上之白菩提心化後流到何處，即何處歡喜心生焉。」當頂上大安樂輪之白菩提心化時，歡喜心生焉；化後下注至喉間，於是受用輪之菩提心化焉，化時生妙歡喜心；化後下注至心間，於是法輪之菩提心化焉，化時生離苦歡喜心；化後下注至臍間，於是臍化輪之菩提心化焉，化時生和合歡喜心；頂上父精所成之白菩提心如是逐級下降，迨與底下母血所成之紅丹田火融合時，得莫大之歡喜焉。》》（62-183、184、185。餘詳第二、三章中所舉）

密宗所謂之菩提心，其實並非佛法中所說之菩提心。密宗常將佛法名相亂用、亂配置，菩提心一詞亦如是被亂用之，有時說男性之精液是菩提心，有時說觀想所得之明點是菩提心，有時說身中各有上白下紅之菩提心，有時說女性之紅明點是菩提心，有時說一念不生之覺知心是菩提心，有時說「明空雙運」之覺知心是菩提心，有時說樂空雙運時之覺知心是菩提心，種種說法不一；此段文中所說之菩提心則是以觀想所得之明點爲菩提心。

密宗說所觀明點即是菩提心、可以融化，然而眞菩提心永遠不可能融化，無形無色故，性如金剛故。有時說人人身中各有上白下紅之二菩提心，則是勝義菩提心有二，成爲自創之說，非是佛法也。如是密宗亂用菩提心一詞，極易滋生流弊，令人誤解佛法之修證而產生大妄語及誤導衆生同墮大妄語業之後遺症，極爲不當。復次，依密宗所說之法觀想，而升降明點（菩提心）至各輪，生起歡喜心（身觸樂受）之後，謂爲佛法上之證量、而配以諸地之修證果位（詳見《道果—金剛句偈註》及密續諸師所說），乃至配以佛地之修證果位；其實與佛菩提完全無關，然密宗卻視之爲極重要之修行法門—即生即身成佛之道；極爲荒謬，凡我佛教學人，普應知其虛妄。

## 第四節　密宗妄認覺知心等爲法身

密宗中人每妄認覺知心等爲法身，不斷我見而自謂能斷情執；此事非唯古時密宗諸師，今時密宗諸師亦復如是。如陳淳隆、丁光文二人在網站上云：《《：外在的宇宙萬有及內在的身心【了知心、我見、妄想】全都是法身，順其自然而流行，無住生心，當下整個都是的，沒有二話說；甚至連個「是」字亦不可得，同時即此又離此也。云何離此？其實見山仍是山，見水仍是水，只是缺個情執而已。》》（226-6）

此乃完全不懂佛法之附佛法外道也。一般而言，眞正用心學習佛法者，在初學佛之起始二年內，即已瞭解五陰十八界法之虛妄，今由所舉此段文字中，可見陳淳隆二人顯然尚未學過基本佛法，故而墮於世俗民間之認知之中。

世俗人每認【了知心、我見、妄想】即是永恒不滅之我—祂從前世轉生而來，將來可以往生去至後世。然而佛於第一時法輪所說之四阿含諸經中，早已說之爲五陰十八界法，說「五陰十八界法虛妄無常，皆是緣生緣滅之法，不可愛樂」；復又爲諸弟子反復宣說：「若人能斷我見，即成聲聞初果，三縛結斷，預入聖流；若人修斷五陰十八界之自我執著，而於捨壽時自我滅除，則不受生，則不復有來世五陰十八界現行，是名無餘涅槃，出三界生死苦。」

陳淳隆二人所說之【了知心、我見、妄想】，乃是五陰十八界所攝，皆是欲證解脫果之聲聞行者首當斷除者；今者陳淳隆、丁光文二人，尚不能稍知小乘解脫道之正理，閱余《邪見與佛法》書中所說正理已，竟不肯虛心檢討法義之正訛，仍於網站上誤導衆生，狡辯《《【了知心、我見、妄想】全都是法身》》，不免來世之重報，佛說「將外道法入佛法中者，必墮地獄」故，語見《佛藏經》中，現在可稽；余今先告之，莫於捨壽時謗余未先明言。

復次，大乘之法，亦不說《《【了知心、我見、妄想】全都是法身》》，反而處處破斥了知心之虛妄，處處說我見是外道見，處處令人斷除妄想；此即是「虛妄唯識門」之所說者。如《楞伽經》中，佛以半數之篇幅破斥【了知心、我見】等種種「妄想」；如《般若經》之各部經中，處處破斥了知心，說爲我見我執所攝，說爲十八界所攝，應斷除之；又說了知心是諸常見外道所墮之法，三乘學人皆應遠離而斷除之。

乃至如佛降生人間，菩提樹下以手按地，海印發光；後時復睹明星而得眼見佛性，乃言曰：「奇哉！一切衆生皆有智慧德相，只因妄想執著故不能證得。」示現爲人類而破除虛妄想，成佛後之四十九年間，復不斷破斥衆生之虛妄想，說衆生之輪迴生死者，皆由妄想所致，云何陳淳隆、丁光文二人，可以將此外道邪見妄想說之爲佛法？用來誤導衆生？

復次，菩薩爲求成佛而廣利衆生，是故不斷除來世之了知心（意識）及思量心（末那），世世隨佛修學、自度度他，三大無數劫後乃能成佛。然諸菩薩悉皆先斷我見及一切不如理作意—確認【了知心、我見、妄想】全都是虛妄法，乃至斷除我執—於【了知心、我見、妄想】無有一絲執著，成就解脫果，而後發起受生願—不取無餘涅槃而再受生人間，自度度他，長劫勤苦而後成佛。於自度度他之一切身行口行中，皆必令諸學人斷除我見我執，我見我執是衆生輪迴之根源故，乃是解脫道必須修斷之法，豈如陳淳隆、丁光文二人之公開於網站上令人不須斷除我見我執及妄想？可知彼二人完全不懂佛法也。復次，經中所說之妄想者，謂「不如理作意」之邪思，非謂語言文字之作想也，一切學人應須知此。

諸佛菩薩由對蘊處界空相之如理作意，及對法界實相之如理作意，而斷除我見我執，實證解脫後，欲令衆生亦如自身亦證解脫果—確認【了知心、我見、妄想】全都是虛妄法，故出世宣說斷除我見我執之道，名爲解脫道；衆生若證解脫道已，再令迴心大乘而證佛菩提道，故爲衆生再說般若之總相、別相，即是般若諸經所說如來藏之「中道性」諸法也；衆生已證般若之總相別相後，復爲之宣演般若之究竟義，即是第三轉法輪之唯識諸經所說一切種智—唯識增上慧學；於唯識學中再爲諸菩薩敷演成佛之十地道，佛法於焉具足；然後以《法華經》之開示悟入四法，及多寶如來示現而證成之；入滅之前復以《大般涅槃經》之眼見佛性，而圓滿完成佛陀一生之弘法歷程，入於大般涅槃—不生不滅之報身佛、法身佛不可思議境界。

如是，十方三世一切佛，皆教人以斷除我見爲先，然後進求佛菩提智。十方三世菩薩亦如是教令衆生先斷我見，而後進求佛菩提智，絕無教人《確認【了知心、我見、妄想】是法身者》。此謂我見不斷者，非唯不能證入二乘解脫道，亦復永與佛菩提道絕緣，是故十方三世一切諸佛菩薩度化衆生，皆以教令衆生斷除我見爲先，無有令人不斷我見者。

復次，十方三世一切諸佛菩薩，於教授下地菩薩修學種智時，固然開示七轉識實亦自心如來藏之局部自性，實因欲令諸菩薩不取無餘涅槃、而發受生願，盡未來際利益有情；然必宣示六七識【了知心、我見、妄想】等虛妄之理，令諸學人證知，而後能轉依如來藏之體性，無有不須斷除了知心之我見者，無有不須斷除不如理作意之妄想者。淺易之解脫道如是，深如唯識種智之修學，中如般若總相智別相智之修學，淺如二乘解脫道之修學，皆必須從斷除我見入手，此乃佛教界修學三乘佛法之一切學人共識。一切不能實證二乘解脫道，及一切不能實證大乘般若慧者，皆因不斷我見所致－執覺知心、了知心爲常不壞法，正墮我見之中，名爲凡夫我見妄想。

欲證法身－自心如來藏者，必須先斷我見（必須先斷了知心常而不壞之邪見），斷除我見之後，方能以了知自己虛妄之了知心、另覓常住不壞之眞實心如來藏－第八識阿賴耶識；若認了知心爲眞實常住之法身，則必不能復起別覓第八識眞心之念，則永無可能證得第八識如來藏，永爲凡夫我見妄想之了知心所障，永絕於三乘佛法之外。若人欲效陳淳隆、丁光文二人之邪見，不斷我見而求佛道所證之法身者，名爲完全不知佛法者，名爲心外求法之外道，外於自心如來藏而向生滅變易之了知心中求佛法故。

不證第八識法身，而主張《《身心【了知心、我見、妄想】全都是法身，順其自然而流行》》，則是世俗人及外道流轉生死之行，順著【了知心、我見、妄想】而流行故，如是即是凡夫流轉生死之法故。我見不斷者，永無可能「無住生心」，必定順著【了知心、我見、妄想】而流行故，必定順著世間六塵法而流轉生死故，永遠不知眞正之法身故，永遠不知涅槃正義故，永遠不知般若正義故，【了知心、我見、妄想】自無量劫以來一向都不能無住生心故，永遠不能如第八識眞心之「與六塵法或定境法塵等有爲法相俱、復於其中遠離而生其心」故，【了知心、我見、妄想】一向皆是住於六塵法或定境法塵等有爲法中而生其心故。

我見不斷，則必不能進斷我執；我執不斷，則必不能斷情執；情執依我執而生故，我執依我見而生故。是故一切修習佛法而求實證者，皆必先斷我見，無有不斷我見而能實證佛法者。今以陳淳隆等密宗外道之邪見爲例，作如是辨正，令諸佛子易於了知佛道之修證，亦令彼二外道自知其言之謬，庶有修正邪見、返歸正法之機會，亦是法施之義也。

密宗諸人妄以爲無念及有念之覺知心即是如來藏，妄以爲如來藏有覺知，此等密宗上師悉墮意識之中；此乃因彼等不能證得如來藏，所以狡辯意識心爲如來藏，強辯如來藏有覺有知。如陳淳隆、丁光文二人所云：《《…所以有些人把**入定無知覺**誤解成：「如來藏不自覺『自證涅槃』、如來藏沒有見聞覺知」，以此攻擊「見聞覺知」是常見外道；這純粹是倒經解義，一盲引眾盲，相率入火坑，把佛經中之「無、非、不……」，誤解成「絕對無」，這些人把禪宗祖師所開示之「知之一字眾禍之門」誤解成如來藏沒有見聞覺知；其實佛性、清淨如來藏無所不包、具足「外在的宇宙萬有及內在的身、心【了知心、我見、妄想】全都是法身，順其自然而流行，無住生心，當下整個都是的，沒有二話說，……」》》（226-7）

陳淳隆、丁光文二人於網站上作如是言者，名爲先栽贓而後誣責於人。謂余一向否定密宗所說之無念靈知心、離念靈知心，亦於諸書中一向否定錯悟大師將**入定無知覺**之境界認爲證悟（詳見拙著《生命實相之辨正、護法集、……》等書）。余引導諸同修所證悟者，乃是於見聞覺知分明現前之當下、覓得離見聞覺知之如來藏—現前照見「見聞覺知之意識與離見聞覺知之如來藏並行運作」，而非將**入定無知覺**之境界認爲證悟。如是，陳淳隆、丁光文二人未曾閱讀余諸著作，誤解余意而作妄責，名爲先栽贓而後誣責之人，乃是不負責任之人也。

又：如來藏雖離見聞覺知，然非陳淳隆、丁光文二人所說之「絕對無」；余所引導而悟之眾同修等所證之如來藏，皆是離見聞覺知而隨緣應物，皆是有其性用—並且是極重要之性用—此非陳淳隆、丁光文二人作夢之所能知也。如來藏雖離見聞覺知，而有其重要性用，一切人不能一時無之，潛意識中亦深恐此心之性用喪失，此唯我諸證悟之同修方能知之；陳淳隆、丁光文二人不能知此，故執《《【了知心、我見、妄想】全都是法身》》，故不肯承認【了知心、我見、妄想】存在之當下同時有一離見聞覺知之如來藏並行運作，如是二人即是禪宗祖師所說之『日用而不知』者。如是不知余等所證之如來藏，妄誣余爲將**入定無知覺**之境界認爲證悟；如是錯認【了知心、我見、妄想】之意識爲第八識法身，正墮佛所破斥之常見外道見中，反來誣責於余，名爲「做賊喊抓賊者」，眞乃善於顚倒是非之人也。

今者彼等二人於網站上自曝其短，公開承認所「悟」之眞心法身爲【了知心、我見、妄想】，公開承認尚未證得「與覺知心同時並行運作之如來藏」，而認【了知心、我見、妄想】之意識爲眞心法身，自曝其短，無智若此，焉得名爲學佛之人耶？學佛之人悉知【了知心、我見、妄想】乃是意識故。

若【了知心、我見、妄想】是眞心法身、非是意識，則應衆生未悟之前已證得法身了，不須再辛苦學佛求悟也。若覺知心非是意識，而是如來藏，則應衆生無意識，唯有如來藏，如來藏有覺知故，不須再有意識來覺知諸法故。然而諸經中皆說如來藏離見聞覺知，終不說如來藏有三界中六塵之覺知也。

若意識有三界中六塵之覺知，而如來藏亦有如是覺知，則一切人間有情悉應有二覺知心同時出現運作，則應有二覺知心同時思維諸法，則一切有情皆可同時聽聞二師說法、同時領受二師所說之法；亦應可於聞之當下同時思維彼二師之法正訛；然而現見一切人間有情皆非如是有二覺知心同時現行運作，一切人間有情皆唯有一意識（一覺知心）故。是故陳淳隆、丁光文二人主張如來藏有覺知者，進退失據，名爲妄說也。

復次，如來藏離見聞覺知，散見於三乘諸經中，佛已反復開示此理，所說言語極多，不勝枚舉，非未曾說；諸菩薩亦復如是多所宣說，非未曾說，最著名者厥爲《維摩詰經》；唯識諸經亦如是反復宣說如來藏離見聞覺知之理。非唯佛作是說，諸菩薩亦皆異口同聲而作是說；如彌勒菩薩之《瑜伽師地論》，如無著菩薩之《顯揚聖教論、攝大乘論》，如世親菩薩之《唯識三十頌》，如玄奘菩薩之《成唯識論》，如窺基菩薩之《唯識述記》……等，不勝枚舉；余今亦作是說，初無二意。

陳淳隆、丁光文二人一心學密修密，悉依密續所說錯誤知見而行，不肯閱讀顯教經論，又不肯學禪、參究自己之第八識如來藏何在？又不肯閱讀顯教諸菩薩所造諸論，妄謂佛未曾說，妄謂諸菩薩未曾說，反責余誤解經意，愚痴至此，竟然自以爲「有力有智」、出而爲密宗之常見外道見辯護，未之有也。如是，諸多密宗大師、法王、活佛，皆不敢出面辯護，而彼二人尚不能知意識心爲何物者，竟敢出面爲密宗之常見外道見辯護，眞乃無知之人也。如是愚痴人，非唯現今有之，佛世已多，是故經中常見有諸外道⋯⋯等，爲佛所責—說爲「愚痴人」。密宗內諸有智者，不當如是自曝其短也。

禪宗祖師非唯開示「知之一字衆禍之門」，亦開示「知之一字解脫之門」，乃至明言：「須是不離見聞覺知，即有離見聞覺知底，不是長連床上閉目闔眼喚作離見聞覺知。」此謂須以見聞覺知心之能覺知與能觀察之體性，尋覓另一同時存在之離見聞覺知心—見聞覺知之第六識心與離見聞覺知之第八識心並存不悖—如是參禪者方是禪宗之正知正見，如是證得與第六識覺知心並存之離見聞覺知第八識心，方是佛法中眞正之證悟也。

今者陳淳隆、丁光文二人，尚不知禪宗祖師之淺顯開示，而妄認眞悟祖師所共破之意識覺知心爲如來藏，而妄說如來藏有見聞覺知，既不知經教，復無親證如來藏之見地，其知見敷淺至此，何可出世而弘「佛法」耶？何可出頭而爲密宗辯解耶？密宗豈眞無能人耶？要汝等知見粗淺至此者出面辯護耶？令人不解如是。

彼等二人又承認須斷煩惱所知障，則與自語互相矛盾也：《《…其實「成佛是永恒斷除煩惱障、所知障」的，這也就是「如來藏、佛性」常性永駐思想會誕生之所在。也使廣大佛教徒修行才會覺得有意義，不然連成佛也會無常，大家豈非白忙一場？》》(226-5)

彼二人實無資格說此語也，此謂佛說斷煩惱障者，乃是聲聞法之見道，通於大乘，故菩薩亦求斷煩惱障。然彼二人完全不知斷除煩惱障之意涵，當知斷煩惱障之見道，即是確認【了知心、我見、妄想】是虛妄法，確認【了知心】即是意識心—即是常見外道所執著之「常不壞我」；如是佛語開示，散見於三乘經典，處處可稽，尤以四阿含之千餘部經中最多，陳淳隆、丁光文二人竟然絲毫未知，顯見彼二人之嚴重欠缺佛法知見。

彼二人既說應斷除所知障，然而斷除所知障者，其見道即是**親證**第八識如來藏；「親證」一語，謂所證之如來藏必須完全符合般若諸經所說，亦必須完全符合第三轉法輪之唯識諸經所說，亦必須完全符合諸菩薩之論意，亦必須完全符合初轉法輪之阿含諸經所說；然而陳淳隆、丁光文二人所說之【了知心、我見、妄想】，正是諸經諸論所說之意識，卻來網站上公開矇騙初機學佛者及密宗行者，妄說了知心意識爲眞如法身，則眞如法身卻成生滅虛妄之法，焉得名爲佛法耶？如是違教復又悖理之人，完全不知不證如來藏，卻來強詞奪理，狡辯意識心爲眞如法身；完全不知斷所知障以證得第八識如來藏爲入門之首要，非是智者也。

除彼陳淳隆、丁光文二人以外，密宗大師復觀想所成之雙身法中之明妃、及受樂之意識覺知心，作爲衆生平等之法，而非以第八識作爲衆生平等之法，譬如宗喀巴云：《《…故若不修堪爲定量之曼陀羅修法，則難具足生起次第修上悉地之扼要也。召入智慧薩埵（智慧薩埵謂雙身法觀想中所想出之明妃，或已曾實際合修雙身法而已證得樂空雙運之明妃），如攝眞實經說：「三昧耶尊之眼等與智慧尊之眼等，下至極微、皆應合雜無異。故當堅固勝解平等一味。」教授穗說：「如是勝解與如來一切同體者，是爲信解其平等性。有時勝解與一切衆生同體者，是爲通達自性清淨真如相同。**故於自心相續出生之智慧薩埵**（自己觀想所出現之雙身法中之明妃）**應信解爲一體，於他身之智尊應起平等性之信解。**」》》（21-522、523）

如此一段宗喀巴之開示中，已明顯舉示宗喀巴之「證量」也。此段言語中，宗喀巴認爲：「自己所觀想出來之雙身交合本尊佛父佛母，其實即是能觀想之自己覺知心，所觀之雙身像與能觀之覺知心、二者無二無別。」宗喀巴並教人應如是思維：「一切有情所觀想而出之智慧薩埵（他人觀想所出現之雙身法中之本尊與明妃）其實與自己所觀想出之本尊與明妃無二無別，所以對他人觀得之本尊與明妃及自己觀得之本尊與明妃，應信解爲一體，於他身之智尊（本尊及智慧薩埵明妃）應起平等性之信解。」由如此信解爲一體故，由此而生平等性智。

眞正佛法中則以親證第八識如來藏，因而現前觀見一切有情同具如是平等一味之如來藏而無差別，故生平等性智。今者宗喀巴不能證得第八識如來藏，便以自他觀想所成之本尊明妃影像無二無別、而謂爲一切有情平等，迥異佛法中之證得第八識所生平等性智，焉可謂爲佛法？

如是密宗祖師，古今同聲一氣，皆作如是言語而誤導衆生同入邪見之中。便似狡詐之人，以鹿向諸未曾見馬者指言：「此即是馬。一切人所騎之馬，與我如今欲售與汝之馬無二無別。」如是將鹿作馬，未曾見馬之人便信以爲眞；後來有人指示眞正之馬與彼買鹿者，彼買鹿者反不信之，怒斥好意指示眞馬之人爲「破壞他人名譽」者、爲「說人是非者」。如是「心迷不悟，顚倒是非，將善人心意當作驢肝肺」而排斥善人之愚痴人，比比皆是，難以救度，故說此時爲末法之季也。

復次，密宗之修行知見，認爲如來藏乃是修來者，故必須打坐—求一念不生時之覺知心—以證「如來藏」，故須有氣力能耐久坐。而密宗所修之「佛法」則以雙身法之樂空不二爲其主修，修時仍以坐姿交合爲主，是故必須趁年輕有氣力時努力「修行」，年老之時氣力衰退、性能力不足，則不能「打坐」修之；唯能依賴觀想之法，則證量必遜於年輕人之與明妃實修雙身法，故主張應趁年輕時努力修行：

《《又爾等須知貪心亦有好壞之別，不能一概抹殺。譬如貪愛女色、貪得錢財，固不好也；但貪得佛法、貪愛眾生，便是好貪心矣。……（原註：修法要乘年輕，因人在二十五歲與四十歲之間身體強健，修法最宜。年老之人體力衰弱，不耐久坐；而**成佛又端賴坐功**，今不能久坐，如何成就？）……》》（62-47）

故知密宗之修行法門，唯有年少者易成佛也，年老之人欲求「成佛」，則是妄想。顯教中之大乘佛法則不如是，與氣力無關，但依個人之慧力及福德因緣而證入；是故我會中之悟入般若者，或有年老體弱者，或有正值盛年、氣力極盛者，皆得觸證如來藏，與氣力年紀無關，如是始是眞正平等之佛法也。

## 第五節　密宗祖師多將如來藏與阿賴耶識視作二法

密宗多數宗派，將阿賴耶識與如來藏視作二法，非爲同一法；並認爲阿賴耶識非是心，而是明點。譬如《扎莫囊敦－甚深內義》中如是言：《《人或謂阿賴耶即阿賴，非清淨相因；或又謂阿賴耶識，爲淨相因。何以相反若是？蓋彼阿賴耶清淨，則是阿賴耶清淨之因，而非佛涅槃之自因。人或謂：「與白法佛菩提（白明點）無分別，依於正見之理，可在阿賴耶識上安立否？如不可者，彼自清淨法云何生起耶？」答曰：「前吾嘗說清淨心之法身，依於如來藏，…」》（34-340）

此謂密宗以所觀想之白明點爲阿賴耶（識），而非以佛所說之第八識爲阿賴耶，可謂擅以己意解釋佛法名相之又一例也。如是證得「阿賴耶」明點已，卻來嘲笑顯宗證悟者唯證阿賴耶識之證量淺薄；其實卻是南轅北轍，證量迥異。如此證得明點已，而自謂已證得阿賴耶，便向顯教中人誇口云：「你們只證得阿賴耶識，證量這麼粗淺，就敢出來評論別人；阿賴耶識在我們密宗之內，只是初入門所應證之境界，我們還更進一步證得佛地之眞如，所以能即身成佛。你們證量太粗淺了，不應出來批評別人。」卻不知自己將佛法完全誤解，錯將第八識眞實心解釋爲明點，以牛頭而逗馬嘴，反嘲顯敎證悟賢聖證量粗淺。如是密敎古今上師多如過江之鯽，不可勝數，故謂狂密宗徒。

又有謂第八識阿賴耶藏於肉團心中，然後由第八識含藏如來藏者：《《甚深內義雖已題（提）到修中、住中，然只言住中之位置，而未言修中之位置。幷介紹三說：「或謂在脊中之筋，或謂脊骨內有細如馬尾者，或謂無有。」正如謂**第八識中含藏如來藏**，然並非即是肉團心，而肉團心有第八識及命氣，不可直說此肉團心及命氣即是如來藏。》》（34-91）

此段《扎莫囊敦－甚深內義》文意，謂**第八識中含藏如來藏，而第八識藏在肉團心中**。此說完全不符佛說，亦違眞悟者之證量；謂佛說第八識即是如來藏，於衆生位中說名阿賴耶識，於解脫煩惱障現行位說名第九異熟識，於究竟佛地說名第十無垢識－眞如；未成佛前，概名如來藏，是故阿賴耶識與如來藏非一非異，阿賴耶識與佛地眞如非一非異。由第八識具有能令衆生將來成佛之功能種子，故說「如來藏中藏如來」，故名如來藏。非如密宗古今祖師之錯將第八識與阿賴耶識分判爲二，非如密宗古今祖師之將阿賴耶識與如來藏一分爲二也。密宗古今祖師普遍錯解佛法，擅以己意而解釋佛法名相之義，然後自謂已證大乘佛法，再發明世俗三界中之境界，而稱彼境界即是佛地境界，自謂已證佛地眞如；然究其實，彼等所謂已證得之佛地眞如，則是同於常見外道所證之意識有漏境界，尚不能證知自身之第七識何在，何況能證自身之第八識阿賴耶？而狂言已證佛地眞如，用來貶抑顯教修行者之證量粗淺，顚倒已極。

或亦有言第八識在中脈中者：《《…自密處乃至頂相連，上端有「阿」白色本體，爲由父所得明點，大如芥子蓋其上。臍下由母所得明點，紅色爲血本體，名爲短阿字。**阿字之中住有第八識**，及其所依大命氣充滿，中空如虛空。》》（《甚深內義》：34-370）

如是密宗所言之第八識，住於身體中脈內、觀想所成之阿字中，完全異於佛說。佛說第八識有四遍：遍一切時、遍一切識、遍一切界、遍一切處。既云遍一切處，當知第八識遍於身中十二處，云何密宗古今諸師可以謂第八識住於中脈內之某一處？云何密宗諸師如是完全異於佛說之法，而可謂爲佛法？云何依於違背佛說之外道法所修之「證量」，而可言其佛法修證更勝顯教之修證？云何如是外道法上之修證而可自謂爲佛法上之果地修證？而貶抑顯教眞實佛法之修證爲因地修證？狂言顯教修證不如密宗之神速？無有斯理也。

有時則謂第八識在心輪，《扎莫囊敦－甚深內義》云：《《睡時所載雖然多，然以第八識爲主，住於心間法輪上，……此中厚眠時，八個識主要者爲第八識，住於心輪。前六識不明顯，皆集中於此。是一切有情住時，即此錯亂；清淨已，得光明果。》》（《甚深內義》：34-428）

此段文中，亦於佛法種智所說，多所誤會。如前所說，佛說第八識阿賴耶非住於中脈內之心輪內，乃是遍一切處者，不重舉述。意識其實亦非於眠熟時集中於中脈內之心輪內，亦非不明顯；實是眠熟已，意識隨斷，不復存在，佛說意識於眠熟等五位中必斷滅故。

復次，意識及前五識於醒位中，亦非在於中脈內，亦非在於身外身內，而在五勝義根所在處；何故如是說？此謂佛常如是開示：「根塵觸處生眼識，乃至根塵觸處生意識。」吾人生來不曾觸外五塵，無始劫來一向如是；謂吾人所觸五塵乃是內相分五塵（由如來藏持五扶塵根及五勝義根，觸外五塵而對現內五塵相分五塵境於勝義根，方能由意根末那識觸五塵上之法塵，然後喚起眼等六識而觸六塵，故吾人之所觸六塵，皆是內相分六塵；六識是心，既非色法，不能直接觸外五塵色法故；須由如來藏對現之「內相分」似有質境之五塵相於勝義根頭腦，方能由前六識所觸），內相分既唯在勝義根頭腦現前，則知唯在頭部根塵觸「處」生起前六識，故知六識不在中脈內現行，實在頭部五勝義根觸「處」現行。

復次，根塵不定故，不可謂言意識必在頭部之何一處；六識心既非色法，亦不可言在身內、身外。是故《甚深內義》所云「意識眠熟時不斷，住於中脈內之心輪」，所言虛妄，非眞佛法也。

密宗有時則又認爲如來藏純淨，而第八識阿賴耶唯妄，純是導致生死投胎之種子，而非如佛所說之本性清淨識：《《**不清淨心者蓋為八識**，（密宗之）集論云：「所謂心者，**蘊界處及一切習氣熏染故，說為一切種阿賴耶**，由諸虛妄分別相續。三界亦心所攝，爲一切有覆之根本，須一切佛智方能摧毀。」……又世親三十頌云：「阿賴耶識中、異熟一切種，常觸且作意，具足受想思；此中唯捨受，是無覆無記，恆轉如暴流，阿羅漢位捨。」**此中所謂阿賴耶者，若不加識字，其義為總根本，則亦許為真如**，故當稱阿賴耶。就其境言，即異熟及種子義，與餘七識互爲因緣；一切于彼而能集合，故名異熟。……**所謂「阿羅漢位捨」指佛位**，彼小乘若斷補特伽羅我之大煩惱所依，只可云捨分而已。》》（《甚深內義》：34-337）

密宗諸師如是錯解種智之旨，於佛所說之經旨妄自生解，便用來誤導自己及諸學人。佛一向說阿賴耶識本性清淨，凡有所作，皆離貪憎，不於三界六道諸法而生染著，亦有其常住不壞之自性而恒利衆生，亦是無餘涅槃之實際；若如密宗諸師所說，則無餘涅槃亦應不淨如世俗境界，阿賴耶識是無餘涅槃之實際故；由此可知密宗諸師完全不解涅槃及佛菩提智也。

復次，阿賴耶名，不論加不加識之一字，皆無差異，仍是第八識，非如密宗所說之因有「識」之一字而有差別也。

復次，阿賴耶識之「**阿羅漢位捨**」者，乃謂修斷煩惱障後之第八識阿賴耶，不再有煩惱障之現行，故不再收藏一切能導致重新受生之新造煩惱障種子，如是斷除煩惱障之第八識，改名爲異熟識或菴摩羅識，故捨阿賴耶名，阿賴耶之名即是「能藏煩惱障種」之意故；非如密宗諸師說爲捨棄第八識體也。故阿賴耶識非爲純妄之識，亦非是可以棄捨之識也，三世一切佛皆無法捨第八識故，何況密宗諸凡夫師徒云何有力捨棄之？無是理也。捨之即成斷滅無法故，第八識則非是金剛心故，則違佛說故，一切眞實證得第八識阿賴耶者皆現前證實此識無人能捨故。

復次，阿賴耶識「名」，於**阿羅漢位即已能捨**，非如密宗所言之佛位方捨；否則應說「佛位方斷煩惱障現行」，而非「佛位斷盡煩惱障之一切種子隨眠」；亦應成爲「佛位方離分段生死，阿羅漢未離分段生死」，則違佛說及修證上之證量事實，故說密宗諸師誤解佛法極爲嚴重，所說實非佛法也。

密宗有時又認爲阿賴耶識是有生之法，與一切煩惱諸法互爲因緣而生：《《於彼果相者，隨阿賴耶雜染法，及彼無始來習氣出生果法。此習氣出生，黑白法俱有；雖然滅壞，**然其心相續，又從彼出生**，是一切煩惱之因，即阿賴耶識；而一切煩惱諸法，又爲阿賴耶識之因與緣矣。》》（《甚深內義》：34-339-7）

如是說法，乃是誤解佛意。佛所說者乃謂阿賴耶識之本性清淨，然因七轉識之造作種種惡業，故令阿賴耶識不斷流注分段生死輪迴之種子，致有衆生之三界生死輪轉；若阿賴耶識不收藏集藏分段生死之種子者，則無衆生之七轉識輪迴生死之現象，故說分段生死之一切煩惱諸法，**又爲阿賴耶識之因與緣矣**，非謂阿賴耶識因於一切煩惱諸法而出生也；阿賴耶識自無始以來，不曾有滅，云何而有出生？云何而有出生之因與緣？云何可言阿賴耶識**其心相續，又從彼出生**？不應正理也。於道種智中，佛說阿賴耶識與前七識妄心互爲因緣者，乃說阿賴耶識因前七識妄心之造作諸業而成種子、收藏於阿賴耶識中而遇緣現行，故令阿賴耶識流轉於三界六道之中｜說七識妄心是阿賴耶識流轉於三界六道之因與緣。又說阿賴耶識所藏往世熏習之業種及煩惱障種，是此世及來世之七識心出生之因緣，故說阿賴耶識與前七識互爲因緣，非說「一切煩惱諸法是阿賴耶識之因與緣也」，阿賴耶識是一切煩惱法種之執持者故，一切煩惱不與阿賴耶識之心行相應故。

密宗有時則說阿賴耶是諸識之體，自生錯亂：《《所謂識者凡第八識，**由此一、生起餘識**，以第二作諸煩惱，於境上分別故名爲相，故分無間意、及念我意二種。》》（《甚深內義》：34-344）。

既於此文中說諸識由阿賴耶識生，則不應言阿賴耶識**其心相續，又從彼**（前七識）**出生**，自語相違故，阿賴耶識從來不曾剎那暫斷或斷滅故，云何而有**從彼出生**之事可言？如是《甚深內義》所言，前後自相矛盾，顯非眞悟者所說法也。

密宗諸師又常誤會賴耶爲有取之識：《《又諸有情與彼自體上相合，故亦說阿賴耶識爲取識，解深密經云：「取識甚深細，諸種爲瀑流，恐彼執爲我，異生前不說。」此爲一切淨色根之因，爲取一切身之本，乃至盡形壽，五淨色根未改以前，可以攝持；若生死相續時，又可

成辦他身，是近取故，能持身故，故名取識。》》（34-338-12）

然於唯識經中所說之「阿賴耶為取識」者，非因其性染污、而取三界身；乃謂染污意之執著，故令阿賴耶識取三界中之色法而成其身，非由阿賴耶識自意而取三界身也。成三界身已，復執持之；因其能取三界中之四大種故，能持三界身故，名為取識，非謂阿賴耶識自身於三界六塵生起染污意而取六塵萬法也。

復次，阿賴耶識既是身根之因，則人之命應係此識所持，云何密宗諸師復言命氣由中脈內之明點所持？自違其說，前後相背，不應正理。

唯識種智經中，佛說阿賴耶識：《《是無覆無記，阿羅漢位捨》》，乃謂捨阿賴耶之名，非謂捨此第八識體也。然而密宗諸師一知半解，誤會捨賴耶之經旨，便說應消滅第八識，認為應斷除之：

《《初從儀軌中練習，而有第一圓周之對治。觀空後，即從空性中出生眞如種子，此種子即是受生之種子，已離於普通眾生之業力種子。由此種子轉成本尊身，此即代替凡夫之肉身，而無其業力中之生有；輪迴中去後來先作主翁之**第八識，則已截斷**。》》（34-70）。如是密宗古今上師，依於自意而解釋佛法者，情形極為嚴重，非唯一端，直是衆人皆然，令諸修學密宗法門者，於佛法上之知見極為混亂，導致久修無證之結果，亦導致修而錯證、犯大妄語業之結果。

亦如《甚深內義》云：《《由佛成辦無上金剛乘，究竟作已，戰勝一切違品。在一切法中，解脫其身業者，具虛空身，無為任運，成辦自體，**第八識滅除**，清淨無生無滅，涅槃大究竟。月稱論師云：「所知之薪能燒火，內彼寂靜佛法身，爾時無生亦無滅，心滅現證佛法身。」所淨根本為心第八識，滅已，其對治之名為證智見如來。法界極清淨故，為虛空身。》》（34-510）

將第八識滅除已，而有虛空身存在，此是密宗諸師之虛妄想。謂一切法既皆由第八識生，前七識亦從第八識出生，今者「將第八識滅除」已，何能出生「虛空身」？如人謂云：「將水燒乾已，成就極淨溼性。」名為愚痴者之妄想所想也。

復次，大涅槃及無餘涅槃，皆依第八識而立名：斷除煩惱障之現行，捨壽後不復受生，唯餘第八識離見聞覺知而獨存，說名無餘涅槃；斷盡煩惱障之習氣種子隨眠，及斷盡所知障之一切無明隨眠，具此二法之第八識，說為大涅槃。此是第三轉法輪之唯識諸經中佛所說者，是故無餘涅槃及大涅槃「境界」，皆依第八識之清淨而立名，豈可外於第八識、**將第八識滅除**之後，而有解脫之可言者？

猶如愚人之離水體而說有溼性，密宗諸師亦復如是愚痴，離於第八識而言有涅槃之可證得；滅除第八識而言有涅槃之可證得，即成不解佛法之人也。而第八識，性如金剛，乃至十方諸佛合其神力為一力，亦不能滅除任一卑劣有情之第八識體；何況密宗諸師無有任何神力，而能滅除自身之第八識體？無斯理也。

密宗諸師如是妄謂滅除第八識已，然後代之以觀想所成之本尊影像，而謂已除去凡夫身、轉成佛身：《《……幟者，手中所持標幟也，如鈴杵等。合一，謂抱母佛（明妃）也。此屬嚇魯噶，為無上瑜伽部之五相成身。是為第七圓周、對治凡夫生有之身。依無上瑜伽部生起次第，眞正生起本尊頭目鬚眉等相，無分粗細，皆極明顯堅固；佛慢不忘，直至證得佛像圓滿，是為第八重圓周、對治凡夫生有身。》》（34-72）

若謂第八識是觀想所成之中脈內明點，則滅此明點（第八識）之說，尙可通也；若謂所滅是佛所說之阿賴耶識，則不通也。謂佛所說之阿賴耶識乃是有情衆生之根本識，乃是阿羅漢之根本識（亦名異熟識），乃是十方諸佛之根本識—眞如（亦名無垢識）。此第八識，永不可滅，亦無任何人、任何聖人能滅之，云何密宗諸師每開示衆人欲滅除之？若眞有人能滅除之，則此第八識應非金剛心也，云何《金剛經》中說之為金剛心？

是故密宗說「滅阿賴耶識」之言，乃是邪說，違佛金言，不符聖教量，非是佛法也。

密宗諸師所說法義常常自相矛盾。譬如前舉說應滅除第八識，然彼等人卻又認爲有第九識於成佛時與第八識同存，自相矛盾：《《…並開發各種智慧之脈，而昇華紅白明點。明點者，智慧；點即其精華。其後復在粗重貪煩惱之上（在不能忍受淫樂高潮而欲求射精之貪上，名爲粗重貪煩惱），以智滲透，直至九識轉五智：前五識轉成所作智，六識轉妙觀察智，七識轉平等性智，八識轉大圓鏡智，九識轉法界體性智。》》（34-76）。然佛實唯八識，非有九識也。謹略述八九十識之眞如緣起門如下，以供佛弟子建立正知正見：

一切有情衆生皆有第八識，以有分段生死之染污種子及所造業種，及與所含前七識種子具有集藏分段生死之集藏性（阿賴耶性），故名此第八識爲阿賴耶識。聞受聲聞解脫道而見道，以及其後之修道斷除思惑，不復有阿賴耶性（不再有集藏分段生死種之集藏性），成阿羅漢，其第八識改名爲第九識－異熟識，亦名菴摩羅識；其實仍是第八識，唯改其名，不改其體。

後聞佛說大菩提道，乃又迴心大乘、進修佛菩提道，經由明心之七住位證般若總相智，進修《般若經》所說之般若別相智；復又不起自滿之心，進修諸地所學之一切種智而起無生法忍、進入初地，能斷盡思惑而不斷之，留一分思惑以潤未來世生，向諸地進修。從此以往，開始進斷分段生死之習氣種子，並進修無生法忍之一切種智，地地增上；至初地滿心時能取慧解脫果而不取證，至三地滿心時能證滅盡定之俱解脫果而不證之。初地三地菩薩捨壽時能取無餘涅槃而不取之，次第進修唯識種智而至六地，必定取證滅盡定，而仍不入無餘涅槃，進修七地之「念念入滅盡定」、八地之「於色變現自在」、於解脫道無功用行，及由佛所授之「引發如來無量妙智三昧」等。……次第漸至等覺位中，復於百劫中隨處捨身受生，布施頭目腦髓身軀手足等，如是以百劫之無量內財而修相好，乃能於最後身菩薩位具足福德。

福德既具，乃降生人間，出家修行，斷盡所留最後一分煩惱障習氣種子，斷盡最後一分極微細所知障隨眠，乃成究竟佛道，此時之第八識改名第十識，名為無垢識，亦名眞如，是名果地眞如也。如是進修而成佛道，名為佛菩提道，亦名大菩提道，異於二乘菩提所修之解脫道故。

如是進修，漸漸轉易第八識之內涵，令第八識之阿賴耶性及異熟性斷除淨盡，成為無垢識眞如，名為眞如緣起。佛於諸經中如是所言，謂佛地眞如非由修而有，謂佛地眞如非不修而有，體本常恒自在故，於第八識之清淨自性中卻含有七轉識之染污種子故；是故佛地眞如非修非不修，非本有、非非本有，名爲眞如緣起。《大乘起信論》所說眞如緣起門者即此意也，未見道者不知此理，便謗彼論爲假。

由上所述正理，可知十方諸佛非如密宗諸師所說之有九識，仍唯八識；九識十識之名乃是方便施設，令衆生知凡夫之第八識異於阿羅漢，令諸菩薩阿羅漢知其第八識異於諸佛；是故諸佛非有九識並存，實唯八識，密宗諸師不解佛意，妄以自意而解，用來誤導衆生同入邪說，非所宜也。

如是，密宗諸師不知不證第八識阿賴耶，否定第八識阿賴耶，然後別創第九識，說爲密宗之「佛」所獨證者，以此而高抬密宗之「佛」，自謂彼所奉之佛爲大毗盧遮那佛，自謂更勝於顯教所奉之釋迦如來，以其所證者爲第九識故；然而睽其「大毗盧遮那佛」之所證第九識，仍是凡夫位之第八識，尚且未曾見道，何況成佛？

彼等所奉之佛，其實只是鬼神冒名示現，並非眞正之毗盧遮那佛；毗盧遮那乃是法身佛，凡有所說皆是甚深極甚深之一切種智－地上菩薩所應修學之唯識一切種智，唯有地上菩薩聞之能解。密宗各派既皆指斥第三轉法輪之唯識種智法門爲不了義法，處處貶抑之，高推般若總相別相智之般若中觀爲最究竟法；而彼等所推崇之「大毗盧遮那佛」，又無力能說種智，又於《大日經》中處處以緣起性空而說之爲般若空性，迥異佛於《般若經》所說之空性｜非心心、無心相心、不念心，顯見密宗所供奉之「大毗盧遮那佛」絕非眞正之毗盧遮那佛，乃是創造《大日經》之密宗上師假託「大毗盧遮那佛」之名而行其法爾；或鬼神冒名示現，假藉佛教名義以求五肉五甘露等不淨物之供養爾。

密宗諸師非唯不知不證第八識，故否定之，往往說之爲「從第六意識細分而出」者。復又錯解如來藏眞旨，將如來藏別行建立，外於第八識而說別有如來藏一法。如是邪謬之說，則必令諸今時後世一切密宗上師及與學人，永難證得如來藏，必定外於眞正之如來藏而求如來藏故，第八識阿賴耶即是如來藏故。

第八識阿賴耶之理，甚深極甚深，不迴心之大阿羅漢、及迴心大乘而未明心之大阿羅漢尚且不知，要待明心之後方知，何況密宗古今諸師心自用、自意而解者，欲於第八識如來藏外別求如來藏，焉能證之？

如是未悟如來藏空性者所創造之《大日經》中「大毗盧遮那佛」，乃是凡夫妄想所編造之佛，絕非眞佛示現而說正法，彼《大日經》中之

「大毗盧遮那佛」尚未證得第八識如來藏故。如是密宗諸師於第一義諦不知不解，妄以自意而創造種種邪說，高推為更勝顯教之見地；復又引進種種外道之修行法門，代替佛教中本有之正確修行法門，則必令佛教從本質上漸漸轉易為外道凡夫法之修行法門，盡入邪道，永絕於佛教真正之解脫道及佛菩提道，其弊不可謂小也，其業不可謂輕也，有智學人當知其嚴重性，當知後世長劫嚴峻果報之不易消受也；能知此已，而後知所檢擇。

## 第六節　密宗諸師錯以意識境界為如來藏

密宗諸師非唯否定阿賴耶識，說為純妄之識，亦有將阿賴耶認作意識者。又有否定第八識而建立離念靈知心為如來藏者，不知不證如來藏即是第八識阿賴耶，空言如來藏（其實所說乃是意識心觀想所成之境界）與身心非一非異之理：

《《當知在此如來藏中，不唯有如來藏心，**亦有如來藏身**；作者（謂《甚深內義》之作者讓蔣多傑）雖曾提及金剛身，而仍未將五大色法之屬物者與心對舉說明。按**如來藏心，并非專指此心理之心、或八識心王之心；**

實則爲如來哲理之心，無所不包，物質五大亦包括在內。**如來藏中不僅有心，亦且有物**；不僅有物，亦且有心。既不用以心化物，亦不用以物化心。**眞如妙體，在根本三摩地毫無分別**，圓明安住，根本無「心物二元」之相，而有心物互融之本體。在因位言正見哲理，則屬六大瑜伽、心物不二，在道位所修心氣無二，即根據此理；在果位**證到身心無死，是爲生死不二之無住涅槃，即此凡夫肉身而成佛**；無復舊蘊肉身，唯是昇華到虹光聚散自在，顯隱在緣。此書（謂《甚深內義》）言本體之理，既不及六大瑜伽或七大緣起，其後各章分言氣脈明點，亦少提及心物、心身不二之理。》》（34-87）

然而陳健民上師對《甚深內義》作如是評論，實無正義可言，亦非佛法內義，純是依於外道見而起之妄想。此謂身心不二、心物不二之理，乃是 佛於一切種智中所說之「大種性自性」，此性唯第八識阿賴耶有之。密宗既認定第八識阿賴耶爲純妄之識，認應滅除之，則此能證實「身心不二、心物不二」正理之「大種性自性」亦隨之斷滅；斷滅此性已，尚有「身心不二、心物不二」之理可言耶？如是，密宗諸師皆外於第八識如來藏，別立想像之如來藏，復外於如來藏之種種自性種子，而言如來藏之「有色」，如是外於眞實心而言眞實心之種種法性，悉皆言不及義，唯是戲論爾。

唯有承認有第八識、承認第八識阿賴耶即是如來藏者，並親參禪而實證此識已，方能親自體驗證實如來藏之「大種性自性」；如是實際體驗如來藏阿賴耶識之「大種性自性」者，方能眞知「身心不二、心物不二」之理；否定第八識如來藏者，絕無可能了知「身心不二、心物不二」之理，此理依第八識阿賴耶自性而有而在故。如是，密宗諸師皆以離念靈知之意識心作爲如來藏、作爲佛地眞如心，或以明點爲如來藏，焉有可能了知「身心不二、心物不二」之理？而以離念靈知之意識心來解釋「身心不二、心物不二」之理，則諸解說皆成戲論，所言悉皆不及第一義諦故。

復次，第八識—因地眞如—絕非唯有**在根本三摩地毫無分別**，而是遍一切時皆毫無分別，非唯密宗諸師所說之**在根本三摩地毫無分別**。密宗行者皆以意識心處於一念不生、不隨六塵而轉之離念靈知境界，作爲根本三摩地，完全誤會 佛說根本無分別智之眞義。佛所說之根本無分別智，乃是證得「與離念靈知心同時並存、同時並行運作」之第八識阿賴耶，確認第八識阿賴耶於六塵中、從本以來皆無分別，說如是人已證得根本無分別智，是名根本定，大乘菩薩種性從此確定不移故，心得定於大乘而不移易故。

密宗卻以意識之住於一念不生境界，作爲證得根本定，迥異顯教之以第八識之證得作爲根本定，所言大謬；何以故？謂意識覺知心住於一念不生之境中，仍是分別，非無分別性故。譬如覺知心長住於一念不生之境，忽有師長叫喚自己，隨即了知是師長叫喚，了知非是他人叫喚；亦了知非是叫喚他人，而是叫喚自己；此中之「了知」悉無語言文字妄想，而仍能了知，豈是「無分別」性？當其有「知」時已是分別也，焉得強謂爲無分別？不應正理。

如來藏則與此了知不同，如來藏於六塵從來不加了知，自無始劫來一向離六塵中之見聞覺知故，乃是**從來即不分別**者，非是**修之而後不分別**者，如是證得如來藏之無分別性者，仍不妨有覺知心之能繼續分別、而非如白痴一般之住在定中不起分別；如是證得如來藏之本來無分別性者，方是證得根本無分別定。

今者密宗古今上師「法王」，悉以意識覺知心之本來分別性，強行壓抑而不令其分別；於其靜坐中、自認爲無分別時，其實仍是分別：非唯了知師長叫喚自己，亦了知坐中自己「不起六塵分別」，此一「了知」即是分別也，此一了知亦非對六塵眞正不分別也（仍知六塵變化故，仍了知六塵故）。如是密宗古今諸師，完全錯會佛法無分別根本定之正理，所說「**在根本三摩地毫無分別**」之理，與佛所說迥異，南轅北轍、無有交集，與眞正之佛法相差何止十萬八千里？絕非佛法也。

密宗古今諸師墮於意識境界，錯悟之後，堅執離念靈知心之意識爲佛地眞如，以如是錯誤知見，卻轉身誣蔑唯識宗眞實證悟者爲執著意識者：《《唯識正見：此是唯識宗所持者，他們排斥小乘行者及非佛教徒。唯識宗行者排斥心法及色相（原註：小乘行者所持）之實有，**他們宣稱意識爲真**。然而，他們執著最終意識（原註：第八識或藏識）。即使這最終之識也必須捨棄，**並視爲空性**。》》（38-456）

如是說法，如同做賊者大喊抓賊—自正是賊，卻來誣指屋主是賊。密宗諸師所認定之佛地眞如、如來藏，皆是意識心，而辯稱爲佛地眞如、如來藏；自己墮於意識之中，未斷我見，卻來誣蔑「破斥意識之唯識宗」執著意識爲眞。

法相唯識宗之一切師徒，一向宣說意識心是緣起法，說意識有四種俱有依—阿賴耶識、末那識、法塵、未壞之五色根—此四者若缺其一，意識即告斷滅，不能於人間現起，故以「依他起性」一名而說意識；乃至意識之所依心—末那識，唯識宗亦說之爲妄心，唯說第八識阿賴耶識非眞非妄。此乃衆所週知之事，云何密宗自墮於意識之中，以離念靈知之意識爲眞如心，自墮於邪見中，卻反而誣蔑唯識宗**宣稱意識爲眞**，誣蔑唯識宗之正見爲邪見。如是顛倒其說之作爲，正如做賊者大喊抓賊—自正是賊，卻來誣指屋主是賊。

此外，唯識宗一向皆不**排斥小乘行者**，唯識宗只說小乘行者所證唯是解脱果，不證佛菩提果，故不能成就究竟佛道，不能廣利無量人天；唯說小乘所證解脱果不究竟，尚有煩惱障之習氣種子未曾斷盡，故不究竟；唯斥不迴心之阿羅漢必取滅度，不成佛道，故說其「佛菩提芽」已焦，其「佛菩提種」已敗，名之爲焦芽敗種；如是之言，非是**排斥小乘行者**，僅是就不迴心大乘之小乘羅漢，所修所證之不究竟，據實而言，無有絲毫誣蔑之處；所說小乘不迴心大乘之阿羅漢，唯利自我解脱而畏懼來世生死之心態而言之，亦是據實而言，絕非誣責，唯是欲令行者了知小乘大乘之異同爾，唯是藉此而令行者了知佛菩提道之內涵爾，何有排斥之可言者？

復次，如是之說，散見於大乘諸經，亦復散見於原始佛教之阿含諸經中，佛於般若系諸經中亦如是說，非僅唯識一宗之所說焉，是否可因此故而言佛之排斥小乘行者？此若不然，彼亦應不然。

除此以外，唯識宗一向宣說小乘所證解脫道，亦是菩薩所應修證者，故說唯識五位之唯識行時，亦說菩薩應斷煩惱障，應修小乘所證之解脫道，既如是說，何可謂爲排斥小乘之說？唯識宗亦說小乘阿羅漢爲一切人天之所應供，何曾排斥小乘？密宗諸師不應作是不實誣蔑之言。密宗之所以會作如是誣蔑之言者，皆由誤會唯識增上慧學所致，而非唯識宗曾有排斥小乘之言行也；唯識宗所說小乘非究竟、及說小乘不能成佛、復說小乘不迴心大乘之阿羅漢爲佛菩提種之焦芽敗種者，皆是如實語故。

唯識宗所說之第八識阿賴耶，絕非密宗所說之《最終意識（原註：第八識或藏識）》，而是一切識（七轉識）之根本，乃是能生一切識之根本心，密宗不應誣稱唯識宗所說之第八識阿賴耶藏識爲**最終意識**。宣稱第八識阿賴耶是最終意識者，純是西藏密宗黃教所妄說之言，非是唯識宗人之所說也。密宗中人一向認爲阿賴耶識是最終意識，不知阿賴耶識即是彼等所欲證取之如來藏，卻主張應滅除之，說滅除第八識後－無有第八識存在，成爲一切法空，即是證得空性，便作如是妄說：『**即使這最終之識也必須捨棄，並視為空性**』，如是說法，乃是斷滅空，墮於應成派中觀「無因論之緣起性空」邪見中；如是密宗之言，完全悖於佛說，佛說空性是第八識「無心相心」故，佛所說之「緣起性空」是依「名色緣識」之第八識而言蘊處界緣起性空故，非是密宗應成派中觀繼承者之印順法師等人否定第八識後所說之緣起性空故，如是否定第八識後所說之緣起性空乃是無因論之緣起性空故。

何故此名「無因論之緣起性空」？謂若無第八識之執持一切種而來此世，若非第八識執持吾人往世之業種而受胎出生此世色身，則吾人此世蘊處界即是離根本因第八識而**無因現起**故，乃是唯憑父母之緣便能現起故，則是「無因唯緣」之法，故名無因論。否定第八識爲持種心後、業種可以無執持者，而於未來世隨緣亂現於其他衆生身上，故名無因論者，意識是緣起法而不能去至來世故—現見一切人之意識皆不能了知往世事，故非由前世轉生而來，故一切人受生人間已，皆需於出世後重新學習世間法，皆不能憶起往世所經歷諸事業。由是緣故，說彼密宗否定第八識、而言可以持種受生來往三世者，皆是無因論者，皆是外道見。

復次，密宗否定第八識如來藏已，本應主張無有第九識，卻又建立第九識爲密宗所獨自能證之佛地眞如；謂爲顯教中人所不能證者，謂爲顯教之佛所未證者，是故密宗之「佛」非唯證得四智，更證第五智—法界體性智：《《……在此依心識之功用而劃分爲九種：1、**第九識**，爲

**密續所有**，其包含佛果之一切大智大力大慈悲。行者成佛時，此識成爲法界體性智，不再有意識性。2、第八識，爲大乘所著重，含一切善惡種子，由此引生其餘七識。……》》（38-697）

又云：《《行者頂上觀白色空行女，一如亥母觀法；特不觀亥耳（原註：亥即豬頭），特取上飛姿勢，以二手分抬雙腿張開上仰（藉此姿勢分明顯示空行母之陰戶，令密宗行者知死時應將法身明點射進此處），以其蓮花（以空行母之陰戶）插於行者中脈上端。行者此時已將全部肉體觀空，唯餘**表法身之中脈**，及中脈中之智慧氣、智慧明點；然後修寶瓶智氣，直沖**表第九識如來藏之智慧明點佛身**，經過中脈，（**將第九識如來藏之智慧明點佛身射**）入于（空行母之）蓮宮（陰戶內之子宮），假名懷胎佛子，（由空行母攝帶行者之**第九識如來藏智慧明點佛身**而）飛入佛土。》》（34-188）

由如是二段文字所說，可見密宗邪說之荒謬，此唯其中之一斑爾。密宗主張「**第九識，爲密續所有**，非顯教經中所說之法。」然顯教經中早已宣說，非未曾說；乃至說第九識仍非究竟識，佛地之眞如—第十無垢識—方是究竟識。密宗自古以來一向排斥第三法輪之唯識經典；由排斥故，密宗諸師未曾閱讀如是三轉法輪諸唯識經典，不知佛尙且宣說第十識，何況第九識而未曾說？不知不證顯教所說之第八識，故不知阿賴耶識即是阿羅漢位之第九異熟識，不知第八識即是佛地之第十識眞如，以爲顯教經中唯說第八識，故有如是錯解及誤評顯教之言。

復次，顯教之一切種智唯識經中說一切衆生總有八識，佛地亦然，非有九識十識；所謂第九第十識，皆是假名言說施設，以顯不同階段第八識內含種子之差異，非有九識十識也。密宗不解佛意，卻自發明「第九識爲密續所獨有者」，以此邪見、卻來非議顯教之證量粗淺－只證第八識；自誇密宗之佛別證第九識，不共顯教，超越顯教之佛；如是妄言，有智者笑之。

復次，密宗所證之第八識，絕非 佛所說之第八識；所說第九識亦非佛所說之第九識，乃是密宗誤會佛法之第八、第九識，謂密宗以中脈爲法身，以明點爲佛智，以明點爲第九識如來藏、爲智慧佛身。如是說法，與佛法中之三乘菩提完全無關，而說爲已證第九識、已證如來藏、已證法身、已證佛地智慧，如是而言**第九識爲密續所有**，其實乃是以外道法之修行、套用佛法名相，而代替佛法之修證，所修「證量」完全無涉於佛法之證量，云何卻來輕蔑顯教修行者之證量粗淺？若此而非狂密者，何處更有狂密宗徒可得？

復次，佛所說之法身，乃是第八識心，而非密宗所說之中脈；今者上舉文中所說，顯示密宗行者以中脈爲佛地法身，正是牛頭逗馬嘴，根本未曾證得佛地法身第八識眞如（佛地改名第十識無垢識），亦未證得菩薩因地所證得之法身第八識阿賴耶；復以明點爲如來藏、爲第八識，完全不知顯教中 佛所說之如來藏即是第八識阿賴耶。如是以明點爲第八識者，有時又說明點爲第九識；如是完全不知不證顯教所說所證之第八識法身、完全不知不證如來藏之密宗上師凡夫，卻來輕蔑顯教菩薩所證得之第八識如來藏境界爲修證淺薄、爲因地修行；而自高推所證外道法修證，爲冠於顯教一切菩薩以上之果地修證－即身修成究竟佛果；並謂已證顯教 佛所未能證得之「法界體性智」，眞是顚倒是非之能手也。

而領導顯教之諸大法師，竟皆視而不見，一再容忍之，坐令密宗以如是邪謬之外道法滲入佛教之內，取代眞正之佛法，坐看佛教於本質上逐漸滅於密宗之手，豈非鄉愿至極？乃至如（台灣）中國佛教會前任理事長之淨心法師，與法鼓山之聖嚴法師，競相夤緣密宗達賴喇嘛，高舉達賴之外道邪法，認作眞正之佛法，並奉獻鉅資協助達賴喇嘛，令其可以擴大弘傳密宗邪法，乃是幫助密宗破壞佛教之「幫兇共犯」也。

至於印順法師，其實根本即是密宗行者，其根本思想完全是西藏密宗黃教之應成派中觀故，其所有思想唯有西藏密宗黃教之應成派中觀故，除應成派中觀之邪見，以外無別思想可言故。而彼崇尚印順思想諸人，竟完全不知印順之一切思想即是應成派中觀邪見，竟完全不知印順之一切思想**唯有**密宗之應成派中觀邪見，眞乃佛門最最可悲之事也，由此故說：「此時眞是末法。」

## 第七節　密宗上師皆錯認法身及涅槃因

密宗上師皆不知顯教賢聖所證阿賴耶識即是法身，誤認別有所習種子漸漸成長而成法身，如宗喀巴云：《《云何種子得有薩埵之義？即前論云：「**種子即羯羅藍，亦名有情。**」此舉雖無頭臂行相，亦可名爲有情之喻。》》（21-521-末）

亦如《甚深內義》讓蔣多傑云：《《依于佛菩提成所緣之習氣，彼所住者，由于俱生之理，異熟識如水入乳，雖然趣入，非阿賴耶類；**乃彼對治之種子，由小而中而大，數數聞思修，而成爲法身之種子**，爲阿賴耶識之對治法，而非阿賴耶之本體。雖屬世間，然爲出世間清淨法界之等流因，故成爲出世間心之種子。雖爲世間心，然能對治煩惱雜染及惡趣一切罪過，令其消滅、而隨順佛菩提故；故初學菩薩雖屬世間，然爲法身所攝。又如諸聲聞及辟支佛爲解脱相身所攝，故此非阿賴耶識之本體，爲法身及解脱身所攝。故由小中大漸次增長；到中等時，異熟識一切業轉變，**一切種子無有**，捨一切相，如是當知。》》（34-340）

如宗喀巴所言**種子即羯羅藍，亦名有情**；誤會佛法如此嚴重，云何密宗學人封之爲「至尊」耶？種子並非羯羅藍，羯羅藍亦非種子；羯羅藍謂受精卵，受精卵乃由許多種子而成就者，故羯羅藍絕非種子。由有衆生於往世所造所集之業愛種子，及父精母血所含四大元素種子，及衆生第八識中所含藏之「大種性自性」種子，是故入胎人類母親子宮後之阿賴耶識能創造羯羅藍（受精卵），然仍非是人間正常之有情，應名「非有情、非無情」，前六識尚未現起故；要待滿足六月，前六識漸漸現起，能運作之後，方始成爲眞正之有情。故羯羅藍乃是由阿賴耶識中流注許多之種子而合作所成就者，故羯羅藍絕非即是種子，唯可名爲「非有情、非無情」，有第八識心及末那心住持於其內故。宗喀巴不懂佛法，而妄以己意擅解，誤導衆生極爲嚴重，豈不須揹負因果耶？

讓蔣多傑於《甚深內義》中，説**彼對治之種子，由小而中而大，數數聞思修，而成爲法身之種子**，則是認爲法身乃是藉著修行，而累積許多法身種子，所以法身乃是藉著修行累積而漸漸成就者。然而 佛於三乘諸經中，皆說一切衆生之法身即是其本有之第八識體，此識之體無始以來法爾本有，圓滿具足，非因修集諸種子所成，非因修集諸種子而有。於大品小品般若諸經中，佛又名之爲「非心心、無心相心、不念心、無住心、菩薩心……」。佛又說此無始本有之法身，具足無量種子，法爾而有一切無漏有漏種子；由有如是法爾而有之無漏有漏種子，是故佛子能因如是法爾而有之無漏種子而修成佛地功德。

既說法身第八識中本已含藏如是無量有漏無漏法種，故說法身非因修之而有，乃是本已有之。今者密宗說法身乃由修集**彼對治之種子，由小而中而大，數數聞思修，而成爲法身之種子**，顯然違背佛說，亦令密宗所說之法身成爲因修而得者；若法身是因修而得者，則將來亦必因於「修緣」之散壞而消滅，非是本有者故，是有生之法故。顯教所言法身，則是本自有之，即是第八識自體也；由本有之第八識中含藏有漏及無漏法種，故須修除其中所含之有漏法種，增長原有之無漏法種而令圓滿具足；修除之後，即成佛地之究竟清淨眞如，改名爲第十無垢識；然仍是原有之第八識本體，本體仍無變異也，非是密宗所說之修行而後漸漸「**由小而中而大**」、而成就者。

如是所言，謂法身本有，非如密宗所主張之由修集**彼對治之種子**，

**由小而中而大，數數聞思修，而成為法身之種子**，然後成就法身。密宗所說之法身，乃是中脈，並非顯教中佛所說之第八識法身；是故密宗行者必須修集種種對治妨礙修證中脈之種子，然後可以漸漸證得中脈觀想成就，是故密宗所說之中脈法身，必須經由**數數聞思修**，**再由小而中而大**，然後**成為法身之種子**，然後成就法身。如是所言所修，完全是外道法，與佛法所說之法身及種子無關，是故修學佛法者，應遠離之，不可盲從也。

密宗如是誤解佛法故，根本已錯，則其後續所言之種種修行法門，皆墮外道見中，所言所修，皆非佛法；欲學佛法者，萬勿隨之，否則必入邪法邪見之中，若因此而妄言已修已證佛法者，即成就大妄語罪，來世將受長劫無量尤重純苦，密宗行者務必謹愼明辨，以免害人害己，無益自他。

密宗錯誤地認爲：如來藏非即顯教所證之第八識阿賴耶識。又別立外於阿賴耶識之想像中之如來藏爲法身（詳第六章第五節，此節中不重舉），別立中脈內之明點爲阿賴耶識，故說阿賴耶識是有生之法，體非無始本有；故讓蔣多傑於《甚深內義》中說：

《《頌中所言無始者，**蓋始終皆由分別心增益安立；在此，有垢無**

**垢自體，本從緣起出生，非其他法出生**，除此無有餘法為始，故名無始。又除心，無有餘能超越者，故曰無始。**心自體了別通達**，於剎那間解脫，亦何嘗不名始？無明錯亂之始，亦何嘗不名始？要彼自體外無能始者爾。故對治經云：「無始法界者，是諸法安住，諸眾生若達，于一時涅槃。」》》（34-341）

如是密宗大修證者所言之無始，謂以覺知心之意識始終皆有分別之性，而安立無始之名，非如顯教之以第八識體法爾本有故名無始；然而眾生往世所造所集之一切煩惱種子，若無第八識心執持之，云何能自存在？豈眞欲如印順法師等應成派中觀師所主張之存於虛空或「空無中」耶？

有垢無垢自體若如《甚深內義》所言：**本從緣起出生，非其他法出生**，則後來所修成之無垢法體，應是修所成者；若是修所成者，非是本有者，則後亦當壞，唯有「本已有之」者方是「後永不壞」者故。如是密宗所修無垢法體既是修成者，後必定壞，有何可貴之處而自炫於顯教耶？

復次，顯教諸經中，一向皆說眞心如來藏—第八識阿賴耶識—體恒、不生不滅，無始本有；又復處處說此第八識眞心一向遠離見聞覺知，絕非密宗古今上師所言之「**心自體了別通達**」。

密宗諸師錯將能了別六塵之一念不生時之覺知心，錯認爲佛地眞如，以爲「此覺知心意識一念不生、不於六塵萬法起心動念，即是解脫生死之涅槃境界」；欲以如是一念不生、不念諸法之覺知心入無餘涅槃，故言：「**心自體了別通達**，於剎那間解脫」，妄認覺知心可以進入無餘涅槃，妄認：覺知心不起念之境界即是將來「捨壽後進入無餘涅槃之境界」；乃以覺知心作爲佛地之眞如，墮於意識境界之中，而自言已證佛地眞如，以如是凡夫錯謬之邪見，卻來貶抑顯教菩薩所證之第八識阿賴耶爲證量粗淺；其實完全未入三乘佛法之門，根本仍是門外漢也。

如是而言：「諸衆生若達，于一時涅槃」者，乃是大妄語者也，錯解佛地之眞如故，錯解無餘涅槃之「境界」故。可憐密宗行者完全不知自己所知所解所證邪謬，猶自貶抑顯教、而向顯教誇耀不已，如是行爲，唯能顯示其無知爾。

復次，密宗諸師完全不知第八識如來藏即是涅槃之因，故作如是妄說：《《最極甚深之本體，各別緣起從之出生，如轉識與阿賴耶識互爲因緣之相，辨中邊論云：一者具緣識，二者具需要與受用能轉從心生；如上廣述，由此可知：阿賴耶識爲一切有情所住之因，而非涅槃之

因。》》（34-339）

讓蔣多傑於《甚深內義》中作如是說者，乃因誤會第八識所致。密宗內之古今諸師，每將佛法義理擅以己意而解釋之，不肯依經中正義而探究之，致令法義紊亂無章、令己及他皆入歧途；復又引入外道所修氣功明點…諸法，擅以自意搭配佛法修證之名相，而言果證，故皆入於外道邪見之中，非是佛教所言所修所證之法也。

當知阿賴耶識不唯是衆生輪迴常住三界之因，亦是一切聖者所證涅槃之因。不迴心於大乘之定性聲聞阿羅漢，由修證解脫道故，斷除我見我執已，捨壽時滅盡十八界法，不復有意根末那識出現，故其第八識由其本性「恒不思量了別作主」，而不再受生三界之中，名爲無餘涅槃；末那識已滅而不復現行故，無有一心能引第八識受生入胎故。

如是入無餘涅槃者，唯是第八識獨存，不復有見聞覺知心現行，不觸六塵，故曰「涅槃寂靜」；亦無末那識之思量心性現行，復無前六識之了知心性現行，故無七轉識之心行，遠離「諸行無常」，一切見聞覺知之心行及末那識之思量心行悉滅故；如是無餘涅槃名爲眞實無我，前七識之見聞覺知性及思量作主性皆已滅盡故，而第八識如來藏自體一向離見聞覺知及思量作主性，故無「我性」可得、故無「我性」現行，不墮「諸法無我」所破之外道「我性」之中；如是而符三法印，方是眞實無餘涅槃也。

由是可知第八識阿賴耶正是衆生修證涅槃之根本因，涅槃以第八識爲體故，離第八識則無涅槃可修可證故，離第八識則無餘涅槃即成斷滅故。而無餘涅槃之中，無見聞覺知及思量性，絕非《甚深內義》所言之「**心自體了別通達**，於刹那間解脫」，如是妄認覺知心可以進入無餘涅槃，妄認覺知心爲涅槃之因，而否定第八識爲涅槃之因，可見密宗諸師完全不懂佛法也。

## 第八節　密宗諸師皆以覺知心住於一切法空作爲法身

密宗諸師多以一切法空爲法身，非以第八識爲法身，猶如《甚深內義》之作如是言：《《離戲明點者：「……自性明則爲報身，不滅大悲隨化現，此之三相如現在，一切皆如空顯現。」根本明點者，說爲自心之俱生智，**本體空、自性明、相不滅，此三如次爲法、報、化三身本體**，前已略述。其于現在所顯現者，**法身則一切法空**，諸法自性顯現、不越乎此。**報身者，所對境空，然其明相十種，宛然顯現。化身者，前

**六識現境功能，各各具足。**》》（34-412）

依此段文中之意，密宗所說之一切法空者，則是以覺知心與明點獨自存在，而不觀想一切諸法，不令一切諸法出現，名爲一切法空；如是覺知心與明點獨存而不出現其餘所觀之法，名爲一切法空之「法身」。若依於明點而觀想其餘諸法變生而出者，即是前六識之現境功能，名爲「化身」。若覺知心於此明點境界之中，有其明性（了知性）存在而不生染著性者，其覺知心之明性即是「報身」。

由是邪見故，《甚深內義》如是言：《《三者（上文所言之法身、報身、化身三者）無分在境上顯現、能顯現境之智慧者、與境相連識，即是自本體，此即**根本離戲論明點**。**此離分別明點**現量，與之相應如何？龍樹之法界讚云：意爲主要諸法前，遠離分別觀察相，是爲諸法無自性，應修如是之法界。眼見耳聞與鼻嗅，舌香乃至以身觸，諸法了知本性圓。眼耳乃至于鼻舌，以及身意六入淨，即此是爲勝義相。心之本體見二相，即是世間出世間。世間乃執我流轉，出世了知爲勝義，貪欲清淨爲涅槃。瞋心愚痴清淨已，如是清淨爲佛性，爲諸眾生作救主。》》（34-412~413）

此偈應非龍樹菩薩所說，不符三乘法義故，違背龍樹菩薩所造之諸多論述意旨故；乃是密宗祖師以自意解釋法身，謂覺知心於明點現量境界上現行時，不起分別及貪著瞋痴等，則此時之覺知心即是「一切法空之法身」也。如是以覺知心為法身已，謂法身覺知心有明性（於一念不生時而能了知六塵之分別性），而此明性者即是報身—能對境顯現明性，而自知所對之境悉空，即此明性是為「報身」也。復施設前六識諸覺知心，能顯現各種境界上之功能為「化身」。

然實覺知心乃所生之緣起法，即是前六識，不具顯現境界之功能，亦非化身，六識所了知境乃是內相分，悉由第八識前現故。若如是言為化身者，則一切凡夫不須修行，亦皆早已證得化身也。則一切顯教學人亦皆早已證得化身也，非唯彼等密宗師徒方證得化身也；如是，密宗行者所言之證得化身，而炫耀於顯教者，實無意義，一切凡夫之未曾修行者亦皆已有此「化身」之故。

如是所言之「根本離戲論明點」，本身即是戲論，與大乘佛法之第一義諦修證完全無關故，亦與二乘解脫道之修證完全無關故。由此戲論而發展出種種修行法門，莫非皆是戲論，有何可貴之處？而自密之？秘惜於人？無有是處。

密宗復因誤會眞如緣起之眞義，因而批判賴耶緣起，因而否定阿賴耶識，妄說此根本識爲純妄之心、爲不了義，完全違 佛所說。譬如：《《大手印爲密宗之最上部份，故不重賴耶緣起。三界唯心、萬法唯識等論調，屬唯識宗之賴耶緣起，西藏學者多批評之爲未了義；**三界唯緣，萬緣唯空，無論色之五大，心之四蘊，皆屬緣起性空，實爲密宗大手印所持之了義**。是以解脫道中，如大圓滿之修妥噶、五大五光等，貪道中之五氣五光、四喜四空等，皆就六大瑜伽之緣起實德而顯現，不偏于唯心也。》》（34-702）

密宗諸師完全不懂唯識正理，彼說所言，完全誤會唯識學中賴耶緣起之義（關於賴耶緣起，請詳拙著《宗通與說通》，此處從略不述）。彼等既未證得賴耶緣起中所說之第八識，云何有能力驗證賴耶緣起之法耶？乃以自意妄想猜測，而妄評唯識學中之賴耶緣起之法，猶如井蛙之妄評一國之王爲低賤草民一般，豈不令識者哂之？而密宗中人所最自豪之明空大手印，則以意識心（覺知心一念不生、不緣萬法）而誤認爲佛地之眞如；無上瑜伽之樂空大手印，則以雙身法中一心受樂之覺知心，誤認爲即是佛地之眞如心；並妄言此坐中或淫樂中、一念不生之覺知心即是能生萬法之根本心。

彼等所說之解脫道，及「**大圓滿之修妥噶、五大五光等，貪道中之**

**五氣五光、四喜四空等，皆就六大瑜伽之緣起實德而顯現**」者，皆是意識心，妄認意識心能生萬法，謂爲究竟了義之法，謂爲更勝於顯教所證之法。若探究其實質，則於小乘之法所證解脫道而言，尚且未入見道位中—不入聲聞初果位中，仍然不斷常見外道所墮之意識我見故；聲聞解脫道之粗淺智慧尚且無力知證，何況能於大乘所證之佛菩提道上有所修證？大乘所修證之佛菩提道，以實證第八識阿賴耶識而入故。今者密宗諸師於三乘佛法，皆未能入於見道位中，而奢言究竟無上之「瑜伽」修證，即成乞者自言「已成大富長者」之愚痴行也。

由誤解佛法故，《甚深內義》所推崇之密勒日巴大手印「不整治之心」，乃墮於意識心中；復以明體爲眞如妙心，與宗喀巴之所執者無二：《《「恒河大手印」貢師解析引用至尊密勒日巴所云**不整治**者，要分三事：一者煩惱及妄念，不整治則墮落；二者樂明無念，不整治則流轉三界；三者本心，則不許整治云云。此上三事：第一屬心理的妄想心，第二屬宗教的界內定心或九住心，第三才屬大手印之本心。故此書二十頁「斷心意根生死枝分亦全枯」，此心即指了別心、思量心，而非大手印正行中之心，其頌文中所言本淨妙明心，或本淨妙心，則爲大手印心。》》（34-703）

然而觀察密勒日巴所證之「恒河大手印」中諸開示及諸歌訣，此第三**屬大手印之本心**仍是意識心，讀者欲知其詳，請閱拙著公案拈提《宗門道眼第二〇八則、宗門正道第三九九則》即知，此處表而不論。

一切有情之出現於三界六道中輪迴生死，莫非因於賴耶緣起；乃至密宗一切法王上師，亦皆未離賴耶緣起。而彼諸人完全不解賴耶緣起之理，悉以自意妄解賴耶緣起，不免貽笑方家也。關於賴耶緣起之正理，於拙著《宗通與說通、我與無我》二書中已有解說，讀者逕閱即知其理；此處因篇幅所限，不重說之。

要而言之，覺知心住於一切法空之所觀境中，仍是覺知心，不曾改易其意識心之本質。縱使能令覺知心於二六時中皆住於一念不生之狀態中而不昏沉及眠夢，如是保持一生而不眠夢，仍不能改變其意識之本質。假饒能令覺知心常處於一念不生之境，連續三劫五劫，仍然是意識，無改於彼意識之本質。意識永遠是意識，乃至成就究竟佛地之修行，意識仍是意識，仍不能變成佛地之眞如－第十無垢識。是故密宗欲將意識常處於一念不生之境，而轉變意識爲佛地眞如者，乃是妄想；如是修行，非佛法之正修也。依之而修三大無量數劫之後，他人已經成佛已，密宗諸人之不肯轉入顯教而修者，仍將繼續處於凡夫位而自以爲已證佛果，三大無量數劫之修行，悉皆徒勞無功也。

復次，密宗既承認佛法中實有一切種智，則不應否定第八識也。離第八識即無一切種故，若無一切種，云何而修證此一切種之功能差別？云何能了知此一切種而發起一切種之智慧？如宗喀巴云：《《總之，若謂於勝義中破執無性，彼非所許，破之何益？若謂於名言中、心不可執無性無我，故不應執彼者，則應全無通達眞實義者，謗解脫及一切種智。》》（21-611）

今者宗喀巴既不許他人誹謗一切種智，則彼自身即不應誹謗第八識阿賴耶，不應否定自身亦有之第八識阿賴耶。一切種智之內涵，即是第八識所含藏之一切種子；種子者又名爲「界」，又名「功能差別」，是故一切種子之智慧即是第八識所含藏之一至八識一切功能差別。

一切種既含藏於第八識中，則密宗黃教即不應否定第八識，不應誣指第八識爲方便說—言無此眞實心。若無此眞實心者，亦應無一切種子；無一切種子，則無一切種智。今者宗喀巴既承認有一切種智，並不許他人誹謗一切種智，則其否定第八識之一切言論，即成無義，自相矛盾。

# 第七章　般若中觀——兼述密宗之明光大手印

## 第一節　明光大手印——密宗之般若中觀

密宗之無上瑜伽有二種：一爲貪道大手印，二爲解脫道大手印（亦言明光大手印、明空大手印）。此二又有名爲貪道大手印、涅槃道大手印者：

《《入觀於此甚深秘義之境界者，必須依於無上瑜伽密乘上師之教授導示；行人得其心要，即得如實認證於其一向企求之菩提薩埵完全無我境。行人修習至於堪能受學時，其上師即予以此要妙教授。約略示之云：『汝今當觀：**三界中一切所有，皆爲兩性結合而成**。其力用方面，等同佛父之陽性體；與其聰慧方面，等同佛母之陰性體；兩相結合，成爲不可分離（原註：悲智交融）之雙身合一體；**違此雙身合體，即獲究竟道，即大手印也**。』　又行人習至此程度，其上師更將大手印教授，總攝而示之曰：『一實相者離言離名，非是兩邊；唯一體性，不可分別。此諦須明，乃得獲證圓滿菩提無上安樂。彼已獲證者，即自能從其大圓滿菩提心中，油然發生無量大悲心，愍念於諸尚自沉溺於無明苦海之一切眾生，亟欲提升之，使之一一同登於光明覺道。』云云。是以能具此包舉三界一切之無量大悲心者，即是已入於大乘菩提道者也。》》（122-641~643）。

貪道大手印所說者，即是男女雙身合修之法也；此中細節，容於後出之第二、三輯第九章之無上瑜伽中廣說之，此處暫且舉而不述。其所以稱爲無上瑜伽之理由，亦容俟第九章中再述。此章中所欲說者，乃是密宗之解脫道大手印，又名涅槃道大手印，與般若有關故。

又此段密宗祖師所說文中之見，有大謬焉；譬如彼言「**三界中一切所有，皆為兩性結合而成**」，即非實語，謂欲界六天之天人，雖仍有欲行，而已漸上漸薄，唯有第二天以下之天人，方有二根之交合；至第三天起，已不作二根之交合也。四王天及忉利天雖仍有二根之交合，然彼二天之天人，已非由兩性結合而生，而由十善業及未斷淫欲而生彼天中，非如密宗所說之由「**兩性結合而成**」也。

復次，色界天人純由禪定之力而生彼天之「下十三天」，色界之五不還天則純由斷惑而生彼中，唯有三乘聖者方能生彼，未斷惑之外道及諸凡夫悉不能生彼；乃至色究竟天之必須證得道種智方能生之，是故色界共十八天皆非密宗所說之由「**兩性結合而成**」也。復次，無色界四天，悉無色身，純是六七八識境界，純是定境，無身之定境尚需由「**兩**

**性結合而成**」耶？密宗無知至極，言「**三界中一切所有，皆為兩性結合而成**」，故密宗之報身「佛」、法身「佛」皆是雙身交合受諸淫樂之欲界「佛」，悉皆不能超出欲界境界之外；由此而觀，即可了知密宗「成佛」之理論與「成佛」之行門，皆是妄想，荒唐至極。

以男性代表方便大悲，以女性代表智慧，雙身交合而常受淫樂，謂為成佛之果報，故密宗一切「佛」皆是雙身交合而常住淫樂境界之中，名為「悲智雙運」，此即密宗之貪道即身「成佛」法門；為欲分別貪道即身「成佛」法門與明空大手印之異，故說打坐而證得一念不生又能了別境界之覺知心，即是「佛地」之眞如，此即是「明光大手印、明空大手印」之「成佛」法門。

陳健民上師亦如是說：《《**無上瑜伽部、分二道：一為方便道，或曰貪道，必修事業手印**（必須修雙身法之淫樂事業）；**二為解脫道，即大手印，或曰光明大手印**。方便道（雙身法之道）**修至第四灌，即與大手印相結合**。**解脫道不必修第三灌，直接依大手印修之，故其正行自與方便道不同**。》》（34-699）

此意謂光明大手印所修者，即是取證解脫光明之法也。事業手印者，謂與異性眞修雙身合修之淫樂法門也；以其所行，不離世間男女事業，故名事業手印。此事業手印，既與男女欲貪有關，故名貪道，意謂此法以淫欲爲道故。如是修行法門，既以男女欲爲方便而修之，故又名爲方便道。

光明大手印者，即是一般密宗所說之大手印也。陳健民上師與諸密宗上師，皆誤會顯教般若之意旨：《《前書「了義海（註：俱生契合深導了義海心要）」中27、28頁所謂「三世勿作意」，此即般若乘中修法，見《金剛經》；此法如不在空性上體念，則與外道習定所修「三世勿作意」相同。般若乘不妨作大手印加行，然不可混爲正行；如必作大手印正行，則般若乘用之，必三阿僧祇劫方成佛；而密乘用之，則即身成佛，此理不通。》》（34-698）

此乃誤會顯宗之般若者所言也。「了義海（俱生契合深導了義海心要）」中27、28頁所謂「三世勿作意」，絕非大乘般若正行。密宗諸師不知不證般若，每以自意而解般若，謂意識覺知心住於一念不生之境中，不起任何作意，即是般若經所說之無住心；以能如是安住，便謂爲已證得根本無分別定。復謂如是「三世勿作意」，便是證得涅槃之聖人。

然而顯教般若所說之無住心，乃是第八識心，乃是從無量劫以來便已是「勿作意」之心，無量劫以來未曾一念起作意—欲見欲聞欲覺欲知—從來不於六塵境界起種種欲心所；今者密宗卻以意識不起六塵中之欲心所、而安住一念不生境界中，以爲即是顯教般若所說之無住心，便教人須「三世勿作意」，以爲佛法之正修；以如是誤會所知之「佛法」，更來貶抑顯教，謂顯教如是修之、須待三大阿僧祇劫方可成佛；自謂密教修之，配合樂空雙運（男女雙身合修）之法便可即身成佛。然顯教之般若修證，實非如此，唯是密宗之誤解爾。

密宗諸師以己誤會之「顯教般若」，而責顯教般若之修行遲緩；以己外道性力派、與佛法完全無關之淫欲貪著修法，永不可能成佛之修行法門，自誇爲能令人即身成佛之法，以之貶抑顯教之正修行，顛倒至此。

如是誤會顯教之法而責顯教，如是顛倒其說而自誇耀之邪見邪說，於密宗古今諸師之著作中，隨處可見，可謂無書無之、乃至頁頁有之，極爲嚴重。如是密宗之大手印，悉墮意識心層次之內，尚未能觸及第七識末那，何況能觸及第八識實相心？每將意識心處於不作意之中，便認爲已證得「三世勿作意」之實相心，誣說此是顯教之般若修行法門，誤會之後，更來貶抑顯教修行遲緩下劣；如是顛倒其心，是眞可憐憫者。

## 第二節　密宗自續派中觀之般若見

密宗之自續派中觀，乃是紅白花教之中觀見。此三大派之中觀見，乃是以意識不住兩邊、不粘著諸法，作爲中道觀。他們以意識處於「不分別」諸法之狀態中，名爲証得無分別心，名爲已證得般若之根本無分別智，稱爲根本定。非如顯教眞見道者之以意識証得本無分別之第八識如來藏，而後意識依此修證，了知「第八識如來藏無始以來已住無分別中」之智慧，依此智慧而住，名爲証得根本無分別智。

密宗諸師完全誤會般若之旨，以意識不動不起分別，名爲證得根本無分別智，故言：「以串修之力，令分別遮滅、無分別遮增，……」是故密宗所證之無分別性，乃是修而後得者。譬如《道果－金剛句偈註》云：《《本頌中云「能爲智進退」者，即謂生定之理。初機者於初集界等時中，雖生無分別定，然未堅固，不能自在，雖生智亦受遮障，所得利益小，如烏雲蔽日。然則以串修之力，令分別遮滅，無分別遮增，以所現增長，則如暗影漸明。》》（61-467）

密宗自續派之中觀見，一向爲寧瑪巴等三大派所奉行，唯有黃教不認同之。彼等皆不知第八識阿賴耶即是如來藏，皆不知 佛說阿賴耶識非眞亦非妄之理，總認阿賴耶識爲純妄之識；認爲衆生既依阿賴耶識而有生死，則阿賴耶識即是純妄之識，故認爲修行者絕不可認阿賴耶識爲眞實心；由有如是邪見，故於阿賴耶識不生喜樂心、不欲實證之，乃至作種種謬說而百般否定之。

殊不知阿賴耶識由其賴耶緣起之種子，故能令衆生生死輪迴；但亦因賴耶緣起之故，衆生方能依之漸修而成究竟佛道。若無賴耶緣起之種子，則一切衆生皆不可能有來世，此世所修集之一切善功淨業，皆將唐捐其功，不能攜至來世，何況能賡續佛法淨業而成就究竟佛道？當知眞如緣起正理，乃是依於修淨第八識阿賴耶之集藏分段生死煩惱種子現行而轉成第九異熟識，成爲證得解脫果之聖者；如是修證，若離第八識之賴耶緣起，則菩薩證得解脫果時，捨壽必取無餘涅槃，則無可能不取無餘涅槃，則不能轉入後世再進修佛果，是故菩薩修證佛果一切種智，必須依靠阿賴耶識之賴耶緣起功能，方能取證解脫果後再起受生願而不入無餘涅槃，再受後有而次第漸修佛果，終至成就究竟佛道；既如是不離賴耶緣起方能成佛，而賴耶緣起依於阿賴耶識而有，云何密宗行者可以否定阿賴耶識而言佛法之修證？云何可以外於阿賴耶識、不證阿賴耶識，而言佛果之修證？無是理也。

復次，菩薩證得解脫果之後，由於「煩惱障之現行」斷除，而「煩惱障之習氣種子隨眠」尚未斷除，故菩薩必須再依第八識本有之賴耶緣起，方能受生於人間，一再歷緣對境而修除煩惱障之習氣種子隨眠。然而欲求成佛者，非唯斷除煩惱障之習氣種子隨眠即可成佛，尚須歷緣對境證知第八識含藏之一切種子，方能分分斷除無始無明塵沙惑；如是分分證知第八識中所含藏之一切種子已，則能令第八識中之一切功能差別分分現起；如是三大無數劫中，漸漸具足斷盡塵沙惑、具足生起第八識中一切種子已，方能成就究竟佛道；如是過程，仍須仰賴第八識之賴耶緣起，方能繼續受生修道而至成佛。

證得解脫果後之賴耶緣起，改名異熟緣起；所受三界生死，唯名異熟果；以斷集藏分段生死之功能故，不復名爲賴耶緣起，改名異熟；此階段之菩薩所有色身及其心所法之現行，皆是異熟果所生，而非業種之果報生，故不名賴耶緣起，但仍依第八識而有。若無第八識之具有賴耶緣起、異熟緣起等功德性，則證得解脫果後，便無來世，便不可能再進修成佛之道，則三界中便永無佛出世，便唯有阿羅漢而永無佛。賴耶緣起及異熟果，既皆依第八識而有；所修證之佛法一切種智，復依第八識種子之修證而得，則一切佛法之修行皆須依第八識而修，何可外於第八識、否定第八識而言佛法之修證？無斯理也。

今者現見密宗古今諸師皆外於第八識而言佛法修證，皆外於第八識而言別有如來藏，復又建立一念不生之意識覺知心為如來藏，與佛法完全不相應，云何可言更勝於顯教？云何可言其法是「即身成佛」法門？本質實是外道見之虛妄想爾，與佛法完全無關。如是所言所傳所證，於三乘佛法之見道，俱不能入、俱不能證，乃是外道之修行法門，非佛法也。

西密紅白花三大派之修行法門所說之見、修、行、果，俱皆如是依於自續派中觀見而修，以為意識離念靈知心自己可以延續三世不斷、而修佛法；如是依覺知心自己、以覺知心自己為中心，而說而行而修「佛法」者，實非佛法，名為自續派中觀見；乃是常見外道法也。

自續派中觀見者，復以二法而證「中觀」：一者於靜坐之中，修一念不生之清明境界，保持一念不生、了知五塵而「不攀緣」五塵之境界，名為明空雙運；於此明空雙運之境界中，觀察如是明空雙運之境界實由明空雙運時之覺知心所生（密宗認為此時之覺知心即是如來藏），故明空雙運之境界，與能生明空雙運境界之覺知心不二；如是保持覺知心之一念不生而同時了知一切六塵、分明不昧，並時時覺察此覺知心空無形相故空，將此「空」性與「明」性雙運不離，名爲明空雙運，即是密宗之「解脫道大手印」；能如是觀行者，便是即身修成究竟佛道－究竟成佛，如是故言「密宗有法能令人即身成佛」。

二者於雙身合修之淫樂觸覺之中，保持其樂觸之常久不退（如宗喀巴所說之每日八時而修），復於彼長時保持之淫樂觸覺中作觀，觀彼樂觸之覺知心「空」無形色，觀彼樂觸之覺知心與樂觸不二，觀彼樂觸覺知心之空無形色故名「大樂空性」，觀彼「大樂空性」與彼淫樂無二無別，大樂空性由彼受樂之覺知心所生故，如是現觀完成，名爲「樂空不二觀」成就，即此肉身而成「究竟佛」。

自續派中觀，即由如是修行法門，而作「般若」觀行，觀察「明空、樂空」與覺知心不一不異（應成派中觀師亦如是觀樂空不二。自續派與應成派之「樂空不二、樂空雙運即身成佛觀」相同），故名「中道」觀；如是觀察「明空、樂空」與覺知心同在，而覺知心「常住」不滅，故隨時隨地可以住於明空雙運或樂空雙運之境界中，故說明空樂空不來不去，名爲中道觀；……；觀察明空雙運或樂空雙運之境界具有種種「中道」性，故說如是明空雙運之中觀見、即是顯教三大阿僧祇劫所修證之般若中觀；又說樂空雙運是顯教佛所未曾開示之究竟成佛法門－可以即此肉身修成報身佛果，而說樂空雙運之男女合修法門是無上密法，非顯教之佛所能知之、證之。

如是中觀見，根本成淫，知見偏邪，完全與佛法無關；莫說「即身修成究竟佛果」，乃至如此努力修至三大阿僧祇劫之後，仍然不能與三乘佛法之任何一種法門相應，於三乘佛法之見道，尚不能證得其中之一，何況究竟成佛？猶如煮沙而欲成飯，久劫不得，沙非飯本故。如是自續派中觀見，乃是凡夫妄想，與佛法無關；若人不信吾言，繼續依之而修者，即是永遠絕緣於三乘佛法之外。密宗如是自外於佛法，而自謂為佛法之「果地修證」者，名為愚痴者，名為可憐憫者。

## 第三節　密宗應成派中觀之般若見（上半）

密宗之應成派中觀，乃是黃教所崇奉者，乃是黃教所最引以自豪之中觀見，黃教每言應成派中觀是一切佛法中最究竟之中觀見。印順法師極為崇拜應成派中觀見，於其著作中美言：「應成中觀為西藏密宗佛教之驕傲」，讚歎其組織嚴密，說理透徹，為最究竟之佛法；並期待應成派中觀見**必將會正確圓滿的發揚起來**，所以印順法師如是預記：

《《據說藏傳的中觀學，有佛護、月稱的應成派，和靜命、清辨的自續派；傳入西藏的時候，雖各有因緣，然經過長期的流傳，佛護、月稱的應成系，已取得了中觀正統的權威。藏傳的中觀教典，近來始有部分的翻譯爲漢文。同時，由於中論梵本的發現，日人曾從文義的考訂中，獲得許多新的理解。中觀的特質，將來在藏傳、漢傳和梵本的相互參證中，**必將更爲正確圓滿的發揚起來。**》》（印順著《中觀今論》頁4）

然而應成派中觀見，在玄奘菩薩之《成唯識論》中，早已廣破之，在更早之龍樹菩薩所著《中論》亦已廣破之。印順法師誤解龍樹菩薩所著《中論》之意旨，妄說爲「離如來藏之一切法空」說，後將有我同修會中之親教師專書論之，今暫表過而不論之。無著與世親兄弟所著諸論中，亦皆已曾廣破應成派中觀之邪見；印順法師不知不證佛說中觀正義，被藏傳之密宗應成派中觀見所迷，反謂密宗之應成派中觀見爲最究竟法，非可謂爲有智之人也。

余諸著作中（譬如《楞伽經詳解、我與無我、宗通與說通、邪見與佛法、真實如來藏》等書），對印順所說應成派中觀之邪見、加以系統性之辨正，顯示應成派中觀見之邪謬，舉示印順法師之所有思想即是應成派中觀，亦顯示印順法師諸書所說「**佛法與中觀**」之種種邪謬，印順法師自身閱已，其實亦已自知邪謬，然而無力自圓其說；又因面子所關、及騎虎難下之勢（彼諸徒眾必將反對其公開認錯，以免影響諸徒眾之名聞利養），令印順法師既不能出而辯駁、自圓其說，又不能承認其《妙雲集……》等著作所說邪謬，只得默然以對，不復有所能爲，捨壽時亦將齎恨以終、後世長受苦報。

彼諸印順法師邪法之繼承者，食其邪見涎唾，而無正知正見加以簡別，爲面子故，仍隨其邪見而繼續弘傳應成中觀邪見，勢將導致捨壽後之沉淪。爲維護名聞利養及此世在佛教界之地位，乃更作種種文飾之辭，謂印順法師不屑與平實辨正法義；不肯讚同其出面認錯，而反阻止之，令印順法師必須承受**謗菩薩藏**之一闡提重罪，絕非慈悲之人也。如是文過飾非之言，更顯彼諸徒衆之私心自用，不能實事求是，一味文過飾非；如是諸人，不能聞過則喜、速求正義、檢討自身法義之過失，而反作諸遁辭、飾辭，非是眞正修學菩薩道者，菩薩所爲不當如是故。

譬如江燦騰教授，於現代禪網站覆李元松居士之信函中，自言余之讚歎恭敬於彼，言彼不屑與余對話；此乃妄語及遁辭也。憶昔因睹其著作，見其敢於對當前佛教界之怪象提出諍言，故恭敬讚歎之，贈以《宗門法眼》等二書；彼則回贈《中國近代佛教思想的諍辯與發展》一書。余因此故，曾就其書中所言熊十力與呂徵之論辯「性寂與性覺」一事而提出管見；江教授不懂余函中所言「性寂與性覺」之意，復因未能證入三乘見道之一，又未能摒除中國「文人相輕」之惡習，而建議余應讀南傳佛法「覺音」所造之《清淨道論》，頗有為師指導余之進修之意。江教授作如是言：《《從學者的角度來看，我認為你應走出禪宗的傳統思維模式。覺音的《清淨道論》，世親的《俱舍論》，宗喀巴的《菩提道次第廣論》——（止觀部份），都是可一開眼界的。》》（詳江燦騰1998.10.14.來函）

然而世親所造之《俱舍論》，乃其未學未證大乘法理之前，尚在小乘聲聞法中修學時所造者，雖然合於二乘解脫道正理，然部份說理尚可商榷，於大乘佛菩提道而言，並非完全正確之作，江教授應當知此。

南傳佛法覺音所造之《清淨道論》所言，不符　佛所言依「名色緣識之識—第八識如來藏」而有之解脫道，違　佛所說，亦違余於解脫道之修證現量；非唯所說諸法不能及於第一義諦實相，乃至對於自宗南傳佛法之二乘解脫道亦復錯會，而墮於意識我見之中，未曾證得聲聞初果之見地—根本未斷我見，尚在外道凡夫位中。

至於宗喀巴所造之《密宗道次第廣論、菩提道次第廣論、略論、……》等，悉皆錯誤連篇，違教背理，觀乎本書所舉宗喀巴之邪見，可知一斑也；而其所造廣論中關於止觀修證之論述，悉付闕如，根本連初禪都未能證得，所說等至之理與禪定正理完全相違，亦違余所修證之禪定證量，完全不懂等引、等至、等持之正理。

如是等論，除世親尚在弘傳聲聞法時期所造之《俱舍論》外，悉皆錯會佛法至於完全相背之地步，可證覺音與宗喀巴二人：前者尚在凡夫位中，次者根本即是外道，完全不解佛法正理。如是二人所造之論著，充滿我見與邪見，誤導眾生極爲嚴重，有何可讀、可信受處？而彼江教授極力推薦之！由此亦可見江教授之外行至何地步也！由此緣故，余於閱畢江教授來函時，僅於函上加註紅字一行：「寄贈《平實書箋》即可，不須回函。」便予永置。

復次，余所言法，並非純從禪宗之傳統思維模式出發，綜觀拙著早期之《眞實如來藏、正法眼藏、禪淨圓融》，近期之《宗通與說通、邪見與佛法、甘露法雨、我與無我、楞伽經詳解、……》等書所說，兼攝三乘之聲聞、緣覺、大乘佛法，通貫阿含、般若、唯識等初至三轉法輪諸經正義，亦兼及密乘之邪謬破斥，絕非唯從「禪宗的傳統思維模式」而言也。如是統貫三乘佛法之言，於早期諸書已具言之，今猶現成可稽，事實俱在，而江教授管見不能及此，以自意而窺余之慧學，作此淺見之言，亦可知其寡聞少學至何地步也。

余觀江教授於三乘佛法知見如此欠缺，又具高慢之心，知其與第一義諦及二乘解脫之道俱皆無緣，乃未覆函，從此永置。彼若因此而以爲余對其仍舊心存恭敬，以此自我高舉，則是未知事實、背於事實者也。而彼至今，仍舊續食印順法師之邪見唾沫，不知應捨應離，顯見其於三乘佛法眞實義之無知、與師心自用之心行；復以如是無知及崇拜故，爲印順法師作諸飾辭，非是直心之人也。以此無知及師心自用之心行，乃竟妄評余法：

《《正如我和藍先生根本不回應蕭平實先生的強烈質疑印順——不是印順不能質疑，而是蕭根本外行，不值得浪費時間；至於蕭本人對我是相當尊敬的，但也不能就隨便跟著起舞。……。》》（詳現代禪網站江先生覆李元松居士文）。

然而江燦騰教授所言違背事實，正是欲蓋彌彰，復又背離正法之愚行，如是作爲非是有智之人也。所以者何？謂江教授於回復李元松居士之函文中，只能對於現代禪諸人之身口意行作諸評論，不能於佛教法義上對現代禪作正確之評論故；此乃人身批評之行爲，非修學佛法者之所應爲，故江教授並非佛法中之修行人，唯是佛教學術研究者爾。江教授若有智慧如其所言之「內行」者，應當執筆針對現代禪之法義加以辨正，而非對其身口意行加以評論，以免「人身攻擊」之譏；亦應針對拙著《眞實如來藏、邪見與佛法、楞伽經詳解、宗通與說通……》專評印順「法師」之邪見、及舉証印順破壞佛教正法事實等論議，造書細評余法之正邪，然後正式出版，摧滅外行之蕭平實「邪說」（然余在此事先建議：江教授欲出版前，應先請印順法師過目，以免後來敗闕百出、顏面喪盡，一生英名盡付流水時，怨余未先言此，復又因此辨正而對印順法師重加一層拖累與「傷害」）。

余於拜讀之後，將請隨學之「更外行之弟子」出書回覆江教授，以供教界之法眼審查，方知江教授是否「人如其言」之「懂得佛法」也，方知江教授「內行」之言是否屬實也（但因我會諸同修等，皆於日間有其世間職務，時間有限，是故回覆之書必須於江教授出書或出文後之一年半左右方能繕妥出版，大眾皆可好整以暇、慢慢等候，不須急在一時）。

余今於此以言激之，欲令江教授生不悅之心，奮發而起、執筆為文，印製成書，針對余法提出針砭。江教授若無力作此「內行人」所應為之事，而言「不值得浪費時間回應蕭平實」者，則是「色厲內荏」之言、「言不由衷」之言，乃是遁辭；此後應當閉口，不言佛教界之人與事、不言佛法之正與邪。所以者何？佛教界之事乃是佛教修行者間之教內事，不需汝等專作「佛教學術研究」、而不依經中佛語修行之「學術研究者」來作建言；自有教內之法義辨正，能令教義澄清、正法久住，無勞外人。亦不須汝諸未曾入佛門中眞修實証之「佛教學術研究」者，來爲佛教修行者說法；汝及印順法師等徒衆皆是研究佛法而不加以眞修實証者，本質絕非眞正之佛教徒故，印順只是身披佛教法衣之破法者故，完全使用密宗應成派中觀邪見作爲其中心思想，而剷除佛教根本之第八識如來藏法故，如是作爲已令佛教正法淪於玄學戲論故。

余今於此以言激之，江教授受激之後必定暴跳如雷（觀其覆李元松居士函之言語，及攻擊如石法師之言語，即可知其必定如此）；暴跳如雷之後，若不能造書細評余法之謬者，則已証實其爲「口是心非、不懂佛法」之人也，則其人之言是否可信，大衆自能知之也。然江教授若不從法義上論辯，而於網站上下載「有心人」對余之無根誹謗，然後評論者，則是人身攻擊者，無關法義辨正，則其人之佛法「證量」，大衆亦可由此而知之也，從此可以將其言行視而不見、置若罔聞，皆是無義之言故，不關佛教界之痛癢也。

江教授從此以後不應再言：「（印順法師）對於蕭平實之法義辨正、不是不能質疑，而是蕭根本外行，不值得浪費時間」，所以者何？印順法師及其徒衆，絕非雍容大度之人也。試觀佛教界籍籍無名、而且比平實更爲外行之「鍾慶吉」居士，於自立早報每逢週日刊出之「自立講台」專欄中，爲文反諷而諫印順法師之邪見，冀其修正、庶免後報，可謂「言雖不經」、而「其行也善」；然印順法師雖然抱病住院，亦仍與其「門徒」昭慧法師立即爲文反駁，師徒各造一函，於次週後之自立講台登出。如是更外行之無名之輩所刊一文，便由師徒二人俱皆爲文迅速反駁，鄭重其事；而於余之以書：《眞實如來藏、邪見與佛法、宗通與說通、楞伽經詳解⋯》等專書專題論述，並持之以恒、多年不斷論述其謬、迄今不斷，如是嚴重者，竟言「不屑與蕭平實言論」，而隱喻印順之雍容大度？江教授豈眞是見樹而不見林者？此說不通也。

由此顯然可見江敎授所言：「印順法師及其徒衆不屑與蕭平實言論」之說，乃是飾辭遁辭，違背事實。如是言語，唯欲遮掩其不能置辯之窘境爾，唯欲遮蓋彼等進退兩難之窘境爾；所以者何？謂所說法若有邪謬，則必難免智者之所辨正也。智者所作法義辨正，鋪陳義理而解析之，有智之人閱畢即知，豈受江燦騰敎授飾辭遁辭之所瞞耶？

江敎授若「眞有修證、眞懂佛法」者，應先就拙著《眞實如來藏、邪見與佛法、楞伽經詳解、我與無我⋯⋯》等專評印順法師之著作，就

**法義**一一提出辨正，以證明印順之法正確，以證明蕭平實之法邪謬、所說是「外行」話；如是証明有力能破斥平實已，方有資格說「不屑與蕭平實言論」之語也，否則即成飾辭遁辭，非如實語也。如是作已，不論南傳小乘佛法之解脫道、抑或北傳大乘佛法之第一義諦，亦皆可以作為論證主題，針對拙著之論述不當或外行之處，以真名為文提出公開質疑，或出專書而作法義辨正、乃至接二連三；亦可公開或私下覓余辨正法義，以降伏余，收余為徒。苟能**於法義上**令余理屈者，斯人真乃大修證者，正是余所覓求之大師，當即拜以為師，有何難哉！如是大師，余已多年極力推求、思欲隨學而不可得故。

江教授其人，對余諸書所言法義，不論為文或當面辨正，皆無力、亦不敢為之，而甘食印順法師邪見唾沫，作諸飾辭遁辭、為其辯解掩飾；乃至因余往年對其針砭教界某名師荒謬作為而作之讚歎，往自身臉上貼金，謂余恭敬於彼，而不言余對其覆函之置而不覆之後來演變，非是誠實之人也。

然余往年所恭敬讚歎於江教授者，乃因其敢言佛教界之弊端；今者江教授既認為**蕭平實於佛法外行**，則平實所言佛法必定「誤導學人」，正應本於原來敢言教界弊端之良知勇氣、出而造書摧滅平實之邪說，以救學人，方可不負平實以往對江教授道德勇氣之讚歎也，不可托言「蕭平實外行、事忙無時間、……」等理由而迴避對余作**法義之辨正**也—唯除認同余法。

若江教授認爲印順之見爲正見者，應即挺身而出，爲其「師」印順辨正法義，證明其法義之正眞；而江教授卻迴避爲其「師」邪見辨正之正行，對平實連續多年再三再四針砭印順之事坐視不理，一味迴避針砭平實「邪說」以救印順之行，竟於回覆現代禪之函中作諸文過飾非之辭，刊登於網站上，顯然辜負平實往年對彼讚歎之因由；由此緣故，如是讚歎之辭，於今應予「收回」，方符事實。

江教授於覆李元松居士之書信中，言余之恭敬於彼，故意省略後來余之捨彼而不予覆函之事者，顯示彼非誠實之人也，乃是無智無勇之人也，乃是執著名聲面子之俗人也。如是以「佛教學術研究」爲職業之俗人，而可視爲『修學佛法之佛弟子』者，未之有也；如是之人，只是貪緣印順法師名聲、以「研究佛教學術」作爲謀生工具之俗人，何可濫膺眞修佛法之「佛教徒」一名耶？

所以者何？謂江燦騰教授既認爲平實是外行人，諸書所說佛法非眞佛法，則應據理力爭，提出辯言，令平實之「邪說」消弭，救諸學人回歸正道，如是作爲亦可救平實回歸正道，方是有慈有智有勇之佛教徒也；若於平實所說法義漸被佛教界認同爲佛教正法之時，汝江燦騰明知平實所言「不符」佛法，實是「誤導衆生」者，即應基於慈悲之心，救諸學人，亦救平實，以免佛教被「外行」之平實引入「邪道」；能作如是正行者，方是有智有慈有勇之佛教徒也。

今爾江教授不此之圖，而言「不屑與蕭平實言論」，而爲印順法師種種邪見作諸遁辭及諸飾辭，乃是色厲內荏之行，無益自他，亦復成就誹謗賢聖之大惡業。看重此世名聲面子，毫不顧慮眞正法義，毫不顧慮未來無量世之嚴峻果報，非是深信因果之佛教徒也，非是智者之行也。

印順對於三乘經中所說之地獄、極樂世界、琉璃世界、十方世界……等，既不信其有，認爲地獄極樂等只是聖人方便施教，是故無地獄可入、無未來世之地獄苦受可報，乃敢於否定四阿含諸經所說之地獄及十方諸佛等世界之實有，顯然可見印順對於原始佛教四阿含諸經並不信受，是故印順心中之不信後世因果者亦可知也；江教授既崇信印順諸書之語，當知其必隨同印順邪見而不信有後世之地獄因果報應，是故於三乘佛法敢不依經及依証量而言，敢隨順印順「法師」之密宗應成派中觀邪見而否定正法，如是之人焉得名爲『深信因果』者？不信因果、復無証量之學術研究者所說言語，可言是佛法乎？而諸學人不辨黑白、一體信受之，非愚而何？令人感嘆！

余於諸方大師之擁護密宗應成派中觀見者，必定嚴辭辨正，不稍假以顏色；所以致此者，乃因深見應成派中觀邪見、斫喪佛教根本法義之嚴重性，故不得不爾。江教授既認爲平實外行，所說非是正法，正應出之以慈悲，挽救佛教正法命脈，亦救平實於萬劫不復之地。苟能如實敷演佛法，令平實知非者，平實感激不盡，豈敢文過飾非、作諸飾辭？當即公開懺悔更正，而免來世長劫嚴峻果報。

公開懺悔之事，於余實非難事，常所爲之；每於書上留下文字爲憑，不敢稍作覆藏。懺悔乃是有慚有愧之善行故，是菩薩所修之善法故，不須顧慮面子—菩薩既證空性已，轉依空性之理，早棄面子如敝屣，不須顧慮之。今於此處公開呼籲：若有任何人覺知余法爲誤導衆生者、爲非佛法者，請儘速出書破斥平實，令平實知非改過、再作公開懺悔，以免後過；如是以救平實。若實無過，請勿以私心而亂作評論，以免自身未來世之嚴峻果報；平實誠懇之言，敬請教界垂聽採納，則佛教幸甚！今時後世一切學人幸甚！

印順法師（其實不應稱其爲佛教法師，其所說之法乃是破壞佛法根本之第八識如來藏法故，只是身披佛教法衣而傳斷見外道之「無因論法」者故）所說之應成派中觀邪見，處處摧毀佛法之根本，令三乘佛法之本質墮於無因論之斷滅空中。此過遠超密宗雙身修法混入佛門之大害，何以故？謂此密宗應成派中觀之邪見弘傳，必令密宗男女雙身合修之外道邪淫法門得以合理化、而繼續存在「密宗佛教」內、乃至漸漸滲入眞正之佛教中故，應成派中觀以無念靈知之意識爲佛地眞如故，雙身修法之男女淫觸樂受與意識無念靈知心相應而不與第八識如來藏相應故。

而印順否定第八識後，既恐他人責彼應成中觀墮於斷見之中，乃違逆佛旨，於其諸多著作中、別行建立『不可知不可證之意識細心』說，以挽救取代佛說「可知可證之如來藏」，作爲三世生死輪迴之聯繫心，以挽救自己法義之墮於斷見、墮於無因論中。然而四阿含諸經中，佛說一切粗細意識皆是可知者、可證者，無有不可知不可證之細意識，印順如是建立『不可知不可證之意識細心』，顯然違佛旨意，只是藉此建立而補救其所崇信之應成派中觀之墮於斷見而已。如此違教悖理之舉，卻如古時天竺之月稱等人所爲如出一轍，令密宗引自外道之雙身修法合理化，雙身修法以意識覺知心爲中心故；如是作爲，令密宗得以引進外道性力派之淫欲貪法，加以合理化而成爲『密宗佛教』之修行主旨，藉此滲透眞正之佛教，而於佛教徒不知不覺中漸漸取代佛教正統；亦令一切信受密宗之佛教修行者悉墮斷常二見之中，以意識之粗細心爲常不壞法故。

俟密宗完全取代顯教之後，從此永無學人能証三乘佛法之眞實義，亦令佛教法義淪爲玄學，成爲世間哲學，必使佛教法義淺化，與諸外道法便無大異其趣之勝妙處，便爲世人所輕。佛法既爲世人所輕，則佛教亦必隨之而爲世人所輕，則佛教修行之道便爲世人所輕賤，不再恭敬渴仰而修學之，世人對佛教法義便將只認作哲學，研究而不實修；隨後而來之現象，則是佛教諸出家法師將更爲世人所賤，非是有修有証者故，非是繼承 佛陀眞正深妙法義者故。果眞如是，將來世中，世人若見佛教法師，將不復有絲毫尊敬恭敬之情，同於世俗人故。

於未來世，若出家僧寶眞實証得第八識如來藏，發起般若慧，出世住持及弘揚 佛之正法時，亦必遭受彼印順法師等人之未來世新學徒衆所否定與抵制，令證道者住持正法、弘揚正法之行，更爲艱辛；乃至不久即被邪見邪法之龐大勢力所滅、所淘汰。如是爲害極爲深遠，事關佛教出家法師今時後世之切身利害，亦事關佛教正法未來世之命脈，一切佛教法師不應漠視不見、坐視不理；否則將於二十年後，全面淪入應成派中觀見之「無因論」邪法中，佛教滅在不久。

印順由應成派中觀之邪見故，否定如來藏正法，進而否定大乘諸經，說爲後人所編造者，遂敢言無極樂、言無琉璃世界、言無地獄，謂此皆是方便施設化導而已。然而印順之所以否定大乘諸經，不肯承認眞是佛說者，乃因不能依大乘經典証得第八識如來藏，故索性否定之，以免他人詢問是否已悟時，答言「未悟」之尷尬也。然而因此私心而否定第八識，言原始佛法皆未說第七八識、言大乘佛經非佛親口宣說已，則令三乘法墮於斷滅見，則令大乘佛法不能立足，則令大乘佛經護持原始佛法之作用隨之消失，則令原始佛法隨之淺化，則令大乘諸經之眞實性、廣遭學人懷疑不信，拒絕依經中佛語進修，此乃印順及其隨學者之大過失也。如是諸行，乃是從佛門中直接剷除佛法之根源，如是作爲而可說爲「弘揚佛法、非是破壞佛法」者，則外道焚毀寺院、殺害僧寶之行爲，亦可謂爲非是破壞佛教者，其破壞性遠不及印順師徒破法之嚴重故，印順師徒乃是從佛教內、直接挖除三乘佛法之根本故。

復次，印順於其《妙雲集……》等諸多著作中，主張唯有四阿含眞是佛口親說，認爲大乘諸經非是佛口親說，而是佛滅後由弟子們所共同創造、而後結集成書者，故非佛口親說。由如是邪見，便不信受佛身滅已、轉入報身常住色究竟天說一切種智之大乘經佛語。印順於其書中主張：釋迦滅已、如灰飛煙滅，實無報身佛仍在天界說法。如是之言，完全悖於阿含諸經所說；阿含經中曾言佛之『解脫色』，謂諸佛有「解脫色」常住不壞，利樂有情永無窮盡；大乘經中亦說諸佛有三種意生身及莊嚴報身，常住十方三界利樂有情；如是解脫色名為無漏有為法，已證「有餘、無餘、本來自性清淨、無住處」等四種涅槃故，不唯斷除分段生死，亦已斷盡變易生死故，名為究竟涅槃、大般涅槃，名為常樂我淨。

如是解脫色，具載於三乘諸經中，阿含分明現在，云何印順不之信耶？云何印順否定佛身常住不滅之聖教量耶？云何印順妄言『佛身不滅只是後世佛弟子對佛永恒懷念而創造之說』耶？是故印順於其書中主張：「釋迦滅已、如灰飛煙滅，實無報身佛仍在天界說法。」如是之言，乃是未知佛法者言，顯見其於佛法尚未具足基本知見，亦未具足對於佛寶、法寶之信心也。如是之言，破壞後世學人對釋迦佛之信心及敬仰；然非正說，謂余此世仍然有時受召而見世尊，非如印順所說之灰飛煙滅也。如是印順所言「佛法」焉可信之？而彼徒衆盲無慧目，信受不疑，為之張眼而妄責平實所說諸如實語，眞乃信口雌黃之徒衆也。

印順法師亦不信受淨土三經所說西方極樂世界等事，亦不信大乘經說東方琉璃世界淨土等事，認為經中如是說法，只是佛滅後，因弟子對佛之懷念，而創造出來之經典，由此邪見而否定極樂世界、琉璃世界之實有，並筆之於書。對於微妙深廣之《楞伽經》中佛語所說如來藏，復又加以扭曲之解釋，說為無如來藏；於其所著《攝大乘論講記》書中，對於無著菩薩所造《攝大乘論》之論文明言有如來藏之義，亦加以**生硬地扭曲**為「無如來藏」，以附和其密宗應成派中觀之邪見，意欲令人對究竟了義之第三轉法輪唯識諸經不生敬信，亦令人對菩薩所造正義之論不生敬信；如是否定第八識如來藏法，致令三乘佛法所依之如來藏正法命如懸絲，導致今時許多學人對如來藏法懷疑不信而不敢修學，皆是印順數十年來有系統之寫作諸書而否定之，所導致之結果也。

印順法師亦不信阿含諸經世尊所說地獄等事，更不信大乘經所說地獄諸事，更寫入其著作中而廣傳之；由如是著作言說，令今時大陸諸佛學院學生不信因果、不信地獄，放學後便吃肉喝酒乃至嫖女人等，亦有部份出家人作如是行；彼等作如是言：

《《佛學院教我們佛法的師父老師，上課說法時都說沒有地獄、沒有極樂世界，也沒有釋迦佛尚在天界說法。師父老師所教者，皆有《妙雲集、華雨集》作根據，而這些書是大法師印順導師依佛經所寫的，所

以根本就沒有因果報應可言，根本就沒有地獄可受未來世之果報。像你們這樣持戒辛苦、不吃喝玩樂，如此空過一生，眞是愚痴。》》

佛學院畢業之學生，將來大多出家爲僧，而竟如此邪見深重，未來大陸佛教令人憂心；凡此皆拜印順依於應成中觀邪見所造《妙雲集、華雨集》等著作之賜。大陸佛教今時已因印順邪見而出現如是嚴重後果，憂心佛教未來之台灣佛教界長老大德，云何此時尙能故意視而不見、埋首沙中？坐令印順之應成派中觀及《妙雲集、華雨集》等邪見繼續荼毒未來佛教龍象之佛學院學生？豈眞麻木不仁之人耶？平實於此籲請諸山大德長老儘速正視此事之嚴重性，速謀挽救佛教正法之道，否則捨壽之後，將何面目以見世尊之接引？

於今之計，江燦騰應去大陸研究探討「印順著作對大陸佛教界之惡劣影響」，方是「佛教學術研究學者」之良心與本分，方可不違中國文人敢諍敢諫之風骨；而不應如鴕鳥之埋首沙中、迴避事實，一味爲印順之邪見作種種飾辭狡辯，幫助印順著作邪見繼續荼毒台灣及大陸佛學院學子心靈。然江君若欲爲此，必須先求証大乘法之眞實義；若欲求証大乘法之眞實義者，則必須先証第八識，確認其有，親自體驗其眞實不虛之體性，並驗証其所蘊涵之衆多種子，方能眞知大乘經中所說一切種智之勝妙，方能証實印順著作種種雜毒之爲害深遠，方能具備「觀察及研究大陸佛教被印順著作所害事實」之能力也；欲作如是眞實觀察而不墮表面影像假象者，必須具有道種智故；不具道種智者，不能完全了知印順著作之毒害所在故。

江君若有智慧，當先祛除文人相輕惡習，冷靜理智、實事求是，探討研究之；否則終將難免證悟者之隨文破斥而斷送一世英名。斷送一世英名事小，捨壽後之未來無量世中所將承受之多劫尤重純苦果報，方是大事，何以故？此謂地獄之實有、因果律之報應，不因江君之信或不信而隨之有無也；衆生信有信無地獄，皆不能令地獄因之有無，皆不能令因果報應隨之有無，仍將繼續存在而令造惡衆生捨壽後入地獄受報，不因衆生「不信其有」便致消失故，余已曾見自己往世初學佛時所造口業果報慘痛之經歷故。江君若有智慧，當冷靜三思，唯除如印順書中所言，不信有第八識能自動記錄此世一切業行、不信有地獄、不信因果——寧可護持此世虛名而受來世長劫尤重純苦。

應成派中觀諸師，出於熱誠而破諸外道法者誠可讚歎；然破斥唯識諸法者，則有大過，嚴重誤解唯識種智之旨故，如是評論乃是破壞佛法之行故。如古天竺密宗之寂天「菩薩」別破唯識宗而說「破自證分」：

《《世間主亦言：心不自見心。意如刀劍鋒，不能自割自。……若謂識了知，故說燈能明；自心本自明，何識知故說？若誰亦不見，則明或不明，猶如石女媚，說彼亦無義。》》（3-2-322~326）。如是所言，乃是以凡夫管窺之見，而月旦唯識種智增上慧學也。

何故余作是說？謂唯識種智中所言**心不自見心**者，乃言第八識阿賴耶心，非謂意識覺知心也。阿賴耶識於三界六塵萬法中，一向離見聞覺知心行，一向不反觀第八識自己，故無六塵萬法中之「自證分與證自證分」，佛所言「無自證分與證自證分－心不自見心」者，謂第八識心，非密宗應成派中觀師所謂之意識覺知心也，非是印順所說之意識細心也。密宗應成派中觀師誤會唯識種智正法於先，誣責唯識宗正法於後，乃是愚痴之人也；印順法師不知不覺密宗應成派中觀之大謬，而作不實之讚歎，而主動繼承如是密宗邪見（詳《中觀今論》自序）並極力弘揚之，非是有智之人也。

佛於第三轉法輪中，一向言第八識無此「自證分與證自證分」，卻言意識有「自證分與證自證分」，處處皆說意識心能檢擇諸法、能反觀自己故，處處說意識覺知心有別境心所法故。如是，今之印順、達賴，古之宗喀巴、阿底峽、寂天、月稱等應成派中觀師，由不知不證第八識心，故索性否定之，謂無此心，卻來引用 佛所言第八識心之體性，而套用於第六識覺知心上，妄言佛說意識覺知心無「自證分與證自證分」，完全異於 佛說。如是誤會唯識種智之正義已，卻來訶責唯識宗所說「意識有證自證分」之說法爲違 佛所說、爲不了義說，卻來訶責 佛所開示第三轉法輪諸經爲不了義說，眞是顚倒愚痴、強詞奪理之宗派也。此謂意識既有「別境心所有法」，則必能自己反觀自身是否處於六塵境中，則必能反觀自己於六塵境中是苦是樂？則必能反觀自己是否正在境界之苦樂受中；此不特唯識諸經中 佛作是說，於阿含經中，佛亦作是說，非可誣言阿含經中未說也。

唯有意識覺知心斷滅之時（如眠熟、悶絕……等五位中），方無「自證分與證自證分」，斷滅之時已無意識自身存在故；意識自身若現行時，必定有「自證分與證自證分」故，必有五「別境心所有法」現起故，是故意識覺知心必定有證自證分，一切人皆可現前證驗之，唯識宗諸論典中皆如是說，皆說意識有「自證分與證自證分」，未曾說第八識有自證分等，云何爾等古今應成派諸中觀師錯解唯識宗之宗義已，卻來誣責唯識宗之宗義錯誤？爾等應成派諸中觀師何可睜眼說瞎話耶？何可曲解唯識宗而後誣責之耶？

（本節未完，待續於第二輯中。全部四輯，於公元 2002/1/5 完稿，2002/2/9 凌晨 3.30 潤飾完竣。）

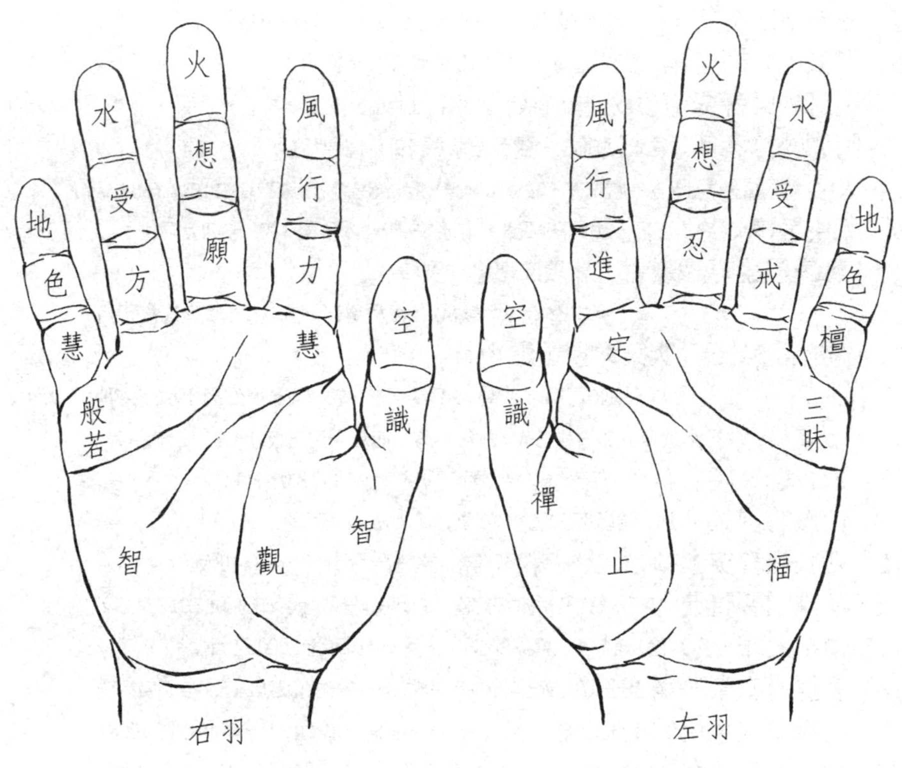
地
色
慧
水
受
方
火
想
願
風
行
力
慧
空
識
般若
智
觀
智
右羽
空
識
風
行
進
定
火
想
忍
水
受
戒
地
色
檀
三昧
禪
止
福
左羽

# 參　　考　　書　　目

本書舉證文詞之出處示意：例一：（230-3）爲第 230 冊之第三頁。

例二：（62-55-9）爲第 62 冊之 55 頁第九行。

例三：（1-24-B）爲第一冊之 24 頁 B 面。

編號說明：依取得之先後順序加以編號。


1、蓮花生大師應化史略（諾那活佛譯述，新文豐出版公司 1983.1.再版）

2、十觀宗派源流（土觀羅桑卻季尼瑪著，劉立千譯，佛教慈慧服務中心 1993.7.出版）

3、入菩薩行（寂天著，陳玉蛟譯註，藏海出版社 1992.1.初版）

4、密勒日巴全集（共三冊，張澄基譯，慧炬出版社 1980.6.初版）

5、岡波巴大師全集（張澄基譯，法爾出版社 1985.9.初版）

6、阿底峽與菩提道燈釋（陳玉蛟著，東初出版社 1991.4.再版）

7、阿底峽尊者傳（法尊法師譯，佛教出版社 1986.1.出版）

8、入中論善顯密意疏（宗喀巴著，法尊法師譯，世界佛學院漢藏教理院 1942.3.30.出版）

9、入中論釋（宗喀巴著，法尊法師譯，方廣文化出版公司 1998.6.初版再刷）

10、佛家經論導讀叢書—密續部總建立廣釋

（克主杰造論，談錫永譯及導讀，佛陀教育基金會印行）

11、勝集密教王五次第教授善顯炬論

（宗喀巴著，法尊法師譯，方廣文化出版公司 1995.5.初版）

12、覺囊派教法史（阿旺諾追札巴著，許得存譯，西藏人民出版社 1993.1.西藏初版）

13、藉古鑑今話心經（王武烈著，台灣正見學會，1997.8.08.初版）

14、西藏的佛教（山口瑞鳳等人著，許詳主譯，法爾出版社 1991.2.1.初版）

15、西藏佛教史（矢崎正見著，陳季菁譯，文殊出版社 1986.10.初版）

16、密乘閉關寶典（昆秋仁欽及仁津卻紮著，赤列倫珠譯，大手印出版社 2000.？月出版）

17、直指大印（赤列倫珠講授，黃英傑譯，大手印出版社 2000.？月出版）

18、菩提道次第略論上冊（昂旺朗吉堪布口授，郭和卿譯，方廣文化出版公司 1994.1.初版精裝）

19、菩提道次第略論下冊（昂旺朗吉堪布口授，郭和卿譯，方廣文化出版公司 1994.1.初版精裝）

20、菩提道次第略論（宗喀巴著，大勇法師譯，佛教出版社，出版年月不詳）

21、**密宗道次第廣論**（宗喀巴著，法尊法師譯，妙吉祥出版社 1986.6.20.精裝版）

**註：**此書已有出版社公開印行，非如以前爲**不傳之密**。請洽：

新文豐出版社　台北市雙園街 96 號　02-23060757、23088624

22、辨了不了義善說藏論（宗喀巴著，法尊法師譯，大千出版社 1998.3.精裝版）

23、顯密修行次第科頌、慧行習練刻意成念記

（宗喀巴著，能海上師集著，方廣文化出版公司 1985.1.初版）

24、菩提道次第論科頌講記（宗喀巴著，能海上師集著，方廣文化出版公司 1984.11.初版）

25、宗喀巴應化因緣集（修慧法師編述，佛教出版社 1985.5.初版）
26、至尊宗喀巴大師傳（周加巷著，郭和卿譯，華藏教理院 1992.9.精裝初版）
27、至尊宗喀巴大師傳上冊（周加巷著，郭和卿譯，青海人民出版社 1993 年精裝初版）
28、至尊宗喀巴大師傳下冊（周加巷著，郭和卿譯，青海人民出版社 1993 年精裝初版）
29、菩提正道菩薩戒論（宗喀巴著，湯薌銘譯，
金輪山西天佛學研究院華藏文化中心 1989.11.精裝贈閱版）
30、菩提道次第六加行課誦法本（宗喀巴佛學會印行，出版日期不詳）
31、兜率上師瑜伽（宗喀巴佛學會印行，出版日期不詳）
32、曲肱齋全集（一）（陳健民著，徐芹庭編，普賢王如來佛教會 1991.7.10.出版精裝本）
33、曲肱齋全集（二）（陳健民著，徐芹庭編，普賢王如來佛教會 1991.7.10.出版精裝本）
34、曲肱齋全集（三）（陳健民著，徐芹庭編，普賢王如來佛教會 1991.7.10.出版精裝本）
35、曲肱齋全集（四）（陳健民著，徐芹庭編，普賢王如來佛教會 1991.7.10.出版精裝本）
36、曲肱齋全集（五）（陳健民著，徐芹庭編，普賢王如來佛教會 1991.7.10.出版精裝本）
37、佛教禪定上冊（陳健民述，康地保羅筆錄，無憂子譯，普賢王如來印經會 1991.6.出版）
38、佛教禪定下冊（陳健民述，康地保羅筆錄，無憂子譯，普賢王如來印經會 1991.6.出版）
39、密咒道次第寶鬘釋（蓮花生著，歐陽鷲教授講授，劉銳之譯，
南亞協進會西藏研究委員會藏書影印本）
40、大幻化網導引法（蓮花生著，敦珠仁波切講授，劉銳之譯，
南亞協進會西藏研究委員會藏書影印本）
41、諸家大手印比較研究（劉銳之著，1958 年出版，
南亞協進會西藏研究委員會藏書影印本）
42、俱生契合深導了義海心要（阿逸多法自在造，陳濟博譯，
1981 中秋出版，南亞協進會西藏研究委員會藏書影印本）
43、大乘要道密集上冊（元、發思巴上師輯著，自由出版社壬辰年影刊）
44、大乘要道密集下冊（元、發思巴上師輯著，自由出版社壬辰年影刊）
45、大圓滿無上智廣大心要（智悲光著，根桑澤程講授，1982.出版）
46、甚深內義（讓蔣多傑著，陳健民譯，林鈺堂等人 1998.2.1.印行）
47、仰兌一趨入光明道（龍清巴結集，貢噶上師講授，1972 中秋出版，
南亞協進會西藏研究委員會藏書影印本）
48、大圓滿虛幻休息妙車疏（龍清巴著，無垢光譯，根桑澤程講授，
劉立千譯，1983.10.10.出版，南亞協進會西藏研究委員會藏書影印本）
49、詞義寶藏論（龍欽巴造，吉美袞桑滇真譯，喜林苑了義文化出版社 1998.2初版）
50、密乘法海（多覺傑拔格西著，新文豐公司 1987.6.台一版）

51、那洛空行母生起次第導引—金剛空行母眾心明點
（尼梅巴德欽黑嚕嘎著，法護譯，南天書局 1997.7.初版）
52、現觀莊嚴論《略釋》（法尊法師譯，老古文化公司 1990.3.再版）
53、現觀莊嚴論《初探》（陳玉蛟著，東初出版社 1992.2.初版二刷）
54、現觀莊嚴論《略釋及科判表》（法尊法師譯，密乘出版社 1987.1.初版）
55、般若波羅蜜多教授現證莊嚴論名句頌解（能海上師釋，方廣文化公司 1994.9.初版）
56、菩提宗道菩薩戒集頌（能海上師集著，方廣文化公司 1995.1.初版）
57、定道資糧論頌等（能海上師集著，方廣文化公司 1995.1.初版）
58、最勝耳傳修心七義論等（宗喀巴造，昂旺朗吉口授，郭和卿譯，
福智之聲出版社 1994.7.初版）
59、大圓滿心性休息導引（龍欽巴造，談錫永譯釋，香港密乘學會 1996.9.初版）
60、大圓滿三自解脫論（龍欽巴造，法護譯，大藏文化出版社 1995.3.初版）
61、道果—金剛句偈註（畢瓦巴著，薩迦班智達講釋，法護譯，
大藏文化出版社 1992.5.初版）
62、那洛六法（道然巴羅布倉桑布講述，盧以炤筆錄，晨曦文化公司 1994.8.初版）
63、寶性論新譯（彌勒菩薩造，無著菩薩釋，談錫永譯，香港密乘佛學會 1996.12.初版）
64、九乘次第論集（敦珠法王著，許錫恩譯，香港密乘佛學會 1997.9.初版）
65、吉祥集密大續王（寶法稱.仁欽曲札譯，佛教慈慧服務中心 1997.7.出版）
66、一切法大圓滿—菩提心普作王（詩列星哈喀拉.毗盧遮那藏譯，
陳文仁漢譯，圓明出版社 1997.6.初版）
67、大圓滿—佛陀的終極理念（卓格多傑著，圓明出版社 1996.8.初版）
68、大手印—最高成就修行法（泰錫杜著，唵阿吽出版社 1998.7.初版）
69、相對世界・究竟的心（泰錫杜著，台北噶舉佛學會 1996.6.初版）
70、密宗大解脫法（蓮花生原著，嘉初釋義，楊弦、丁乃筠譯，圓神出版社 1997.11.初版）
71、月燈—三摩地王經釋（創古著，帕滇卓瑪譯，眾生出版社 1997.10.31.初版）
72、大樂光明—金剛乘之大手印（格桑嘉措著，崔忠鎮譯，文殊出版社 1988.8.再版）
73、喜金剛本續（D.L.斯奈格羅夫英譯，崔忠鎮中譯，時輪譯經院 1989.3.初版）
74、時輪本續註（嘎旺・達吉講述，崔忠鎮譯，時輪譯經院 1989.10.初版）
75、大樂光明《增訂版》（格桑嘉措著，崔忠鎮譯，時輪譯經院 1992.4.增訂版）
76、時輪金剛生起次第灌頂儀軌（崔忠鎮譯，時輪譯經院 1992.4.初版）
77、香巴噶舉法寶集（達賴二世著，崔忠鎮譯，時輪譯經院 1989.4.初版）
78、勝樂略續（印度貝瑪嘎惹與惹瑪傳授，仁欽桑波藏譯，仁欽曲札漢譯，
香港佛教慈慧服務中心 1997.7.精裝版）
79、三主要道（帕繃喀傳授，仁欽曲札譯，經續法林 1997.8.初版）

80、遠離四種執著修心法集解（傑森、達巴、嘉辰等著，孫一譯，陳聖群 1989.4.印行）
81、釋量論略釋（法尊法師編，佛教出版社 1984.2.初版）
82、量理寶藏論（薩班慶喜幢編著，明性法師中譯，東初出版社 1994.7.初版）
83、入中論頌講義（釋寶幢著，三揚印刷公司，未載出版年月）
84、入中論（古印度月稱法師造，法尊法師譯，新文豐出版公司 1984.1.初版）
85、法尊法師論文集（法尊法師著，大千出版社 1997.5.精裝版）
86、聖僧鐵記（貢拉堪布編譯，普濟法音事業公司 1999.9.初版）
87、上師五十法頌略釋（印度跋維諦瓦原著，丹吉仁波切譯，佛教出版社 1983.7.初版）
88、大圓滿禪定休息清淨車解（無垢光原著，龍清善將巴釋，自由出版社 1992.5.出版）
89、密宗道次第論（克主杰著，法尊法師譯，佛教出版社，印行年度未載）
90、無上密乘修持三要卌（宗喀巴、敦珠、龍清巴等著，金剛乘學會 1987.12.初版）
91、四部宗義略論講釋（日慧法師集述，法爾出版社 1991.5.1.初版精裝本）
92、空行教授（蓮花生口授岩傳，艾歷卑瑪恭桑英譯，
羅啓安及黃英傑漢譯，密乘出版社 1994.7.初版）
93、臨終教授解脫幻境（寶法稱譯，佛教慈慧服務中心 1997.7.初版）
94、利器之輪（法護著，永楷、滿華法師譯，佛光出版社 1994.9.初版）
95、菩提道次第甘露藏（耶西尊珠造，釋法音譯，佛陀教育基金會 1995.5.初版）
96、修道與生活（巴巴哈哩達士著，靜濤譯，中國瑜伽出版社 1985.1.再版）
97、西藏密宗史略（王輔仁著，佛教出版社 1985.3.初版）
98、藏傳佛教世界（十四世達賴著，陳琴富譯，立緒文化公司 1997.8.初版）
99、薩迦傳承史（秋吉崔欽著，黃英傑譯，大手印文化公司 1994.10.初版）
100、西藏十六代噶瑪巴的歷史（噶瑪聽列著，孫一譯，大乘精舍印經會 1986.2.出版）
101、吐番僧諍記（法國戴密微著，耿昇譯，商鼎文化出版社 1994.3.15.初版）
102、西藏生死書（索甲著，鄭振煌譯，張老師文化公司，1998.4.初版第 210 刷）
103、帝洛巴（貢噶著，正法眼出版社 1998.4.1.初版）
104、馬爾巴傳（查同傑布著，張大鎖等人譯，衆生出版社 1998.4.15.初版）
105、八十四成就者傳記（巴渥偉色著，徐寶鈴、呂旻容合譯，
薩迦諾爾旺遍德林佛學會 1996.3.初版）
106、薩迦法王訪問記（薩迦天津著，黃英傑譯，大手印文化公司 1994.10.初版）
107、訪雪域大士．藏密的指路明燈（吳玉天著，諦聽文化公司 1996.4.出版）
108、甚深內義（第三世大寶法王造，卡塔講述，寶鬘印經會 1997.11.30.出版）
109、大手印（卡塔著，台北噶瑪噶舉法輪中心印行，未載年月）
110、證悟的女性（卡塔講述，寶鬘印經會 1995.11.1.出版）
111、岡波巴四法（卡塔講述，寶鬘印經會 1997.1.初版）

112、西藏佛教略記（恒演法師著，佛教出版社 1994.8.初版）
113、密乘解脫之道、卡盧仁波切行傳（麥克劉德著，徐進夫譯，台北佛教利生中心）
114、蓮花金剛藏上師開示錄（吳潤江講，諾那精舍金剛印經會第三輯五版 1980.印行）
115、蓮花金剛藏上師開示錄（吳潤江講，諾那精舍金剛印經會第四輯初版 1981.印行）
116、蓮花金剛藏上師開示錄（吳潤江講，諾那精舍金剛印經會第五輯再版 1982.印行）
117、金剛上師諾那活佛法語（依 1941 年上海諾那精舍再版重印第五輯三版 1975.印行）
118、沐恩錄（林鈺堂著，1985.出版）
119、藏密修法密典《卷一》（呂鐵鋼編，北京華夏出版社 1995.1.初版）
120、藏密修法密典《卷二》（呂鐵鋼編，北京華夏出版社 1995.1.初版）
121、藏密修法密典《卷三》（呂鐵鋼編，北京華夏出版社 1995.1.初版）
122、藏密修法密典《卷四》（呂鐵鋼編，北京華夏出版社 1995.1.初版）
123、藏密修法密典《卷五》（呂鐵鋼編，北京華夏出版社 1995.1.初版）
124、西藏佛教論集（西藏叢書編委會，文殊出版社 1987.2.初版）
125、西藏佛教經研究（西藏叢書編委會，文殊出版社 1987.4.初版）
126、上品華嚴之金剛經（李善單著，佛乘世界文教基金會 1996.3.初版）
127、密宗十四根本墮戒釋論（曹巴嘉辰著，薩迦諾爾旺遍德林佛學會 1997.2.出版）
128、閒話密宗（談錫永著，全佛出版社 1997.8.出版）
129、宇宙靈源（邱立堅著，宇宙靈源基金會 1995.初版）
130、薄伽梵母正智正道心經之研究（王武烈著，正見學會 1996.10.30.出版）
131、聖妙吉祥真實名經（梵漢藏文合璧，貝葉本，密乘出版社 1985.5.初版）
132、道之三主要（貝葉本，大藏寺印本，出版日期未載）
133、金剛瑜伽女卡雀母珍寶鬘修習儀軌（薩迦諾爾旺遍德林，貝葉式壓克力皮活頁本，出版日期未載）
134、怎樣認識真假密法（丹吉佛爺等著，佛教出版社 1982.10.10.第三版）
135、金剛密鑒（貢那格西等著，聯合影藝雜誌社出版，未載日期）
136、虔誠的獲得（喜饒根登著，雲慈正覺會 1997.9.第 20 版）
137、藏密真宗（郭元興等著，出版者及發行者皆未載，日期亦未載）
138、般若波羅蜜多心經講義（義雲高著，雲慈正覺會 1997.8.第四版）
139、西藏度亡經（蓮花生著，徐進夫譯，天華出版公司 1985.1.1.再版）
140、密宗綱要（王弘願著，天華出版公司 1992.4.初版四刷）
141、殊勝的成佛之道：龍欽心髓導引（蔣揚欽哲旺波著，頂果講述，黃英傑譯，全佛文化出版社 1992.10.25.初版）
142、大圓滿之門（秋吉林巴取出岩藏，敦珠等講述，黃英傑譯，全佛文化出版社 1992.10.25.初版）

143、如是我聞：來自西藏的法音（貝諾、崔津合著，黃英傑譯，
全佛文化出版社 1992.10.25.初版）
144、佛所行處：道果心印加持海（黃英傑編著，全佛文化出版社 1992.10.25.初版）
145、大手印教言：摧動空行心弦（噶瑪巴十六世著，黃英傑譯，
全佛文化出版社 1992.10.25.初版）
146、民國密宗年鑑（黃英傑編著，全佛文化出版社 1992.10.25.初版）
147、貢噶老人雪山修行記（林維洋編輯，正法眼出版社 1994.5.19.出版）
148、西藏佛法入門（林維洋編輯，正法眼出版社 1997.5.19.出版）
149、自性光明（龍昭宇編輯，正法眼出版社 1995.7.19.出版）
150、正法眼（一）（噶瑪三乘法輪中心編輯及出版 1995.12.1.第三版）
151、正法眼（四）（噶瑪三乘法輪中心編輯及出版 1990.09.20.初版）
152、正法眼（五）一見修行果（噶瑪三乘法輪中心編譯，正法眼出版社 1992.9.12.初版）
153、見即解脫（歷代止貢法王著，黃英傑譯，大手印文化公司 1995.12.初版）
154、密乘之門（黃英傑譯著，大手印文化公司 1996.9.初版）
155、生死自在（黃英傑譯著，大手印文化公司 1996.9.初版）
156、慈氏妙音（泰錫杜開示，黃英傑譯，大手印文化公司 1996.11.初版）
157、照見清淨心（波卡著，吳嘉真譯，張老師文化公司 1998.9.初版）
158、生起次第釋論集（楊堅葛威洛覺、袞謙滇貝尼瑪合著，法護譯，南天書局 1998.7.初版）
159、宗義寶鬘（貢卻亟美汪波著，陳玉蛟譯，法爾出版社 1997.5.1.二版一刷）
160、菩提道燈抉微（釋如石著，法鼓文化公司 1997.6.初版）
161、敦珠新寶藏前行讚頌（敦珠造，邵頌雄譯，香港密乘佛學會 1998.9.初版）
162、密宗氣功（馬爾巴譯，余萬治、萬果共同譯註，百通圖書公司 1998.9.初版）
163、心月溶華：菩提心修學次第（洛桑嘉措著，釋法音譯，1997.1.出版）
164、大中觀論集（上下冊）（談錫永著，香港密乘佛學會 1998.11.初版）
165、寧瑪次第禪（摧魔洲著，許錫恩譯，香港密乘佛學會 1998.12.初版）
166、大金剛威德起分之行三身寶藏（古洗里袞卻多吉述，
新文豐出版公司 1995.5.初版二刷）
167、怖畏十三尊壇儀（外四種）（無謬智者口傳，新文豐公司 1987.6.初版）
168、追尋無瑕甘露（昆丘嘉真著，謝思仁譯，眾生文化公司 1998.1.15.初版）
169、我的師父是大喇嘛仁波切（韋其爱著，圓明出版社 1996.7.初版）
170、少年耶喜喇嘛（維琪．麥肯基著，葉文可譯，躍昇文化公司 1995.9.初版三刷）
171、密宗道次第論、宗秘論（克主杰著，法尊法師譯，新文豐公司 1997.9.二版三刷）
172、心經密意闡釋（劉銳之講，談延祚記金，密乘出版社 1985.6.再版）
173、密宗六成就法（徐芹庭編著，聖環圖書公司 1998.2.初版）

174、吉祥喜金剛成就法（徐芹庭編著，聖環圖書公司 1998.10.初版）
175、蓮花生大士寶藏（徐芹庭編著，聖環圖書公司 1998.10.初版）
176、大圓滿成就法（徐芹庭編著，聖環圖書公司 1998.11.初版）
177、大圓滿龍欽心髓（徐芹庭編著，聖環圖書公司 1998.12.初版）
178、無上密宗常修儀軌（徐芹庭編著，聖環圖書公司 1998.11.初版）
179、佛教的見地與修道（宗薩欽哲著，楊憶祖、馬君美、陳冠中譯，眾生出版社 1999.1.5.初版）
180、證悟的女性（卡塔著，何文心編譯，眾生出版社 1998.5.15.初版三刷）
181、修心七要（謝思仁編譯，眾生出版社 1998.5.15.初版三刷）
182、揭開心智的奧秘（傑瑞米海華等編著，靳文穎譯，眾生出版社 1996.6.30.初版）
183、無死之歌（念楚編譯，眾生出版社 1994.6.15.初版）
184、覺醒的心（泰錫杜等 16 人講述，李宜臻編譯，眾生出版社 1995.11.1.初版三刷）
185、覺囊派通論（蒲文成、拉毛札西著，青海人民出版社 1992.8.出版）
186、密宗斷惑論（索達吉著，寧瑪巴喇榮三乘法林佛學會 1999.1.初版）
187、般若實相論（阿王諾布著，世界法音出版社，1999.1.初版）
188、成道必修定觀法（阿王諾布著，大樹林出版社 1997.1.初版）
189、大威德金剛—證分教授彙編（寶法稱譯，香港九龍佛教慈慧服務中心 2000.3.出版）
190、導入正道三續分莊嚴論（哦千貢卻倫珠著，圓明出版社 1999.4.初版）
191、西藏佛教之寶（許明銀著，佛光文化事業公司 1998.8.初版）
192、辨法法性論（世親菩薩論述，談錫永編，香港密乘佛學會 1999.10.初版）
193、菩提伽耶訪道（十四世達賴著，大手印文化事業公司 1997.1.初版）
194、吉祥普巴金剛：成就心要總釋（南佐著，香港佛教慈慧服務中心 2000.3.出版）
195、金剛瑜伽母（洛桑塔欽著，香港佛教慈慧服務中心 2000.3.出版）
196、密宗道次第心要講錄（貢噶·卻生格己講授，慧炬出版社 2000.1.初版）
197、新譯密宗道次第廣論及密續心要（宗喀巴著，寶法稱、妙音翻譯組同譯，香港九龍佛教慈慧服務中心 2000.3.出版）
198、佛法精髓（仰諤益西著，世界法音出版社 2000.4.初版）
199、止達磨祖師論（仰諤益西著，世界法音出版社 2000.5.初版）
200、六中有自解脫導引（談錫永著，香港密乘佛學會 1999.12.初版）
201、供養上師法—樂空雙運（十四世達賴喇嘛口授，士丹京巴仁波切譯英，仁欽曲札譯漢，香港佛教慈慧服務中心 1995.7.再版）
202、印度佛教史（多羅那他著，張建木譯，四川民族出版社 1985.出版）
203、百業經（圖登諾布著，寧瑪巴喇榮三乘法林佛學會 1999.12.出版）
204、丹增嘉措活佛文集（圖登諾布著，寧瑪巴喇榮三乘法林佛學會 2000.5.出版）

205、空，大自在的微笑（竹清嘉措著，張老師文化公司 2000.3.初版四刷）

206、藏密大師（查同杰布等合著，西藏人民出版社 1997.4.出版）

207、深道那洛六法導引次第論．具三信念

（宗喀巴造，丹增善慧法日譯，香港九龍佛教慈慧服務中心 2000.12.出版）

208、愛心中爆發的智慧（多識．洛桑圖丹瓊排著，甘肅人民出版社 1998.9.初版）

209、達賴喇嘛：我是個平凡僧人（莊耀輝著，圓明出版社 1997.3.初版）

210、禪定道炬—如何修習三昧（卓格多傑著，圓明出版社 1997.5.初版）

211、火舞空行—移喜措嘉傳奇（卓格多傑著，圓明出版社 1997.6.初版）

212、龍欽心髓妙道前行（卓格多傑著，圓明出版社 1997.7.初版）

213、他們來自銅色吉祥山（卓格多傑著，圓明出版社 1997.2.初版）

214、雪域虹光—光明金剛密庫（卓格多傑著，圓明出版社 1996.8.初版）

215、九會毗盧—華嚴圓教啓示錄（卓格多傑著，圓明出版社 1996.7.初版）

216、如何修證密法（卓格多傑著，圓明出版社 1996.8.初版）

217、來自普陀洛伽的信念（卓格多傑著，圓明出版社 1996.7.初版）

218、佛教的真髓—密教（梵天著，圓明出版社 1997.8.修訂版）

219、尋訪香格里拉（伯納得．傑森著，黃朝譯，圓明出版社 1996.9.初版）

220、賢劫—達賴喇嘛談末法人生（尙克勞德．卡列拉著，洪惠嬌譯，

圓明出版社 1997.3.初版）

221、雪域中的珍寶—藏傳佛教（姜安著，圓明出版社 1996.1.初版）

222、生死無懼（索甲仁波切著，黃朝譯，圓明出版社 1997.4.初版）

223、小活佛的故事（高登．麥基爾著，圓明出版社 1994.5.初版）

224、西藏佛教譯文小集（朗力唐巴等人著，陳文仁譯，圓明出版社 1997.4.初版）

225、大圓滿禪定休息（一）（無垢光著，龍清巴釋，釋慧門講解，慧炬出版社 2000.8.初版）

226、空性見新角度的闡釋《上下集》

（陳淳隆（妙湛）、丁光文 合著，網址：http://city080.mydreamer.com.tw/）

227、拙火之樂（吐登耶些傳授，丹增善慧法日譯，香港佛教慈慧服務中心 2000.12.出版）

228、那洛空行生圓次第論集

（格西雅旺達吉等人著，丹增善慧法日譯，香港佛教慈慧服務中心 2000.12.出版）

229、真言密教十卷章（遍照金剛著，光明王寺 1992.7.出版）

230、拈花微笑—藏傳佛教哲學境界（班班多杰著，青海人民出版社 1998.9.初版二刷）

231、臨終不斷經（悟光上師著，內門鄉光明王寺 1993.9.再版）

232、瑜伽養生術與秘密道（悟光法師著，派色文化出版社 1997.2.初版）

233、上帝之選舉（悟光上師著，派色文化出版社 1991.5.初版）

234、真言密教聞中記（悟光上師著，派色文化出版社 1995.12.初版）

235、真言密教即身成佛義顯得鈔（賴瑜著，悟光潤飾，派色文化出版社 1995.12.初版）
236、增修密教思想與生活（(木＋母) 尾祥雲著，悟光上師譯，
派色文化出版社 1998.12.初版）
237、心經思想蠡測（真言宗悟光上師著，派色文化出版社 1991.12.初版）
238、生活禪（真言宗悟光上師著，派色文化出版社 1991.8.初版）
239、新編正法眼藏（真言宗悟光上師著，太谷文化事業公司 1996.12.出版）
240、禪的講話（真言宗悟光上師著，五智山光明王寺嘉義道場印行，出版日期未載）
241、佛王新境界（盧勝彥著，大日出版公司，1996.12.初版）
242、西藏黑寶冠教主—嘉華噶瑪巴（寶塔山噶瑪噶居寺編印 1999.10.10 出版）
243、清淨道論上（覺音 著，葉均 譯，華宇出版社 1980 年後，未載出版日期）
244、清淨道論中（覺音 著，葉均 譯，華宇出版社 1980 年後，未載出版日期）
245、清淨道論下（覺音 著，葉均 譯，華宇出版社 1980 年後，未載出版日期）
246、中有大聞解脫（蓮花生岩藏，事業洲岩傳，許明銀譯，香港密乘佛學會 2000.10.出版）
247、大圓滿心髓（14 世達賴著，丹增善慧法日翻譯，香港盤逸有限公司2002.2.出版）
248、大密深道（甘丹墀仁波切堅贊生遮著，丹增善慧法日翻譯，香港盤逸有限公司2002.2.出版）
249、自性大圓滿道之支分。三律儀決定論釋義（敦珠仁波切著，丹增善慧法日翻譯，香港盤逸有限公司 2002.2.出版）
250、大手印要義（扎勒那措朗著，丹增善慧法日翻譯，香港盤逸有限公司 2002.2.出版）
251、驛明傳承第一輯（清淨照明著，牟尼文化公司 1993.4.再版）
252、維摩詰經導讀（談錫永著，全佛出版社 1999.7.初版）
253、幻化網秘密藏續（無垢友藏譯，沈衛榮漢譯，談錫永主編，香港密乘佛學會 2001.12.初版）
254、幻化網秘密藏續釋－光明藏（不敗著，沈衛榮漢譯，談錫永釋，香港密乘佛學會 2001.12 初版）
255、慧源全集－第七集（悉利公赤珠著，格魯巴出版社 2001.5.修訂版三刷）
256、禪師道皈（典壁尼嘛著，牟尼文化有限公司 1992.10.初版）
257、佛教真言宗道場莊嚴要覽別行抄、諸尊通用私略口訣
（悟光上師編著，光明寺教理部 1979.7.初版）
258、秘密真言法要彙聚（悟光上師編著，光明寺教理部 1984.7.再版）
259、密教探源（悟光上師編著，光明寺教理部 1981.8.初版）
260、續真言宗全書第十三－秘密曼荼羅十住心論科註（日本和歌山、續真言宗全書刊行會編纂，昭和 54.3.15.發行）
261、續真言宗全書第十四－秘密曼荼羅十住心論科註（日本和歌山、續真言宗全書刊行會編纂，昭和 54.11.15.發行）
262、大圓滿禪定休息（二）（釋慧門 著，慧炬出版社 2001.6.初版）

**註：** 宗喀巴所著之《密宗道次第廣論》一書，據報台灣「新文豐出版社」已有精裝本出版，但不知頁次編排是否與「妙吉祥」之排版相同，讀者若有興趣，可逕向新文豐出版社購閱（台北市雙園街 96 號 02-23060757、23088624）。 **成佛之道**網站，亦已將彼書全文登載之，讀者可隨時上網瀏覽及下載。

# 佛教正覺同修會〈修學佛道次第表〉

## 第一階段

* 以憶佛及拜佛方式修習動中定力。
* 學第一義佛法及禪法知見。
* 無相拜佛功夫成就。
* 具備一念相續功夫—動靜中皆能看話頭。
* 努力培植福德資糧，勤修三福淨業。

## 第二階段

* 參話頭，參公案。
* 開悟明心，一片悟境。
* 鍛鍊功夫求見佛性。
* 眼見佛性〈餘五根亦如是〉親見世界如幻，成就如幻觀。
* 學習禪門差別智。
* 深入第一義經典。
* 修除性障及隨分修學禪定。
* 修證十行位陽焰觀。

## 第三階段

* 學一切種智真實正理—楞伽經、解深密經、成唯識論…。
* 參究末後句。
* 解悟末後句。
* 透牢關—親自體驗所悟末後句境界，親見實相，無得無失。
* 救護一切衆生迴向正道。護持了義正法，修證十迴向位如夢觀。
* 發十無盡願，修習百法明門，親證猶如鏡像現觀。
* 修除五蓋，發起禪定。持一切善法戒。親證猶如光影現觀。
* 進修四禪八定、四無量心、五神通。進修大乘種智，求證猶如谷響現觀。

# 佛菩提二主要道次第概要表——二道並修，以外無別佛法

## 佛菩提道——大菩提道

**遠波羅蜜多**

**資糧位**

- 十信位修集信心——一劫乃至一萬劫
- 初住位修集布施功德（以財施爲主）。
- 二住位修集持戒功德。
- 三住位修集忍辱功德。
- 四住位修集精進功德。
- 五住位修集禪定功德。
- 六住位修集般若功德（熏習般若中觀及斷我見，加行位也）。

**外門廣修六度萬行**

- 七住位明心般若正觀現前，親證本來自性清淨涅槃。
- 八住位起於一切法現觀般若中道。漸除性障。
- 十住位眼見佛性，世界如幻觀成就。
- 一至十行位，於廣行六度萬行中，依般若中道慧，現觀陰處界猶如陽焰，至第十行滿心位，陽焰觀成就。
- 一至十迴向位熏習一切種智；修除性障，唯留最後一分思惑不斷。第十迴向滿心位成就菩薩道如夢觀。

**內門廣修六度萬行**

**見道位**

- 初地：第十迴向位滿心時，成就道種智一分（八識心王一一親證後，領受五法、三自性、七種第一義、七種性自性、二種無我法）復由勇發十無盡願，成通達位菩薩。復又永伏性障而不具斷，能證慧解脫而不取證，由大願故留惑潤生。此地主修法施波羅蜜多及百法明門。證「猶如鏡像」現觀，故滿初地心。
- 二地：初地功德滿足以後，再成就道種智一分而入二地；主修戒波羅蜜多及一切種智。滿心位成就「猶如光影」現觀，戒行自然清淨。

## 解脫道：二乘菩提

- → 斷三縛結，成初果解脫
- → 薄貪瞋癡，成二果解脫
- → 斷五下分結，成三果解脫
- 入地前的四加行令煩惱障現行悉斷，成四果解脫，留惑潤生。分段生死已斷，煩惱障習氣種子開始斷除，兼斷無始無明上煩惱。

# 圓滿成就究竟佛果

近波羅蜜多　　大波羅蜜多　　圓滿波羅蜜多

修道位　　究竟位

三地：二地滿心再證道種智一分，故入三地。此地主修忍波羅蜜多及四禪八定、四無量心、五神通。能成就俱解脫果而不取證，留惑潤生。滿心位成就「猶如谷響」現觀及無漏妙定意生身。

四地：由三地再證道種智一分故入四地。主修精進波羅蜜多，於此土及他方世界廣度有緣，無有疲倦。進修一切種智，滿心位成就「如水中月」現觀。

五地：由四地再證道種智一分故入五地。主修禪定波羅蜜多及一切種智，斷除下乘涅槃貪。滿心位成就「變化所成」現觀。

六地：由五地再證道種智一分故入六地。此地主修般若波羅蜜多——依道種智現觀十二因緣一一有支及意生身化身，皆自心眞如變化所現，「非有似有」，成就細相觀，不由加行而自然證得滅盡定，成俱解脫大乘無學。

七地：由六地「非有似有」現觀，再證道種智一分故入七地。此地主修一切種智及方便波羅蜜多，由重觀十二有支一一支中之流轉門及還滅門一切細相，成就方便善巧，念念隨入滅盡定。滿心位證得「如犍闥婆城」現觀。

八地：由七地極細相觀成就故再證道種智一分而入八地。此地主修一切種智及願波羅蜜多。至滿心位純無相觀任運恆起，故於相土自在，滿心位復證「如實覺知諸法相意生身」故。

九地：由八地再證道種智一分故入九地。主修力波羅蜜多及一切種智，成就四無礙，滿心位證得「種類俱生無行作意生身」。

十地：由九地再證道種智一分故入此地。此地主修一切種智——智波羅蜜多。滿心位起大法智雲，及現起大法智雲所含藏種種功德，成受職菩薩。

等覺：由十地道種智成就故入此地。此地應修一切種智，圓滿等覺地無生法忍；於百劫中修集極廣大福德，以之圓滿三十二大人相及無量隨形好。

妙覺：示現受生人間已斷盡煩惱障一切習氣種子，並斷盡所知障一切隨眠，永斷變易生死無明，成就大般涅槃，四智圓明。人間捨壽後，報身常住色究竟天利樂十方地上菩薩；以諸化身利樂有情，永無盡期，成就究竟佛道。

← 七地滿心斷除故意保留之最後一分思惑時，煩惱障所攝色、受、想三陰有漏習氣種子全部斷盡。

煩惱障所攝行、識二陰無漏習氣種子任運漸斷，所知障所攝上煩惱任運漸斷。

← 斷盡變易生死成就大般涅槃

佛子蕭平實　謹製
（二〇〇九、〇二　修訂）
（二〇一二、〇二　增補）

## 佛教正覺同修會 共修現況 及 招生公告 2020/05/03

**一、共修現況：**（請在共修時間來電，以免無人接聽。）

**台北正覺講堂** 103 台北市承德路三段 277 號九樓 捷運淡水線圓山站旁 Tel..**總機** 02-25957295（晚上）（**分機：九樓**辦公室 10、11；知客櫃檯 12、13。 **十樓**知客櫃檯 15、16；書局櫃檯 14。 **五樓**辦公室 18；知客櫃檯 19。**二樓**辦公室 20；知客櫃檯 21。）Fax..25954493

**第一講堂** 台北市承德路三段 277 號九樓

**禪淨班：**週一晚班、週三晚班、週四晚班、週五晚班、週六下午班、週六上午班（共修期間二年半，全程免費。皆須報名建立學籍後始可參加共修，欲報名者詳見本公告末頁。）

**增上班：瑜伽師地論詳解：**單週六晚班。雙週六晚班（重播班）。17.50～20.50。平實導師講解，2003 年 2 月開講至今，僅限已明心之會員參加。

**禪門差別智：**每月第一週日全天 平實導師主講（事冗暫停）。

**不退轉法輪經**詳解 本經所說妙法極爲甚深難解，時至末法，已然無有知者；而其甚深絕妙之法，流傳至今依舊多人可證，顯示佛法眞是義學而非玄談，其中甚深極妙令人拍案稱絕之第一義諦妙義。已於 2019 年元月底開講，由平實導師詳解。每逢週二晚上開講，第一至第六講堂都可同時聽聞，歡迎菩薩種性學人，攜眷共同參與此殊勝法會現場聞法，不限制聽講資格。本會學員憑上課證進入第一至第四講堂聽講，會外學人請以身分證件換證進入聽講（此爲大樓管理處安全管理規定之要求，敬請諒解）；第五及第六講堂（B1、B2）對外開放，不需出示任何證件，請由大樓側門直接進入。

**第二講堂** 台北市承德路三段 267 號十樓。

**不退轉法輪經**詳解：平實導師講解。每週二 18.50~20.50 影像音聲即時傳輸

**禪淨班：**週一晚班。

**進階班：**週三晚班、週四晚班、週五晚班、週六早班、週六下午班。禪淨班結業後轉入共修。

**第三講堂** 台北市承德路三段 277 號五樓。

**不退轉法輪經**詳解：平實導師講解。每週二 18.50~20.50 影像音聲即時傳輸

**禪淨班：**週六下午班。

**進階班：**週一晚班、週三晚班、週四晚班、週五晚班。

**第四講堂** 台北市承德路三段 267 號二樓。

**不退轉法輪經**詳解：平實導師講解。每週二 18.50~20.50 影像音聲即時傳輸

**進階班：**週一晚班、週三晚班、週四晚班（禪淨班結業後轉入共修）。

**第五、第六講堂**

**不退轉法輪經**詳解：平實導師講解。每週二 18.50~20.50 影像音聲即時傳

輸。第五、第六講堂爲**開放式講堂**，不需以身分證件換證即可進入聽講，台北市承德路三段 267 號地下一樓、地下二樓。每逢週二晚上講經時段開放給會外人士自由聽經，請由大樓側面梯階逕行進入聽講。**聽講者請尊重講者的著作權及肖像權，請勿錄音錄影，以免違法；若有錄音錄影被查獲者，將依法處理。**

**念佛班** 每週日晚上，第六講堂共修（B2），一切求生極樂世界的三寶弟子皆可參加，不限制共修資格。

**進階班：**週一晚班、週三晚班、週四晚班。

**正覺祖師堂** 桃園市大溪區美華里信義路 650 巷坑底 5 之 6 號（台 3 號省道 34 公里處 妙法寺對面斜坡道進入）電話 03-3886110 傳眞 03-3881692 本堂供奉 克勤圓悟大師，專供會員每年四月、十月各三次精進禪三共修，兼作本會出家菩薩掛單常住之用。開放參訪日期請參見本會公告。教內共修團體或道場，得另申請其餘時間作團體參訪，務請事先與常住確定日期，以便安排常住菩薩接引導覽，亦免妨礙常住菩薩之日常作息及修行。

**桃園正覺講堂（第一、第二講堂）：**桃園市介壽路 286、288 號 10 樓（陽明運動公園對面）電話：03-3749363（請於共修時聯繫，或與台北聯繫）

**禪淨班：**週一晚班（1）、週一晚班（2）、週三晚班、週四晚班、週五晚班。

**進階班：**週四晚班、週五晚班、週六上午班。

**增上班：**雙週六晚班（增上重播班）。

**不退轉法輪經**詳解：平實導師講解。每週二晚上，以台北正覺講堂所錄 DVD 放映；歡迎會外學人共同聽講，不需出示身分證件。

**新竹正覺講堂** 新竹市東光路 55 號二樓之一 電話 03-5724297（晚上）

**第一講堂：**

**禪淨班：**週五晚班。

**進階班：**週三晚班、週四晚班、週六上午班（由禪淨班結業後轉入共修）。

**增上班：**單週六晚班。雙週六晚班（重播班）。

**不退轉法輪經**詳解：平實導師講解。每週二晚上，以台北正覺講堂所錄 DVD 放映。歡迎會外學人共同聽講，不需出示身分證件。

**第二講堂：**

**禪淨班：**週一晚班、週三晚班、週四晚班、週六上午班。

**不退轉法輪經**詳解：每週二晚上與第一講堂同步播放講經 DVD。

**第三、第四講堂：**裝修完畢，即將開放。

**台中正覺講堂** 04-23816090（晚上）

**第一講堂** 台中市南屯區五權西路二段 666 號 13 樓之四（國泰世華銀行樓上。鄰近縣市經第一高速公路前來者，由五權西路交流道可以快速到達，大樓旁有停車場，對面有素食館）。

**禪淨班：**週四晚班、週五晚班。

**進階班**：週一晚班、週三晚班、週六上午班（由禪淨班結業後轉入共修）。

**增上班**：單週六晚班。雙週六晚班（重播班）。

**不退轉法輪經**詳解：平實導師講解。每週二晚上，以台北正覺講堂所錄 DVD 放映。歡迎會外學人共同聽講，不需出示身分證件。

**第二講堂**　台中市南屯區五權西路二段 666 號 4 樓

**禪淨班**：週一晚班、週三晚班。

**第三講堂**台中市南屯區五權西路二段 666 號 4 樓

**禪淨班**：週一晚班。

**第四講堂**台中市南屯區五權西路二段 666 號 4 樓。

**進階班**：週一晚班、週四晚班、週六上午班。由禪淨班結業後轉入共修。

**不退轉法輪經**詳解：每週二晚上與第一講堂同步播放講經 DVD。

**嘉義正覺講堂**　嘉義市友愛路 288 號八樓之一　電話：05-2318228

**第一講堂**：

**禪淨班**：週四晚班、週五晚班、週六上午班。

**進階班**：週一晚班、週三晚班（由禪淨班結業後轉入共修）。

**增上班**：單週六晚班。雙週六晚班（重播班）。

**不退轉法輪經**詳解：平實導師講解。每週二晚上，以台北正覺講堂所錄 DVD 放映。歡迎會外學人共同聽講，不需出示身分證件。

**第二講堂**　嘉義市友愛路 288 號八樓之二。

**第三講堂**　嘉義市友愛路 288 號四樓之七。

**禪淨班**：週一晚班、週三晚班。

**台南正覺講堂**

**第一講堂**　台南市西門路四段 15 號 4 樓。06-2820541（晚上）

**禪淨班**：週一晚班、週三晚班、週四晚班、週五晚班、週六下午班。

**增上班**：單週六晚班。雙週六晚班（重播班）。

**第二講堂**　台南市西門路四段 15 號 3 樓。

**不退轉法輪經**詳解：每週二晚上與第三講堂同步播放講經 DVD。

**第三講堂**　台南市西門路四段 15 號 3 樓。

**進階班**：週一晚班、週三晚班、週四晚班、週五晚班（由禪淨班結業後轉入共修）。

**不退轉法輪經**詳解：平實導師講解。每週二晚上，以台北正覺講堂所錄 DVD 放映。歡迎會外學人共同聽講，不需出示身分證件。。

**高雄正覺講堂**　高雄市新興區中正三路 45 號五樓 07-2234248（晚上）

**第一講堂**（五樓）：

**禪淨班**：週一晚班、週三晚班、週四晚班、週五晚班、週六上午班。

**增上班**：單週六晚班。雙週六晚班（重播班）。

**不退轉法輪經**詳解：平實導師講解。每週二晚上，以台北正覺講堂所錄 DVD 放映。歡迎會外學人共同聽講，不需出示身分證件。

**第二講堂**（四樓）：

**進階班**：週三晚班、週四晚班、週六上午班（由禪淨班結業後轉入共修）。

**不退轉法輪經**詳解：每週二晚上與第一講堂同步播放講經 DVD。

**第三講堂**（三樓）：

**進階班**：週四晚班（由禪淨班結業後轉入共修）。

## 香港正覺講堂

九龍觀塘，成業街 10 號，電訊一代廣場 27 樓 E 室。

（觀塘地鐵站 B1 出口，步行約 4 分鐘）。電話：(852) 23262231

英文地址：Unit E，27th Floor, TG Place, 10 Shing Yip Street, Kwun Tong, Kowloon

**禪淨班**：雙週六下午班、雙週日下午班、單週六下午班、單週日下午班

**進階班**：雙週五晚上班、雙週日早上班（由禪淨班結業後轉入共修）。

**增上班**：每月第一週週日，以台北增上班課程錄成 DVD 放映之。

**增上重播班**：每月第一週週六，以台北增上班課程錄成 DVD 放映之。

**大法鼓經**詳解：平實導師講解。每週六、日 19:00～21:00，以台北正覺講堂所錄 DVD 放映；歡迎會外學人共同聽講，不需出示身分證件。

## 美國洛杉磯正覺講堂　☆已遷移新址☆

825 S. Lemon Ave Diamond Bar, CA 91789 U.S.A.

Tel. (909) 595-5222（請於週六 9:00~18:00 之間聯繫）

Cell. (626) 454-0607

**禪淨班**：每逢週末 16：00~18：00 上課。

**進階班**：每逢週末上午 10：00~12：00 上課。

**不退轉法輪經**詳解：平實導師講解。每週六下午 13：30~15：30 以台北所錄 DVD 放映。歡迎各界人士共享第一義諦無上法益，不需報名。

**二、招生公告**　**本會台北講堂及全省各講堂、香港講堂，每逢四月、十月下旬開新班，每週共修一次**（每次二小時。開課日起三個月內仍可插班）；**但美國洛杉磯共修處之禪淨班得隨時插班共修。各班共修期間皆爲二年半，全程免費，欲參加者請向本會函索報名表**（各共修處皆於共修時間方有人執事，非共修時間請勿電詢或前來洽詢、請書），**或直接從本會官方網站**(http://www.enlighten.org.tw/newsflash/class)**或成佛之道網站下載報名表**。共修期滿時，若經報名禪三審核通過者，可參加四天三夜之禪三精進共修，有機會明心、取證如來藏，發起般若實相智慧，成爲實義菩薩，脫離凡夫菩薩位。

**三、新春禮佛祈福** **農曆年假**期間停止共修：自農曆新年前七天起停止共修與弘法，正月 8 日起回復共修、弘法事務。新春期間正月初一～初七 9.00～17.00 開放台北講堂、正月初一~初三開放新竹、台中、嘉義、台南、高雄講堂，以及大溪禪三道場（正覺祖師堂），方便會員供佛、祈福及會外人士請書。美國洛杉磯共修處之休假時間，請逕詢該共修處。

**密宗四大派修雙身法，是外道性力派的邪法；又以生滅的識陰作為常住法，是常見外道，是假的藏傳佛教。**

**西藏覺囊巴以他空見弘揚第八識如來藏勝法，才是真藏傳佛教**

## 佛教正覺同修會　弘法行事表　2019/02/18

1、**禪淨班**　以無相念佛及拜佛方式修習動中定力，實證一心不亂功夫。傳授解脫道正理及第一義諦佛法，以及參禪知見。共修期間：二年六個月。每逢四月、十月開新班，詳見招生公告表。

2、**進階班**　禪淨班畢業後得轉入此班，進修更深入的佛法，期能證悟明心。各地講堂各有多班，繼續深入佛法、增長定力，悟後得轉入增上班修學道種智，期能證得無生法忍。

3、**增上班　瑜伽師地論**詳解　詳解論中所言凡夫地至佛地等 17 師之修證境界與理論，從凡夫地、聲聞地……宣演到諸地所證無生法忍、一切種智之眞實正理。由平實導師開講，每逢一、三、五週之週末晚上開示，僅限已明心之會員參加。2003 年二月開講至今，預定 2019 年講畢。

4、**不退轉法輪經**詳解　本經所說妙法極爲甚深難解，時至末法，已然無有知者；而其甚深絕妙之法，流傳至今依舊多人可證，顯示佛法眞是義學而非玄談，其中甚深極妙令人拍案稱絕之第一義諦妙義。已於 2019 年元月底開講，由平實導師詳解。不限制聽講資格。

5、**精進禪三**　主三和尚：平實導師。於四天三夜中，以克勤圓悟大師及大慧宗杲之禪風，施設機鋒與小參、公案密意之開示，幫助會員剋期取證，親證不生不滅之眞實心——人人本有之如來藏。每年四月、十月各舉辦三個梯次；平實導師主持。僅限本會會員參加禪淨班共修期滿，報名審核通過者，方可參加。並選擇會中定力、慧力、福德三條件皆已具足之已明心會員，給以指引，令得眼見自己無形無相之佛性遍佈山河大地，眞實而無障礙，得以肉眼現觀世界身心悉皆如幻，具足成就如幻觀，圓滿十住菩薩之證境。

6、**阿含經**詳解　選擇重要之阿含部經典，依無餘涅槃之實際而加以詳解，令大眾得以現觀諸法緣起性空，亦復不墮斷滅見中，顯示經中所隱說之涅槃實際—如來藏—確實已於四阿含中隱說；令大眾得以聞後觀行，確實斷除我見乃至我執，證得**見到**眞現觀，乃至**身證**……等眞現觀；已得大乘或二乘見道者，亦可由此聞熏及聞後之觀行，除斷我所之貪著，成就慧解脫果。由平實導師詳解。不限制聽講資格。

7、**解深密經**詳解　重講本經之目的，在於令諸已悟之人明解大乘法道之成佛次第，以及悟後進修一切種智之內涵，確實證知三種自性性，並得據此證解七眞如、十眞如等正理。每逢週二 18.50~20.50 開示，由平實導師詳解。將於《**不退轉法輪經**》講畢後開講。不限制聽講資格。

8、**成唯識論**詳解　詳解一切種智眞實正理，詳細剖析一切種智之微細深妙廣大正理；並加以舉例說明，使已悟之會員深入體驗所證如來藏之微密行相；及證驗見分相分與所生一切法，皆由如來藏—阿賴耶識—直接或展轉而生，因此證知一切法無我，證知無餘涅槃之本際。將於增上班《瑜伽師地論》講畢後，由平實導師重講。僅限已明心之會員參加。

9、**精選如來藏系經典**詳解　精選如來藏系經典一部，詳細解說，以此完全印證會員所悟如來藏之眞實，得入不退轉住。另行擇期詳細解說之，由平實導師講解。僅限已明心之會員參加。

10、**禪門差別智**　藉禪宗公案之微細淆訛難知難解之處，加以宣說及剖析，以增進明心、見性之功德，啓發差別智，建立擇法眼。每月第一週日全天，由平實導師開示，僅限破參明心後，復又眼見佛性者參加（事冗暫停）。

11、**枯木禪**　先講智者大師的《小止觀》，後說《釋禪波羅蜜》，詳解四禪八定之修證理論與實修方法，細述一般學人修定之邪見與岔路，及對禪定證境之誤會，消除枉用功夫、浪費生命之現象。已悟般若者，可以藉此而實修初禪，進入大乘通教及聲聞教的三果心解脫境界，配合應有的大福德及後得無分別智、十無盡願，即可進入初地心中。親教師：平實導師。未來緣熟時將於正覺寺開講。不限制聽講資格。

**註：**本會例行年假，自 2004 年起，改爲每年農曆新年前七天開始停息弘法事務及共修課程，農曆正月 8 日回復所有共修及弘法事務。新春期間（每日 9.00~17.00）開放台北講堂，方便會員禮佛祈福及會外人士請書。大溪區的正覺祖師堂，開放參訪時間，詳見〈正覺電子報〉或成佛之道網站。本表得因時節因緣需要而隨時修改之，不另作通知。

## 佛教正覺同修會　贈閱書籍 目錄　2018/10/20

1.**無相念佛**　平實導師著　回郵 36 元
2.**念佛三昧修學次第**　平實導師述著　回郵 52 元
3.**正法眼藏—護法集**　平實導師述著　回郵 76 元
4.**真假開悟簡易辨正法&佛子之省思**　平實導師著　回郵 26 元
5.**生命實相之辨正**　平實導師著　回郵 31 元
6.**如何契入念佛法門**（附：印順法師否定極樂世界）平實導師著　回郵 26 元
7.**平實書箋**—答元覽居士書　平實導師著　回郵 52 元
8.**三乘唯識**—如來藏系經律彙編　平實導師編　回郵 80 元
（精裝本　長 27 cm　寬 21 cm　高 7.5 cm　重 2.8 公斤）
9.**三時繫念全集**—修正本　回郵掛號 52 元（長 26.5 cm×寬 19 cm）
10.**明心與初地**　平實導師述　回郵 31 元
11.**邪見與佛法**　平實導師述著　回郵 36 元
12.**甘露法雨**　平實導師述　回郵 36 元
13.**我與無我**　平實導師述　回郵 36 元
14.**學佛之心態**—修正錯誤之學佛心態始能與正法相應　孫正德老師著　回郵52元
附錄：平實導師著《**略說八、九識並存…等之過失**》
15.**大乘無我觀**—《悟前與悟後》別說　平實導師述著　回郵 36 元
16.**佛教之危機**—中國台灣地區現代佛教之真相（附錄：公案拈提六則）
平實導師著　回郵 52 元
17.**燈　影**—燈下黑（覆「求教後學」來函等）　平實導師著　回郵 76 元
18.**護法與毀法**—覆上平居士與徐恒志居士網站毀法二文
張正圜老師著　回郵 76 元
19.**淨土聖道**—兼評選擇本願念佛　正德老師著　由正覺同修會購贈　回郵 52 元
20.**辨唯識性相**—對「紫蓮心海《辯唯識性相》書中否定阿賴耶識」之回應
正覺同修會 台南共修處法義組 著　回郵 52 元
21.**假如來藏**—對法蓮法師《如來藏與阿賴耶識》書中否定阿賴耶識之回應
正覺同修會 台南共修處法義組 著　回郵 76 元
22.**入不二門**—公案拈提集錦 第一輯（於平實導師公案拈提諸書中選錄約二十則，
合輯爲一冊流通之）平實導師著　回郵 52 元
23.**真假邪說**—西藏密宗索達吉喇嘛《破除邪說論》真是邪說
釋正安法師著　上、下冊回郵各 52 元
24.**真假開悟**—真如、如來藏、阿賴耶識間之關係　平實導師述著　回郵 76 元
25.**真假禪和**—辨正釋傳聖之謗法謬說　孫正德老師著　回郵76 元
26.**眼見佛性**—駁慧廣法師眼見佛性的含義文中謬說
游正光老師著　回郵 52 元

27.**普門自在**—公案拈提集錦 第二輯（於平實導師公案拈提諸書中選錄約二十則，合輯爲一冊流通之）平實導師著 回郵52元

28.**印順法師的悲哀**—以現代禪的質疑為線索 恒毓博士著 回郵52元

29.**識蘊真義**—現觀識蘊內涵、取證初果、親斷三縛結之具體行門。
—依《成唯識論》及《惟識述記》正義，略顯安慧《大乘廣五蘊論》之邪謬 平實導師著 回郵76元

30.**正覺電子報** 各期紙版本 免附回郵 每次最多函索三期或三本。
（已無存書之較早各期，不另增印贈閱）

31.**現代人應有的宗教觀** 蔡正禮老師 著 回郵31元

32.**遠惑趣道**—正覺電子報般若信箱問答錄 第一輯 回郵52元

33.**遠惑趣道**—正覺電子報般若信箱問答錄 第二輯 回郵52元

34.**確保您的權益**—器官捐贈應注意自我保護 游正光老師 著 回郵31元

35.**正覺教團電視弘法三乘菩提 DVD 光碟（一）**
由正覺教團多位親教師共同講述錄製 DVD 8 片，MP3 一片，共 9 片。有二大講題：一爲「三乘菩提之意涵」，二爲「學佛的正知見」。內容精闢，深入淺出，精彩絕倫，幫助大眾快速建立三乘法道的正知見，免被外道邪見所誤導。有志修學三乘佛法之學人不可不看。（製作工本費 100 元，回郵 52 元）

36.**正覺教團電視弘法 DVD 專輯（二）**
總有二大講題：一爲「三乘菩提之念佛法門」，一爲「學佛正知見（第二篇）」，由正覺教團多位親教師輪番講述，內容詳細闡述如何修學念佛法門、實證念佛三昧，以及學佛應具有的正確知見，可以幫助發願往生西方極樂淨土之學人，得以把握往生，更可令學人快速建立三乘法道的正知見，免於被外道邪見所誤導。有志修學三乘佛法之學人不可不看。（一套 17 片，工本費 160 元。回郵 76 元）

37.**喇嘛性世界**—揭開假藏傳佛教譚崔瑜伽的面紗 張善思 等人合著
由正覺同修會購贈 回郵52元

38.**假藏傳佛教的神話**—性、謊言、喇嘛教 張正玄教授編著
由正覺同修會購贈 回郵52元

39.**隨 緣**—理隨緣與事隨緣 平實導師述 回郵52元。

40.**學佛的覺醒** 正枝居士 著 回郵52元

41.**導師之真實義** 蔡正禮老師 著 回郵31元

42.**淺談達賴喇嘛之雙身法**—兼論解讀「密續」之達文西密碼
吳明芷居士 著 回郵31元

43.**魔界轉世** 張正玄居士 著 回郵31元

44.**一貫道與開悟** 蔡正禮老師 著 回郵31元

45.**博愛**—愛盡天下女人 正覺教育基金會 編印 回郵36元

46.**意識虛妄經教彙編**—實證解脫道的關鍵經文 正覺同修會編印 回郵36元

47.**邪箭囈語**—破斥藏密外道多識仁波切《破魔金剛箭雨論》之邪說

陸正元老師著　上、下冊回郵各52元

48.**真假沙門**—依　佛聖教闡釋佛教僧寶之定義

蔡正禮老師著　俟正覺電子報連載後結集出版

49.**真假禪宗**—藉評論釋性廣《印順導師對變質禪法之批判

及對禪宗之肯定》以顯示真假禪宗

附論一：凡夫知見　無助於佛法之信解行證

附論二：世間與出世間一切法皆從如來藏實際而生而顯

余正偉老師著　俟正覺電子報連載後結集出版　回郵未定

★ 上列贈書之郵資，係台灣本島地區郵資，大陸、港、澳地區及外國地區，請另計酌增（大陸、港、澳、國外地區之郵票不許通用）。尚未出版之書，請勿先寄來郵資，以免增加作業煩擾。

★ 本目錄若有變動，唯於後印之書籍及「成佛之道」網站上修正公佈之，不另行個別通知。

**函索書籍**請寄：佛教正覺同修會　103台北市承德路3段277號9樓

台灣地區函索書籍者請附寄郵票，無時間購買郵票者可以等值現金抵用，但不接受郵政劃撥、支票、匯票。大陸地區得以人民幣計算，國外地區請以美元計算（請勿寄來當地郵票，在台灣地區不能使用）。欲以掛號寄遞者，請另附掛號郵資。

**親自索閱**：正覺同修會各共修處。　★請於共修時間前往取書，餘時無人在道場，請勿前往索取；共修時間與地點，詳見書末正覺同修會共修現況表（以近期之共修現況表爲準）。

**註**：正智出版社發售之局版書，請向各大書局購閱。若書局之書架上已經售出而無陳列者，請向書局櫃台指定洽購；若書局不便代購者，請於正覺同修會共修時間前往各共修處請購，正智出版社已派人於共修時間送書前往各共修處流通。 郵政劃撥購書及　大陸地區　購書，請詳別頁正智出版社發售書籍目錄最後頁之說明。

**成佛之道　網站**：http://www.a202.idv.tw　正覺同修會已出版之結緣書籍，多已登載於　成佛之道　網站，若住外國、或住處遙遠，不便取得正覺同修會贈閱書籍者，可以從本網站閱讀及下載。　書局版之《宗通與說通》亦已上網，台灣讀者可向書局洽購，售價300元。《狂密與眞密》第一輯~第四輯，亦於 2003.5.1.全部於本網站登載完畢；台灣地區讀者請向書局洽購，每輯約400頁，售價300元（網站下載紙張費用較貴，容易散失，難以保存，亦較不精美）。

**＊＊假藏傳佛教修雙身法，非佛教＊＊**

# **正智出版社** 籌募弘法基金發售書籍目錄　2020/11/14

1.**宗門正眼**—公案拈提 第一輯 重拈　平實導師著　500 元
因重寫內容大幅度增加故，字體必須改小，並增爲 576 頁 主文 546 頁。比初版更精彩、更有內容。初版《禪門摩尼寶聚》之讀者，可寄回本公司免費調換新版書。免附回郵，亦無截止期限。（2007 年起，每冊附贈本公司精製公案拈提〈超意境〉CD 一片。市售價格 280 元，多購多贈。）

2.**禪淨圓融**　平實導師著　200 元（第一版舊書可換新版書。）

3.**真實如來藏**　平實導師著　400 元

4.**禪—悟前與悟後**　平實導師著　上、下冊，每冊 250 元

5.**宗門法眼**—公案拈提 第二輯　平實導師著　500 元
（2007 年起，每冊附贈本公司精製公案拈提〈超意境〉CD 一片）

6.**楞伽經詳解**　平實導師著　全套共 10 輯　每輯 250 元

7.**宗門道眼**—公案拈提 第三輯　平實導師著　500 元
（2007 年起，每冊附贈本公司精製公案拈提〈超意境〉CD 一片）

8.**宗門血脈**—公案拈提 第四輯　平實導師著　500 元
（2007 年起，每冊附贈本公司精製公案拈提〈超意境〉CD 一片）

9.**宗通與說通**—成佛之道 平實導師著 主文 381 頁 全書 400 頁售價 300 元

10.**宗門正道**—公案拈提 第五輯　平實導師著　500 元
（2007 年起，每冊附贈本公司精製公案拈提〈超意境〉CD 一片）

11.**狂密與真密 一～四輯**　平實導師著　西藏密宗是人間最邪淫的宗教，本質不是佛教，只是披著佛教外衣的印度教性力派流毒的喇嘛教。此書中將西藏密宗密傳之男女雙身合修樂空雙運所有祕密與修法，毫無保留完全公開，並將全部喇嘛們所不知道的部分也一併公開。內容比大辣出版社喧騰一時的《西藏慾經》更詳細。並且函蓋藏密的所有祕密及其錯誤的中觀見、如來藏見……等，藏密的所有法義都在書中詳述、分析、辨正。每輯主文三百餘頁　每輯全書約 400 頁　售價每輯 300 元

12.**宗門正義**—公案拈提 第六輯　平實導師著　500 元
（2007 年起，每冊附贈本公司精製公案拈提〈超意境〉CD 一片）

13.**心經密意**—心經與解脫道、佛菩提道、祖師公案之關係與密意　平實導師述　300 元

14.**宗門密意**—公案拈提 第七輯　平實導師著　500 元
（2007 年起，每冊附贈本公司精製公案拈提〈超意境〉CD 一片）

15.**淨土聖道**—兼評「選擇本願念佛」　正德老師著　200 元

16.**起信論講記**　平實導師述著　共六輯　每輯三百餘頁　售價各 250 元

17.**優婆塞戒經講記**　平實導師述著 共八輯 每輯三百餘頁 售價各 250 元

18.**真假活佛**—略論附佛外道盧勝彥之邪說（對前岳靈犀網站主張「盧勝彥是證悟者」之修正）　正犀居士（岳靈犀）著　流通價 140 元

19.**阿含正義**—唯識學探源　平實導師著　共七輯　每輯 300 元

20.**超意境** CD 以平實導師公案拈提書中超越意境之頌詞，加上曲風優美的旋律，錄成令人嚮往的超意境歌曲，其中包括正覺發願文及平實導師親自譜成的黃梅調歌曲一首。詞曲雋永，殊堪翫味，可供學禪者吟詠，有助於見道。內附設計精美的彩色小冊，解說每一首詞的背景本事。每片 280 元。【每購買公案拈提書籍一冊，即贈送一片。】

21.**菩薩底憂鬱** CD 將菩薩情懷及禪宗公案寫成新詞，並製作成超越意境的優美歌曲。 1.主題曲〈菩薩底憂鬱〉，描述地後菩薩能離三界生死而迴向繼續生在人間，但因尚未斷盡習氣種子而有極深沈之憂鬱，非三賢位菩薩及二乘聖者所知，此憂鬱在七地滿心位方才斷盡；本曲之詞中所說義理極深，昔來所未曾見；此曲係以優美的情歌風格寫詞及作曲，聞者得以激發嚮往諸地菩薩境界之大心，詞、曲都非常優美，難得一見；其中勝妙義理之解說，已印在附贈之彩色小冊中。 2.以各輯公案拈提中直示禪門入處之頌文，作成各種不同曲風之超意境歌曲，值得玩味、參究；聆聽公案拈提之優美歌曲時，請同時閱讀內附之印刷精美說明小冊，可以領會超越三界的證悟境界；未悟者可以因此引發求悟之意向及疑情，眞發菩提心而邁向求悟之途，乃至因此眞實悟入般若，成眞菩薩。 3.正覺總持咒新曲，總持佛法大意；總持咒之義理，已加以解說並印在隨附之小冊中。本 CD 共有十首歌曲，長達 63 分鐘。每盒各附贈二張購書優惠券。每片 280 元。

22.**禪意無限** CD 平實導師以公案拈提書中偈頌寫成不同風格曲子，與他人所寫不同風格曲子共同錄製出版，幫助參禪人進入禪門超越意識之境界。盒中附贈彩色印製的精美解說小冊，以供聆聽時閱讀，令參禪人得以發起參禪之疑情，即有機會證悟本來面目而發起實相智慧，實證大乘菩提般若，能如實證知般若經中的眞實意。本 CD 共有十首歌曲，長達 69 分鐘，每盒各附贈二張購書優惠券。每片 280 元。

23.**我的菩提路**第一輯　釋悟圓、釋善藏等人合著　售價 300 元

24.**我的菩提路**第二輯　郭正益等人合著　售價 300 元（停售，俟改版後另行發售）

25.**我的菩提路**第三輯　王美伶等人合著　售價 300 元

26.**我的菩提路**第四輯　陳晏平等人合著　售價 300 元

27.**我的菩提路**第五輯　林慈慧等人合著　售價 300 元

28.**我的菩提路**第六輯　劉惠莉等人合著　售價 300 元

29.**我的菩提路**第七輯　余正偉等人合著　售價 300 元　預定 2021/6/30 出版

30.**鈍鳥與靈龜**—考證後代凡夫對大慧宗杲禪師的無根誹謗。

平實導師著 共 458 頁 售價 350 元

31.**維摩詰經講記** 平實導師述 共六輯 每輯三百餘頁 售價各 250 元

32.**真假外道**—破劉東亮、杜大威、釋證嚴常見外道見 正光老師著 200 元

33.**勝鬘經講記**—兼論印順《勝鬘經講記》對於《勝鬘經》之誤解。

平實導師述　共六輯　每輯三百餘頁　售價250 元

34.**楞嚴經講記** 平實導師述 共**15**輯，每輯三百餘頁 售價300元
35.**明心與眼見佛性**—駁慧廣〈蕭氏「眼見佛性」與「明心」之非〉文中謬說
正光老師著 共448頁 售價300元
36.**見性與看話頭** 黃正倖老師 著，本書是禪宗參禪的方法論。
內文375頁，全書416頁，售價300元。
37.**達賴真面目**—玩盡天下女人 白正偉老師 等著 中英對照彩色精裝大本800元
38.**喇嘛性世界**—揭開假藏傳佛教譚崔瑜伽的面紗 張善思 等人著 200元
39.**假藏傳佛教的神話**—性、謊言、喇嘛教 正玄教授編著 200元
40.**金剛經宗通** 平實導師述 共九輯 每輯售價250元。
41.**空行母**—性別、身分定位，以及藏傳佛教。
珍妮·坎貝爾著 呂艾倫 中譯 售價250元
42.**末代達賴**—性交教主的悲歌 張善思、呂艾倫、辛燕編著 售價250元
43.**霧峰無霧**—給哥哥的信 辨正釋印順對佛法的無量誤解
游宗明 老師著 售價250元
44.**霧峰無霧**—第二輯—救護佛子向正道 細說釋印順對佛法的各類誤解
游宗明 老師著 售價250元
45.**第七意識與第八意識？**—穿越時空「超意識」
平實導師述 每冊300元
46.**黯淡的達賴**—失去光彩的諾貝爾和平獎
正覺教育基金會編著 每冊250元
47.**童女迦葉考**—論呂凱文〈佛教輪迴思想的論述分析〉之謬。
平實導師 著 定價180元
48.**人間佛教**—實證者必定不悖三乘菩提
平實導師 述，定價400元
49.**實相經宗通** 平實導師述 共八輯 每輯250元
50.**真心告訴您(一)**—達賴喇嘛在幹什麼？
正覺教育基金會編著 售價250元
51.**中觀金鑑**—詳述應成派中觀的起源與其破法本質
孫正德老師著 分為上、中、下三冊，每冊250元
52.**藏傳佛教要義**—《狂密與真密》之簡體字版 平實導師 著 上、下冊
僅在大陸流通 每冊300元
53.**法華經講義** 平實導師述 共二十五輯 每輯300元
已於2015/05/31起開始出版，每二個月出版一輯
54.**西藏「活佛轉世」制度**—附佛、造神、世俗法
許正豐、張正玄老師合著 定價150元
55.**廣論三部曲** 郭正益老師著 定價150元
56.**真心告訴您(二)**—達賴喇嘛是佛教僧侶嗎？
—補祝達賴喇嘛八十大壽
正覺教育基金會編著 售價300元

57.**次法**—實證佛法前應有的條件

張善思居士著　分為上、下二冊，每冊 250 元

58.**涅槃**—解說四種涅槃之實證及內涵　平實導師著 上、下冊 各 350 元

59.**山法**—西藏關於他空與佛藏之根本論

篤補巴・喜饒堅贊著　傑弗里・霍普金斯英譯

張火慶教授、張志成、呂艾倫等中譯　精裝大本 1200 元

60.**佛藏經講義**　平實導師述　2019 年 7 月 31 日開始出版　共 21 輯

每二個月出版一輯，每輯 300 元。

61.**假鋒虛焰金剛乘**—揭示顯密正理，兼破索達吉師徒《般若鋒兮金剛焰》

釋正安法師著 簡體字版 即將出版 售價未定

62.**廣論之平議**—宗喀巴《菩提道次第廣論》之平議　正雄居士著

約二或三輯　俟正覺電子報連載後結集出版　書價未定

63.**大法鼓經講義**　平實導師講述　《佛藏經講義》出版後發行，每輯 300 元

64.**不退轉法輪經講義**　平實導師講述　《大法鼓經講義》出版後發行

65.**八識規矩頌**詳解　○○居士 註解　出版日期另訂　書價未定。

66.**中觀正義**—註解平實導師《中論正義頌》。

○○法師（居士）著　出版日期未定　書價未定

67.**中論正義**—釋龍樹菩薩《中論》頌正理。

孫正德老師著　出版日期未定　書價未定

68.**中國佛教史**—依中國佛教正法史實而論。 ○○老師 著　書價未定。

69.**印度佛教史**—法義與考證。依法義史實評論印順《印度佛教思想史、佛教史地考論》之謬說　正偉老師著　出版日期未定　書價未定

70.**阿含經講記**—將選錄四阿含中數部重要經典全經講解之，講後整理出版。

平實導師述　約二輯　每輯 300 元　出版日期未定

71.**實積經講記**　平實導師述　每輯三百餘頁 優惠價 300 元 出版日期未定

72.**解深密經講義**　平實導師述 約四輯　將於重講後整理出版

73.**成唯識論略解**　平實導師著　五～六輯　每輯300 元　出版日期未定

74.**修習止觀坐禪法要講記**　平實導師述　每輯三百餘頁

將於正覺寺建成後重講、以講記逐輯出版　出版日期未定

75.**無門關**—《無門關》公案拈提　平實導師著　出版日期未定

76.**中觀再論**—兼述印順《中觀今論》謬誤之平議。正光老師著 出版日期未定

77.**輪迴與超度**—佛教超度法會之真義。

○○法師（居士）著　出版日期未定　書價未定

78.**《釋摩訶衍論》平議**—對偽稱龍樹所造《釋摩訶衍論》之平議

○○法師（居士）著　出版日期未定　書價未定

79.**正覺發願文**註解—以真實大願為因 得證菩提

正德老師著　出版日期未定　書價未定

80.**正覺總持咒**—佛法之總持　正圜老師著　出版日期未定　書價未定

81.**三自性**—依四食、五蘊、十二因緣、十八界法，說三性三無性。

作者未定　出版日期未定

82.**道品**—從三自性說大小乘三十七道品　　作者未定　出版日期未定
83.**大乘緣起觀**—依四聖諦七真如現觀十二緣起 作者未定　出版日期未定
84.**三德**—論解脫德、法身德、般若德。　　作者未定　出版日期未定
85.**真假如來藏**—對印順《如來藏之研究》謬說之平議　作者未定 出版日期未定
86.**大乘道次第**　　作者未定　出版日期未定　書價未定
87.**四緣**—依如來藏故有四緣。　作者未定　出版日期未定
88.**空之探究**—印順《空之探究》謬誤之平議　作者未定 出版日期未定
89.**十法義**—論阿含經中十法之正義　　作者未定　出版日期未定
90.**外道見**—論述外道六十二見　　作者未定　　出版日期未定

# 正智出版社有限公司　書籍介紹

**禪淨圓融**：言淨土諸祖所未曾言，示諸宗祖師所未曾示；禪淨圓融，另闢成佛捷徑，兼顧自力他力，闡釋淨土門之速行易行道，亦同時揭櫫聖教門之速行易行道；令廣大淨土行者得免緩行難證之苦，亦令聖道門行者得以藉著淨土速行道而加快成佛之時劫。乃前無古人之超勝見地，非一般弘揚禪淨法門典籍也，先讀為快。平實導師著　200元。

**宗門正眼—公案拈提第一輯**：繼承克勤圜悟大師碧巖錄宗旨之禪門鉅作。先則舉示當代大法師之邪說，消弭當代禪門大師鄉愿之心態，摧破當今禪門「世俗禪」之妄談；次則旁通教法，表顯宗門正理；繼以道之次第，消弭古今狂禪；後藉言語及文字機鋒，直示宗門入處。悲智雙運，禪味十足，數百年來難得一睹之禪門鉅著也。平實導師著　500元（原初版書《禪門摩尼寶聚》，改版後補充為五百餘頁新書，總計多達二十四萬字，內容更精彩，並改名為《宗門正眼》，讀者原購初版《禪門摩尼寶聚》皆可寄回本公司免費換新，免附回郵，亦無截止期限）（2007年起，凡購買公案拈提第一輯至第七輯，每購一輯皆贈送本公司精製公案拈提〈超意境〉CD一片，市售價格280元，多購多贈）。

**禪—悟前與悟後**：本書能建立學人悟道之信心與正確知見，圓滿具足而有次第地詳述禪悟之功夫與禪悟之內容，指陳參禪中細微淆訛之處，能使學人明自眞心、見自本性。若未能悟入，亦能以正確知見辨別古今中外一切大師究係眞悟？或屬錯悟？便有能力揀擇，捨名師而選明師，後時必有悟道之緣。一旦悟道，遲者七次人天往返，便出三界，速者一生取辦。學人欲求開悟者，不可不讀。平實導師著。上、下冊共500元，單冊250元。

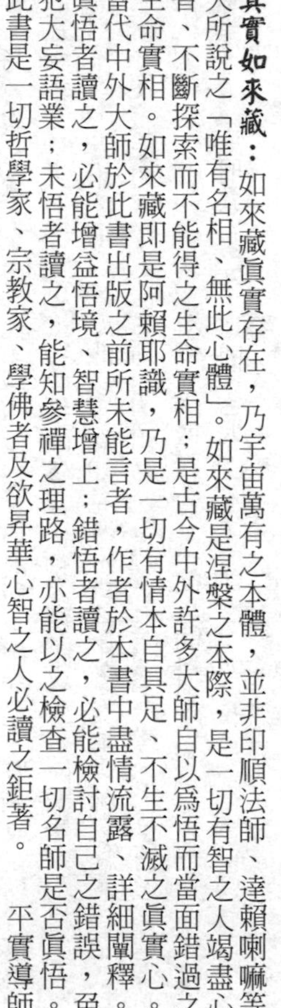


**眞實如來藏**：如來藏眞實存在，乃宇宙萬有之本體，並非印順法師、達賴喇嘛等人所說之「唯有名相、無此心體」。如來藏是涅槃之本際，是一切有智之人竭盡心智、不斷探索而不能得之生命實相；是古今中外許多大師自以爲悟而當面錯過之生命實相。如來藏即是阿賴耶識，乃是一切有情本自具足、不生不滅之眞實心。當代中外大師於此書出版之前所未能言者，作者於本書中盡情流露、詳細闡釋。眞悟者讀之，必能增益悟境、智慧增上；錯悟者讀之，必能檢討自己之錯誤，免犯大妄語業；未悟者讀之，能知參禪之理路，亦能以之檢查一切名師是否眞悟。此書是一切哲學家、宗教家、學佛者及欲昇華心智之人必讀之鉅著。　平實導師著　售價400元。

**宗門法眼—公案拈提第二輯**：列舉實例，闡釋土城廣欽老和尚之悟處；並直示這位不識字的老和尚妙智橫生之根由，繼而剖析禪宗歷代大德之開悟公案，解析當代密宗高僧卡盧仁波切之錯悟證據，並例舉當代顯宗高僧、大居士之錯悟證據（凡健在者，爲免影響其名聞利養，皆隱其名）。藉辨正當代名師之邪見，向廣大佛子指陳禪悟之正道，彰顯宗門法眼。悲勇兼出，強捋虎鬚；慈智雙運，巧探驪龍；摩尼寶珠在手，直示宗門入處，禪味十足；若非大悟徹底，不能爲之。禪門精奇人物，允宜人手一冊，供作參究及悟後印證之圭臬。本書於2008年4月改版，增寫爲大約500頁篇幅，以利學人研讀參究時更易悟入宗門正法，以前所購初版首刷及初版二刷舊書，皆可免費換取新書。平實導師著　500元（2007年起，凡購買公案拈提第一輯至第七輯，每購一輯皆贈送本公司精製公案拈提〈超意境〉CD一片，市售價格280元，多購多贈）。

**宗門道眼—公案拈提第三輯**：繼宗門法眼之後，再以金剛之作略、慈悲之胸懷、犀利之筆觸，舉示寒山、拾得、布袋三大士之悟處，消弭當代錯悟者對於寒山大士……等之誤會及誹謗。　亦舉出民初以來與虛雲和尚齊名之蜀郡鹽亭袁煥仙夫子——南懷瑾老師之師，其「悟處」何在？並蒐羅許多眞悟祖師之證悟公案，顯示禪宗歷代祖師之睿智，指陳部分祖師、奧修及當代顯密大師之謬悟，作爲殷鑑，幫助禪子建立及修正參禪之方向及知見。假使讀者閱此書已，一時尚未能悟，亦可一面加功用行，一面以此宗門道眼辨別眞假善知識，避開錯誤之印證及歧路，可免大妄語業之長劫慘痛果報。欲修禪宗之禪者，務請細讀。平實導師著　售價500元（2007年起，凡購買公案拈提第一輯至第七輯，每購一輯皆贈送本公司精製公案拈提〈超意境〉CD一片，市售價格280元，多購多贈）。

**楞伽經詳解**：本經是禪宗見道者印證所悟眞僞之根本經典，亦是禪宗見道者悟後起修之依據經典；故達摩祖師於印證二祖慧可大師之後，將此經典連同佛缽祖衣一併交付二祖，令其依此經典佛示金言、進入修道位，修學一切種智。由此可知此經對於眞悟之人修學佛道，是非常重要之一部經典。此經能破外道邪說，亦破佛門中錯悟名師之謬說，亦破禪宗部分祖師之狂禪：不讀經典、一向主張「一悟即成究竟佛」之謬執。並開示愚夫所行禪、觀察義禪、攀緣如禪、如來禪等差別，令行者對於三乘禪法差異有所分辨；亦糾正禪宗祖師古來對於如來禪之誤解，嗣後可免以訛傳訛之弊。此經亦是法相唯識宗之根本經典，禪者悟後欲修一切種智而入初地者，必須詳讀。平實導師著，全套共十輯，已全部出版完畢，每輯主文約320頁，每冊約352頁，定價250元。

**宗門血脈—公案拈提第四輯**：末法怪象—許多修行人自以爲悟，每將無念靈知認作眞實；崇尚二乘法諸師及其徒衆，則將外於如來藏之緣起性空—無因論之無常空、斷滅空、一切法空—錯認爲 佛所說之般若空性。這兩種現象已於當今海峽兩岸及美加地區顯密大師之中普遍存在；人人自以爲悟，心高氣壯，便敢寫書解釋祖師證悟之公案，大多出於意識思惟所得，言不及義，錯誤百出，因此誤導廣大佛子同陷大妄語之地獄業中而不能自知。彼等書中所說之悟處，其實處處違背第一義經典之聖言量。彼等諸人不論是否身披袈裟，都非佛法宗門血脈，或雖有禪宗法脈之傳承，亦只徒具形式；猶如螟蛉，非眞血脈，未悟得根本眞實故。禪子欲知 佛、祖之眞血脈者，請讀此書，便知分曉。平實導師著，主文452頁，全書464頁，定價500元（2007年起，凡購買公案拈提第一輯至第七輯，每購一輯皆贈送本公司精製公案拈提〈超意境〉CD一片，市售價格280元，多購多贈）。

**宗通與說通**：古今中外，錯誤之人如麻似粟，每以常見外道所說之靈知心，認作眞心；或妄想虛空之勝性能量爲眞如，或錯認物質四大元素藉冥性（靈知心本體）能成就吾人色身及知覺，或認初禪至四禪中之了知心爲不生不滅之涅槃心。此等皆非通宗者之見地。復有錯悟之人一向主張「宗門與教門不相干」，此即尚未通達宗門之人也。其實宗門與教門互通不二，宗門所證者乃是眞如與佛性，教門所說者乃說宗門證悟之眞如佛性，故教門與宗門不二。本書作者以宗教二門互通之見地，細說「宗通與說通」，從初見道至悟後起修之道、細說分明；並將諸宗諸派在整體佛教中之地位與次第，加以明確之教判，學人讀之即可了知佛法之梗概也。欲擇明師學法之前，允宜先讀。平實導師著，主文共381頁，全書392頁，只售成本價300元。

宗門正道—公案拈提第五輯：修學大乘佛法有二果須證—解脫果及大菩提果。二乘人不證大菩提果，唯證解脫果；此果之智慧，名爲聲聞菩提、緣覺菩提。大乘佛子所證二果之菩提果爲佛菩提，故名大菩提果，其慧名爲一切種智—函蓋二乘解脫果。然此大乘二果修證，須經由禪宗之宗門證悟方能相應。而宗門證悟極難，自古已然；其所以難者，咎在古今佛教界普遍存在三種邪見：1.以修定認作佛法，2.以無因論之緣起性空—否定涅槃本際如來藏以後之一切法空作爲佛法，3.以常見外道邪見（離語言妄念之靈知性）作爲佛法。如是邪見，或因自身正見未立所致，或因邪師之邪教導所致，或因無始劫來虛妄熏習所致。若不破除此三種邪見，永劫不悟宗門眞義、不入大乘正道，唯能外門廣修菩薩行。平實導師於此書中，有極爲詳細之說明，有志佛子欲摧邪見、入於內門修菩薩行者，當閱此書。主文共496頁，全書512頁。售價500元（2007年起，凡購買公案拈提第一輯至第七輯，每購一輯皆贈送本公司精製公案拈提〈超意境〉CD一片，市售價格280元，多購多贈）。

狂密與真密：密教之修學，皆由有相之觀行法門而入，其最終目標仍不離顯教經典所說第一義諦之修證；若離顯教第一義經典、或違背顯教第一義經典，即非佛教。西藏密教之觀行法，如灌頂、觀想、遷識法、寶瓶氣、大聖歡喜雙身修法、喜金剛、無上瑜伽、大樂光明、樂空雙運等，皆是印度教兩性生生不息思想之轉化，自始至終皆以如何能運用交合淫樂之法達到全身受樂爲其中心思想，純屬欲界五欲的貪愛，不能令人超出欲界輪迴，更不能令人斷除我見；何況大乘之明心與見性，更無論矣！故密宗之法絕非佛法也。而其明光大手印、大圓滿法教，又皆同以常見外道所說離語言妄念之無念靈知心錯認爲佛地之眞如，不能直指不生不滅之眞如。西藏密宗所有法王與徒衆，都尚未開頂門眼，不能辨別眞僞，以依人不依法、依密續不依經典故，不肯將其上師喇嘛所說對照第一義經典，純依密續之藏密祖師所說爲準，因此而誇大其證德與證量，動輒謂彼祖師上師爲究竟佛、爲地上菩薩；如今台海兩岸亦有自謂其師證量高於 釋迦文佛者，然觀其師所述，猶未見道，仍在觀行即佛階段，尚未到禪宗相似即佛、分證即佛階位，竟敢標榜爲究竟佛及地上法王，誑惑初機學人。凡此怪象皆是狂密，不同於眞密之修行者。近年狂密盛行，密宗行者被誤導者極衆，動輒自謂已證佛地眞如，自視爲究竟佛，陷於大妄語業中而不知自省，反謗顯宗眞修實證者之證量粗淺；或如義雲高與釋性圓…等人，於報紙上公然誹謗眞實證道者爲「騙子、無道人、人妖、癩蛤蟆…」等，造下誹謗大乘勝義僧之大惡業；或以外道法中有爲有作之甘露、魔術……等法，誑騙初機學人，狂言彼外道法爲眞佛法。如是怪象，在西藏密宗及附藏密之外道中，不一而足，舉之不盡，學人宜應愼思明辨，以免上當後又犯毀破菩薩戒之重罪。密宗學人若欲遠離邪知邪見者，請閱此書，即能了知密宗之邪謬，從此遠離邪見與邪修，轉入眞正之佛道。 平實導師著 共四輯 每輯約400頁（主文約340頁） 每輯售價300元。

**宗門正義—公案拈提第六輯：**佛教有六大危機，乃是藏密化、世俗化、膚淺化、學術化、宗門密意失傳、悟後進修諸地之次第混淆；其中尤以宗門密意之失傳，爲當代佛教最大之危機。由宗門密意失傳故，易令　世尊本懷普被錯解，易令世尊正法被轉易爲外道法，以及加以淺化、世俗化，是故宗門密意之廣泛弘傳與具緣佛弟子，極爲重要。然而欲令宗門密意之廣泛弘傳予具緣之佛弟子者，必須同時配合錯誤知見之解析、普令佛弟子知之，然後輔以公案解析之直示入處，方能令具緣之佛弟子悟入。而此二者，皆須以公案拈提之方式爲之，方易成其功、竟其業，是故平實導師續作宗門正義一書，以利學人。　全書500餘頁，售價500元（2007年起，凡購買公案拈提第一輯至第七輯，每購一輯皆贈送本公司精製公案拈提〈超意境〉CD一片，市售價格280元，多購多贈）。

**心經密意**—心經與解脫道、佛菩提道、祖師公案之關係與密意。　二乘菩提所證之解脫道，實依第八識心之斷除煩惱障現行而立解脫之名；大乘菩提所證之佛菩提道，實依親證第八識如來藏之涅槃性、清淨自性、及其中道性而立般若之名；禪宗祖師公案所證之眞心，即是此第八識如來藏；是故三乘佛法所修所證之三乘菩提，皆依此如來藏心而立名也。此第八識心，即是《心經》所說之心也。證得此如來藏已，即能漸入大乘佛菩提道，亦可因證知此心而了知二乘無學所不能知之無餘涅槃本際，是故《心經》之密意，與三乘佛菩提之關係極爲密切、不可分割，三乘佛法皆依此心而立名故。今者平實導師以其所證解脫道之無生智及佛菩提之般若種智，將《心經》與解脫道、佛菩提道、祖師公案之關係與密意，以演講之方式，用淺顯之語句和盤托出，發前人所未言，呈三乘菩提之眞義，令人藉此《心經密意》一舉而窺三乘菩提之堂奧，迥異諸方言不及義之說；欲求眞實佛智者、不可不讀！主文317頁，連同跋文及序文…等共384頁，售價300元。

**宗門密意—公案拈提第七輯：**佛教之世俗化，將導致學人以信仰作爲學佛，則將以感應及世間法之庇祐，作爲學佛之主要目標，不能了知學佛之主要目標爲親證三乘菩提。大乘菩提則以般若實相智慧爲主要修習目標，以二乘菩提解脫道爲附帶修習之標的；是故學習大乘法者，應以禪宗之證悟爲要務，能親入大乘菩提之實相般若智慧中故，般若實相智慧非二乘聖人所能知故。此書則以台灣世俗化佛教之三大法師，說法似是而非之實例，配合眞悟祖師之公案解析，提示證悟般若之關節，令學人易得悟入。平實導師著，全書五百餘頁，售價500元（2007年起，凡購買公案拈提第一輯至第七輯，每購一輯皆贈送本公司精製公案拈提〈超意境〉CD一片，市售價格280元，多購多贈）。

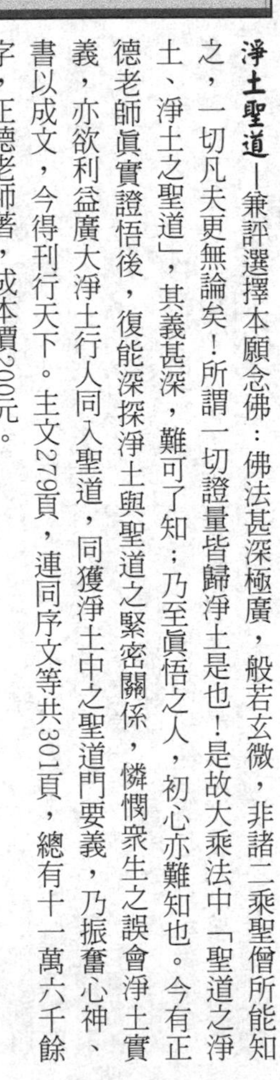

**淨土聖道**—兼評選擇本願念佛：佛法甚深極廣，般若玄微，非諸二乘聖僧所能知之，一切凡夫更無論矣！所謂一切證量皆歸淨土是也！是故大乘法中「聖道之淨土、淨土之聖道」，其義甚深，難可了知；乃至眞悟之人，初心亦難知也。今有正德老師眞實證悟後，復能深探淨土與聖道之緊密關係，憐憫眾生之誤會淨土實義，亦欲利益廣大淨土行人同入聖道，同獲淨土中之聖道門要義，乃振奮心神、書以成文，今得刊行天下。主文279頁，連同序文等共301頁，總有十一萬六千餘字，正德老師著，成本價200元。

**起信論講記**：詳解大乘起信論心生滅門與心眞如門之眞實意旨，消除以往大師與學人對起信論所說心生滅門之誤解，由是而得了知眞心如來藏之非常非斷中道正理；亦因此一講解，令此論以往隱晦而被誤解之眞實義，得以如實顯示，令大乘佛菩提道之正理得以顯揚光大；初機學者亦可藉此正論所顯示之法義，對大乘法理生起正信，從此得以眞發菩提心，眞入大乘法中修學，世世常修菩薩正行。平實導師演述，共六輯，都已出版，每輯三百餘頁，售價各250元。

**優婆塞戒經講記**：本經詳述在家菩薩修學大乘佛法，應如何受持菩薩戒？對人間善行應如何看待？對三寶應如何護持？應如何正確地修集此世後世證法之福德？應如何修集後世「行菩薩道之資糧」？並詳述第一義諦之正義：五蘊非我非異我、自作自受、異作異受、不作不受……等深妙法義，乃是修學大乘佛法、行菩薩行之在家菩薩所應當了知者。出家菩薩今世或未來世登地已，捨報之後多數將如華嚴經中諸大菩薩，以在家菩薩身而修行菩薩行，故亦應以此經所述正理而修之，配合《楞伽經、解深密經、楞嚴經、華嚴經》等道次第正理，方得漸次成就佛道；故此經是一切大乘行者皆應證知之正法。平實導師講述，每輯三百餘頁，售價各250元；共八輯，已全部出版。

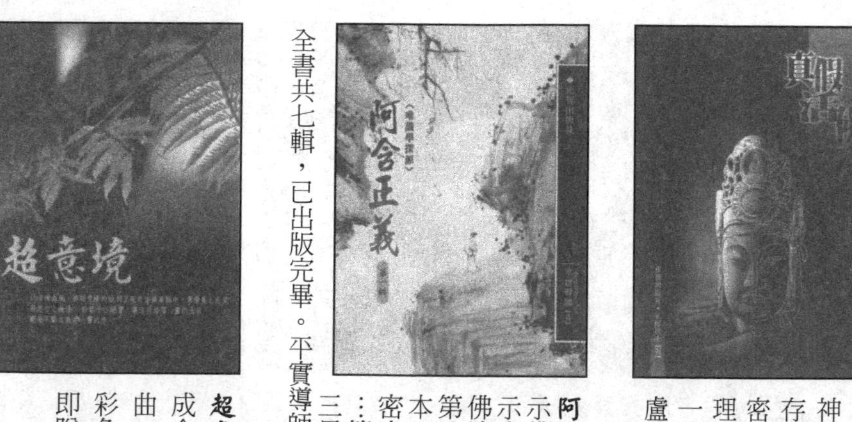


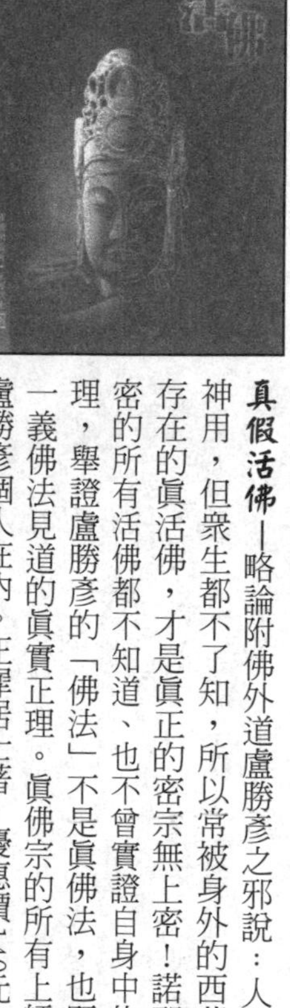

**真假活佛**—略論附佛外道盧勝彥之邪說：人人身中都有眞活佛，永生不滅而有大神用，但衆生都不了知，所以常被身外的西藏密宗假活佛籠罩欺瞞。本來就眞實存在的眞活佛，才是眞正的密宗無上密！諾那活佛因此而說禪宗是大密宗，但藏密的所有活佛都不知道、也不曾實證自身中的眞活佛。本書詳實宣示眞活佛的道理，舉證盧勝彥的「佛法」不是眞佛法，也顯示盧勝彥是假活佛，直接的闡釋第一義佛法見道的眞實正理。眞佛宗的所有上師與學人們，都應該詳細閱讀，包括盧勝彥個人在內。正犀居士著，優惠價140元。

**阿含正義**—唯識學探源：廣說四大部《阿含經》諸經中隱說之眞正義理，一一舉示佛陀本懷，令阿含時期初轉法輪根本經典之眞義，如實顯現於佛子眼前。並提示末法大師對於阿含眞義誤解之實例，一一比對之，證實唯識增上慧學確於原始佛法之阿含諸經中已隱覆密意而略說之，證實 世尊確於原始佛法中已曾密意而說第八識如來藏之總相；亦證實 世尊在四阿含中已說此藏識是名色十八界之因、之本—證明如來藏是能生萬法之根本心。佛子可據此修正以往受諸大師（譬如西藏密宗應成派中觀師：印順、昭慧、性廣、大願、達賴、宗喀巴、寂天、月稱、……等人）誤導之邪見，建立正見，轉入正道乃至親證初果而無困難；書中並詳說三果所證的心解脫，以及四果慧解脫的親證，都是如實可行的具體知見與行門。全書共七輯，已出版完畢。平實導師著，每輯三百餘頁，售價300元。

**超意境CD**：以平實導師公案拈提書中超越意境之頌詞，加上曲風優美的旋律，錄成令人嚮往的超意境歌曲，其中包括正覺發願文及平實導師親自譜成的黃梅調歌曲一首。詞曲雋永，殊堪翫味，可供學禪者吟詠，有助於見道。內附設計精美的彩色小冊，解說每一首詞的背景本事。每片280元。【每購買公案拈提書籍一冊，即贈送一片。】

**我的菩提路第一輯**：凡夫及二乘聖人不能實證的佛菩提證悟，末法時代的今天仍然有人能得實證，由正覺同修會釋悟圓、釋善藏法師等二十餘位實證如來藏者所寫的見道報告，已爲當代學人見證宗門正法之絲縷不絕，證明大乘義學的法脈仍然存在，爲末法時代求悟般若之學人照耀出光明的坦途。由二十餘位大乘見道者所繕，敘述各種不同的學法、見道因緣與過程，參禪求悟者必讀。全書三百餘頁，售價300元。

**我的菩提路第二輯**：由郭正益老師等人合著，書中詳述彼等諸人歷經各處道場學法，一一修學而加以檢擇之不同過程以後，因閱讀正覺同修會、正智出版社書籍而發起抉擇分，轉入正覺同修會中修學；乃至學法及見道之過程，都一一詳述之。（本書暫停發售，俟改版重新發售流通。）

**我的菩提路第三輯**：由王美伶老師等人合著。自從正覺同修會成立以來，每年夏初、冬初都舉辦精進禪三共修，藉以助益會中同修們得以證悟明心發起般若實相智慧；凡已實證而被平實導師印證者，皆書具見道報告用以證明佛法之眞實可證而非玄學，證明佛法並非純屬思想、理論而無實質，是故每年都能有人證明正覺同修會的「實證佛教」主張並非虛語。特別是眼見佛性一法，自古以來中國禪宗祖師實證者極寡，較之明心開悟的證境更難令人信受；至2017年初，正覺同修會中的證悟明心者已近五百人，然而其中眼見佛性者至今唯十餘人爾，可謂難能可貴，是故明心後欲冀眼見佛性者實屬不易。黃正倖老師是懸絕七年無人見性後的第一人，她於2009年的見性報告刊於本書的第二輯中，爲大眾證明佛性確實可以眼見；其後七年之中求見性者都屬解悟佛性而無人眼見，幸而又經七年後的2016冬初，以及2017夏初的禪三，復有三人眼見佛性，希冀鼓舞四眾佛子求見佛性之大心，今則具載一則於書末，顯示求見佛性之事實經歷，供養現代佛教界欲得見性之四眾弟子。全書四百頁，售價300元，已於2017年6月30日發行。

**我的菩提路第四輯**：由陳晏平等人著。中國禪宗祖師往往有所謂「見性」之言，所言多屬看見如來藏具有能令人發起成佛之自性，並非《大般涅槃經》中 如來所說之眼見佛性。眼見佛性者，於親見佛性之時，即能於山河大地眼見自己佛性，亦能於他人身上眼見自己佛性及對方之佛性，如是境界無法爲尚未實證者解釋；勉強說之，縱使眞實明心證悟之人聞之，亦只能以自身明心之境界想像之，但不論如何想像多屬非量，能有正確之比量者亦是稀有，故說眼見佛性極爲困難。眼見佛性之人若所見極分明時，在所見佛性之境界下所眼見之山河大地、自己五蘊身心皆是虛幻，自有異於明心者之解脫功德受用，此後永不思證二乘涅槃，必定邁向成佛之道而進入第十住位中，已超第一阿僧祇劫三分有一，可謂之爲超劫精進也。今又有明心之後眼見佛性之人出於人間，將其明心及後來見性之報告，連同其餘證悟明心者之精彩報告一同收錄於此書中，供養眞求佛法實證之四衆佛子。全書380頁，售價300元，已於2018年6月30日發行。

**我的菩提路第五輯**：林慈慧老師等人著，本輯中所舉學人從相似正法中來到正覺同修會的過程，各人都有不同，發生的因緣亦是各有差別，然而都會指向同一個目標——證實生命實相的源底，確證自己生從何來、死往何去的事實，所以最後都證明佛法眞實而可親證，絕非玄學；本書將彼等諸人的始修及末後證悟之實例，羅列出來以供學人參考。本期亦有一位會裡的老師，是從1995年即開始追隨 平實導師修學，1997年明心後持續進修不斷，直到2017年眼見佛性之實例，足可證明《大般涅槃經》中世尊開示眼見佛性之法正眞無訛，第十住位的實證在末法時代的今天仍有可能，如今一併具載於書中以供學人參考，並供養現代佛教界欲得見性之四衆弟子。全書四百頁，售價300元，已於2019年12月31日發行。

**我的菩提路第六輯**：劉惠莉老師等人著，本輯中舉示劉老師明心多年以後的眼見佛性實錄，供末法時代學人了知明心之異於見性本質，足可證明《大般涅槃經》中世尊開示眼見佛性之法正眞無訛。亦列舉多篇學人從各道場來到正覺學法之不同過程，以及如何發覺邪見之異於正法的所在，最後終能在正覺禪三中悟入的實況，以證明佛教正法仍在末法時代的人間繼續弘揚的事實，鼓舞一切眞實學法的菩薩大衆思之：我等諸人亦可有因緣證悟，絕非空想白思。約四百頁，售價300元，已於2020年6月30日發行。

**鈍鳥與靈龜：**鈍鳥及靈龜二物，被宗門證悟者說爲二種人：前者是精修禪定而無智慧者，也是以定爲禪的愚癡禪人；後者是或有禪定、或無禪定的宗門證悟者，凡已證悟者皆是靈龜。但後者被人虛造事實，用以嘲笑大慧宗杲禪師，說他雖是靈龜，卻不免被天童禪師預記「患背」痛苦而亡：「鈍鳥離巢易，靈龜脫殼難。」藉以貶低大慧宗杲的證量。同時將天童禪師實證如來藏的證量，曲解爲意識境界的離念靈知。自從大慧禪師入滅以後，錯悟凡夫對他的不實毀謗就一直存在著，不曾止息，並且捏造的假事實也隨著年月的增加而越來越多，終至編成「鈍鳥與靈龜」的假公案、假故事。本書是考證大慧與天童之間的不朽情誼，顯現這件假公案的虛妄不實；更見大慧宗杲面對惡勢力時的正直不阿，亦顯示大慧對天童禪師的至情深義，將使後人對大慧宗杲的誣謗至此而止，不再有人誤犯毀謗賢聖的惡業。書中亦舉證宗門的所悟確以第八識如來藏爲標的，詳讀之後必可改正以前被錯悟大師誤導的參禪知見，日後必定有助於實證禪宗的開悟境界，得階大乘眞見道位中，即是實證般若之賢聖。全書459頁，售價350元。

**維摩詰經講記：**本經係 世尊在世時，由等覺菩薩維摩詰居士藉疾病而演說之大乘菩提無上妙義，所說函蓋甚廣，然極簡略，是故今時諸方大師與學人讀之悉皆錯解，何況能知其中隱含之深妙正義，是故普遍無法爲人解說；若強爲人說，則成依文解義而有諸多過失。今由平實導師公開宣講之後，詳實解釋其中密意，令維摩詰菩薩所說大乘不可思議解脫之深妙正法得以正確宣流於人間，利益當代學人及與諸方大師。書中詳實演述大乘佛法深妙不共二乘之智慧境界，顯示諸法之中絕待之實相境界，建立大乘菩薩妙道於永遠不敗不壞之地，以此成就護法偉功，欲冀永利娑婆人天。已經宣講圓滿整理成書流通，以利諸方大師及諸學人。全書共六輯，每輯三百餘頁，售價各250元。

**真假外道：**本書具體舉證佛門中的常見外道知見實例，並加以教證及理證上的辨正，幫助讀者輕鬆而快速的了知常見外道的錯誤知見，進而遠離佛門內外的常見外道知見，因此即能改正修學方向而快速實證佛法。 游正光老師著。成本價200元。

**勝鬘經講記：**如來藏爲三乘菩提之所依，若離如來藏心體及其含藏之一切種子，即無三界有情及一切世間法，亦無二乘菩提緣起性空之出世間法；本經詳說無始無明、一念無明皆依如來藏而有之正理，藉著詳解煩惱障與所知障間之關係，令學人深入了知二乘菩提與佛菩提相異之妙理；聞後即可了知佛菩提之特勝處及三乘修道之方向與原理，邁向攝受正法而速成佛道的境界中。平實導師講述，共六輯，每輯三百餘頁，售價各250元。

**楞嚴經講記：**楞嚴經係密教部之重要經典，亦是顯教中普受重視之經典；經中宣說明心與見性之內涵極爲詳細，將一切法都會歸如來藏及佛性－妙眞如性；亦闡釋佛菩提道修學過程中之種種魔境，以及外道誤會涅槃之狀況，旁及三界世間之起源。然因言句深澀難解，法義亦復深妙寬廣，學人讀之普難通達，是故讀者大多誤會，不能如實理解佛所說之明心與見性內涵，亦因是故多有悟錯之人引爲開悟之證言，成就大妄語罪。今由平實導師詳細講解之後，整理成文，以易讀易懂之語體文刊行天下，以利學人。全書十五輯，全部出版完畢。每輯三百餘頁，售價每輯300元。

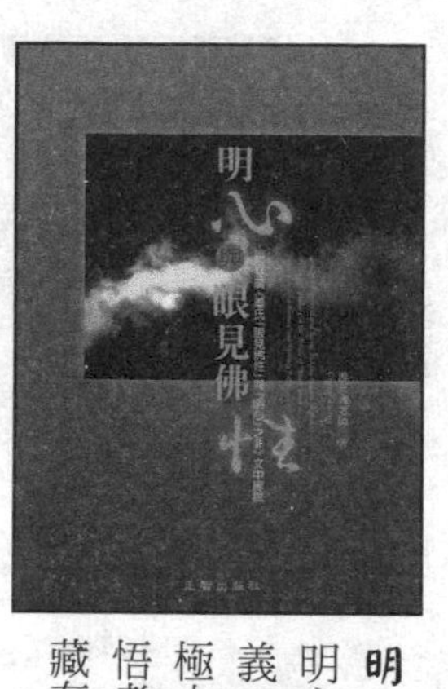


**明心與眼見佛性：**本書細述明心與眼見佛性之異同，同時顯示了中國禪宗破初參明心與重關眼見佛性二關之間的關聯；書中又藉法義辨正而旁述其他許多勝妙法義，讀後必能遠離佛門長久以來積非成是的錯誤知見，令讀者在佛法的實證上有極大助益。也藉慧廣法師的謬論來教導佛門學人回歸正知正見，遠離古今禪門錯悟者所墮的意識境界，非唯有助於斷我見，也對未來的開悟明心實證第八識如來藏有所助益，是故學禪者都應細讀之。游正光老師著　共448頁　售價300元。

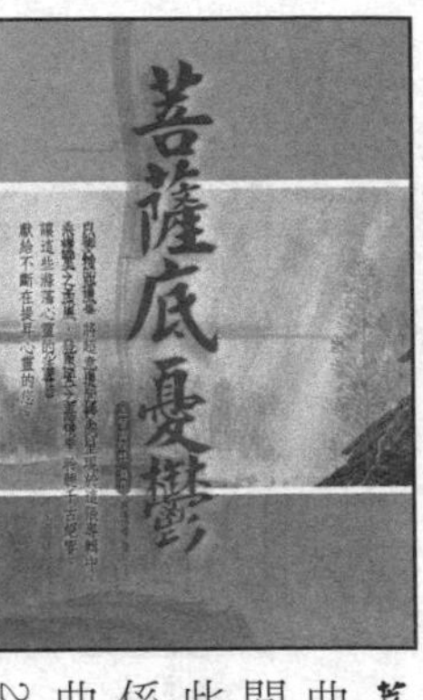


**菩薩底憂鬱CD：**將菩薩情懷及禪宗公案寫成新詞，並製作成超越意境的優美歌曲。1.主題曲〈菩薩底憂鬱〉，描述地後菩薩能離三界生死而迴向繼續生在人間，但因尚未斷盡習氣種子而有極深沈之憂鬱，非三賢位菩薩及二乘聖者所知，此憂鬱在七地滿心位方才斷盡；本曲之詞中所說義理極深，昔來所未曾見；此曲係以優美的情歌風格寫詞及作曲，聞者得以激發嚮往諸地菩薩境界之大心，詞、曲都非常優美，難得一見；其中勝妙義理之解說，已印在附贈之彩色小冊中。2.以各輯公案拈提中直示禪門入處之頌文，作成各種不同曲風之超意境歌曲，值得玩味、參究；聆聽公案拈提之優美歌曲時，請同時閱讀內附之印刷精美說明小冊，可以領會超越三界的證悟境界；未悟者可以因此引發求悟之意向及疑情，眞發菩提心而邁向求悟之途，乃至因此眞實悟入般若，成眞菩薩。3.正覺總持咒新曲，總持佛法大意；總持咒之義理，已加以解說並印在隨附之小冊中。本CD共有十首歌曲，長達63分鐘，附贈二張購書優惠券。每片280元。

**金剛經宗通：**三界唯心，萬法唯識，是成佛之修證內容，是諸地菩薩之所修；般若則是成佛之道（實證三界唯心、萬法唯識）的入門，若未證悟實相般若，即無成佛之可能，必將永在外門廣行菩薩六度，永在凡夫位中。然而實相般若的發起，全賴實證萬法的實相；若欲證知萬法的眞相，則必須探究萬法之所從來，則須實證自心如來—金剛心如來藏，然後現觀這個金剛心的金剛性、眞實性、如如性、清淨性、涅槃性、能生萬法的自性性、本住性，名爲證眞如；進而現觀三界六道唯是此金剛心所成，人間萬法須藉八識心王和合運作方能現起。如是實證《華嚴經》的「三界唯心、萬法唯識」以後，由此等現觀而發起實相般若智慧，繼續進修第十住位的如幻觀、第十行位的陽焰觀、第十迴向位的如夢觀，再生起增上意樂而勇發十無盡願，方能滿足三賢位的實證，轉入初地；自知成佛之道而無偏倚，從此按部就班、次第進修乃至成佛。第八識自心如來是般若智慧之所依，般若智慧的修證則要從實證金剛心自心如來開始；《金剛經》則是解說自心如來之經典，是一切三賢位菩薩所應進修之實相般若經典。這一套書，是將平實導師宣講的《金剛經宗通》內容，整理成文字而流通之；書中所說義理，迥異古今諸家依文解義之說，指出大乘見道方向與理路，有益於禪宗學人求開悟見道，及轉入內門廣修六度萬行。已於2013年9月出版完畢，總共9輯，每輯約三百餘頁，售價各250元。

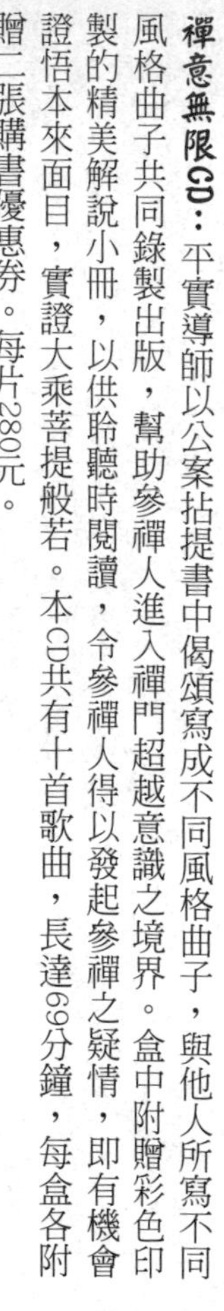

**禪意無限CD**：平實導師以公案拈提書中偈頌寫成不同風格曲子，與他人所寫不同風格曲子共同錄製出版，幫助參禪人進入禪門超越意識之境界。盒中附贈彩色印製的精美解說小冊，以供聆聽時閱讀，令參禪人得以發起參禪之疑情，即有機會證悟本來面目，實證大乘菩提般若。本CD共有十首歌曲，長達69分鐘，每盒各附贈二張購書優惠券。每片280元。

**空行母—性別、身分定位，以及藏傳佛教**：本書作者為蘇格蘭哲學家，因為嚮往佛教深妙的哲學內涵，於是進入當年盛行於歐美的假藏傳佛教密宗，擔任卡盧仁波切的翻譯工作多年以後，被邀請成為卡盧的空行母（又名佛母、明妃），開始了她在密宗裡的實修過程；後來發覺在密宗雙身法中的修行，其實無法使自己成佛，也發覺密宗對女性岐視而處處貶抑，並剝奪女性在雙身法中擔任一半角色時應有的身分定位。當她發覺自己只是雙身法中被喇嘛利用的工具，沒有獲得絲毫應有的尊重與基本定位時，發現了密宗的父權社會控制女性的本質；於是作者傷心地離開了卡盧仁波切與密宗，但是卻被恐嚇不許講出她在密宗裡的經歷，也不許她說出自己對密宗的教義與教制下對女性剝削的本質，否則將被咒殺死亡。後來她去加拿大定居，十餘年後方才擺脫這個恐嚇陰影，下定決心將親身經歷的實情及觀察到的事實寫下來並且出版，公諸於世。出版之後，她被流亡的達賴集團人士大力攻訐，誣指她為精神狀態失常、說謊……等。但有智之士並未被達賴集團的政治操作及各國政府政治運作吹捧達賴的表相所欺，使她的書銷售無阻而又再版。正智出版社鑑於作者此書是親身經歷的事實，所說具有針對「藏傳佛教」而作學術研究的價值，也有使人認清假藏傳佛教剝削佛母、明妃的男性本位實質，因此洽請作者同意中譯而出版於華人地區。珍妮·坎貝爾女士著，呂艾倫 中譯，每冊250元。

**霧峰無霧—給哥哥的信**　本書作者藉兄弟之間信件往來論義，略述佛法大義；並以多篇短文辨義，舉出釋印順對佛法的無量誤解證據，並一一給予簡單而清晰的辨正，令人一讀即知。久讀、多讀之後即能認清楚釋印順的六識論見解，與眞實佛法之牴觸是多麼嚴重；於是在久讀、多讀之後，於不知不覺之間提升了對佛法的極深入理解，正知正見就在不知不覺間建立起來了。當三乘佛法的正知見建立起來之後，對於三乘菩提的見道條件便將隨之具足，於是聲聞解脫道的見道也就水到渠成；接著大乘見道的因緣也將次第成熟，未來自然也會有親見大乘菩提之道的因緣，悟入大乘實相般若也將自然成功，自能通達般若系列諸經而成實義菩薩。作者居住於南投縣霧峰鄉，自喻見道之後不復再見霧峰之霧，故鄉原野美景一一明見，於是立此書名爲《霧峰無霧》；讀者若欲撥霧見月，可以此書爲緣。游宗明　老師著　已於2015年出版　售價250元。

**霧峰無霧—第二輯—救護佛子向正道**　本書作者藉釋印順著作中之各種錯謬法義提出辨正，以詳實的文義一一提出理論上及實證上之解析，列舉釋印順對佛法的無量誤解證據，藉此教導佛門大師與學人釐清佛法義理，遠離岐途轉入正道，然後知所進修，久之便能見道明心而入大乘勝義僧數。被釋印順誤導的大師與學人極多，很難救轉，是故作者大發悲心深入解說其錯謬之所在，佐以各種義理辨正而令讀者在不知不覺之間轉歸正道。如是久讀之後欲得斷身見、證初果，即不爲難事；乃至久之亦得大乘見道而得證眞如，脫離空有二邊而住中道，實相般若智慧生起，於佛法不再茫然，漸漸亦知悟後進修之道。屆此之時，對於大乘般若等深妙法之迷雲暗霧亦將一掃而空，生命及宇宙萬物之故鄉原野美景一一明見，是故本書仍名《霧峰無霧》，爲第二輯；讀者若欲撥雲見日、離霧見月，可以此書爲緣。游宗明　老師著　已於2019年出版　售價250元。

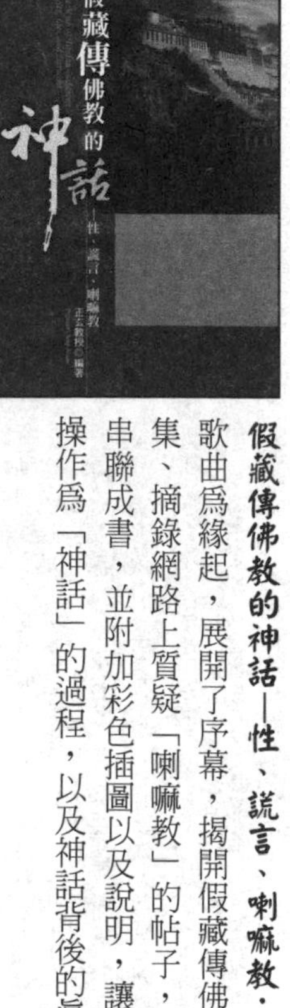

**假藏傳佛教的神話—性、謊言、喇嘛教**：本書編著者是由一首名爲「阿姊鼓」的歌曲爲緣起，展開了序幕，揭開假藏傳佛教—喇嘛教—的神秘面紗。其重點是蒐集、摘錄網路上質疑「喇嘛教」的帖子，以揭穿「假藏傳佛教的神話」爲主題，串聯成書，並附加彩色插圖以及說明，讓讀者們瞭解西藏密宗及相關人事如何被操作爲「神話」的過程，以及神話背後的眞相。作者：張正玄教授。售價200元。

**達賴真面目—玩盡天下女人**：假使您不想戴綠帽子，請記得詳細閱讀此書；假使您不想讓好朋友戴綠帽子，請您將此書介紹給您的好朋友。假使您想保護家中的女性，也想要保護好朋友的女眷，請記得將此書送給家中的女性和好友的女眷都來閱讀。本書爲印刷精美的大本彩色中英對照精裝本，爲您揭開達賴喇嘛的眞面目，內容精彩不容錯過，爲利益社會大眾，特別以優惠價格嘉惠所有讀者。編著者：白志偉等。大開版雪銅紙彩色精裝本。售價800元。

**童女迦葉考—論呂凱文〈佛教輪迴思想的論述分析〉之謬**：童女迦葉是佛世率領五百大比丘遊行於人間的歷史事實，是以童貞行而依止菩薩戒弘化於人間的大菩薩，不依別解脫戒（聲聞戒）來弘化於人間。這是大乘佛教與聲聞佛教同時存在於佛世的歷史明證，證明大乘佛教不是從聲聞法中分裂出來的部派佛教的產物，卻是聲聞佛教分裂出來的部派佛教聲聞凡夫僧所不樂見的史實；於是古今聲聞法中的凡夫都欲加以扭曲而作詭說，更是末法時代高聲大呼「大乘非佛說」的六識論聲聞凡夫極力想要扭曲的佛教史實之一，於是想方設法扭曲迦葉菩薩爲聲聞僧，以及扭曲迦葉童女爲比丘僧等荒謬不實之論著便陸續出現，古時聲聞僧寫作的《分別功德論》是最具體之事例，現代之代表作則是呂凱文先生的〈佛教輪迴思想的論述分析〉論文。鑑於如是假藉學術考證以籠罩大眾之不實謬論，未來仍將繼續造作及流竄於佛教界，繼續扼殺大乘佛教學人法身慧命，必須舉證辨正之，遂成此書。平實導師 著，每冊180元。

**末代達賴—性交教主的悲歌**：簡介從藏傳僞佛教（喇嘛教）的修行核心—性力派男女雙修，探討達賴喇嘛及藏傳僞佛教的修行內涵。書中引用外國知名學者著作、世界各地新聞報導，包含：歷代達賴喇嘛的祕史、達賴六世修雙身法的事蹟，以及《時輪續》中的性交灌頂儀式……等；達賴喇嘛書中開示的雙修法、達賴喇嘛的黑暗政治手段；達賴喇嘛所領導的寺院爆發喇嘛性侵兒童；新聞報導《西藏生死書》作者索甲仁波切性侵女信徒、澳洲喇嘛秋達公開道歉、美國最大假藏傳佛教組織領導人邱陽創巴仁波切的性氾濫，等等事件背後眞相的揭露。作者：張善思、呂艾倫、辛燕。售價250元。

**黯淡的達賴—失去光彩的諾貝爾和平獎**：本書舉出很多證據與論述，詳述達賴喇嘛不爲世人所知的一面，顯示達賴喇嘛並不是眞正的和平使者，而是假借諾貝爾和平獎的光環來欺騙世人；透過本書的說明與舉證，讀者可以更清楚的瞭解，達賴喇嘛是結合暴力、黑暗、淫欲於喇嘛教裡的集團首領，其政治行爲與宗教主張，早已讓諾貝爾和平獎的光環染污了。 本書由財團法人正覺教育基金會寫作、編輯，由正覺出版社印行，每冊250元。

**第七意識與第八意識？—穿越時空「超意識」**：「三界唯心，萬法唯識」是佛教中應該實證的聖教，也是《華嚴經》中明載而可以實證的法界實相。唯心者，三界一切境界、一切諸法唯是一心所成就，即是每一個有情的第八識如來藏，不是意識心。唯識者，即是人類各各都具足的八識心王——眼識、耳鼻舌身意識、意根、阿賴耶識，第八阿賴耶識又名如來藏，人類五陰相應的萬法，莫不由八識心王共同運作而成就，故說萬法唯識。依聖教量及現量、比量，都可以證明意識是二法因緣生，是由第八識藉意根與法塵二法爲因緣而出生，又是夜夜斷滅不存之生滅心，即無可能反過來出生第七識意根、第八識如來藏，當知不可能從生滅性的意識心中，細分出恆審思量的第七識意根，更無可能細分出恆而不審的第八識如來藏。本書是將演講內容整理成文字，細說如是內容，並已在《正覺電子報》連載完畢，今彙集成書以廣流通，欲幫助佛門有緣人斷除意識我見，跳脫於識陰之外而取證聲聞初果；嗣後修學禪宗時即得不墮外道神我之中，得以求證第八識金剛心而發起般若實智。平實導師 述，每冊300元。

**中觀金鑑—詳述應成派中觀的起源與其破法本質：**學佛人往往迷於中觀學派之不同學說，被應成派與自續派所迷惑；修學般若中觀二十年後自以爲實證般若中觀了，卻仍不曾入門，甫聞實證般若中觀者之所說，則茫無所知，迷惑不解；隨後信心盡失，不知如何實證佛法；凡此，皆因惑於這二派中觀學說所致。自續派中觀所說同於常見，以意識境界立爲第八識如來藏之境界，應成派所說則同於斷見，但又同立意識爲常住法，故亦具足斷常二見。今者孫正德老師有鑑於此，乃將起源於密宗的應成派中觀學說，追本溯源，詳考其來源之外，亦一一舉證其立論內容，詳加辨正，令密宗雙身法祖師以識陰境界而造之應成派中觀學說本質，詳細呈現於學人眼前，令其維護雙身法之目的無所遁形。若欲遠離密宗此二大派中觀謬說，欲於三乘菩提有所進道者，允宜具足閱讀並細加思惟，反覆讀之以後將可捨棄邪道返歸正道，則於般若之實證即有可能，證後自能現觀如來藏之中道境界而成就中觀。本書分上、中、下三冊，每冊250元，全部出版完畢。

**人間佛教—實證者必定不悖三乘菩提：**「大乘非佛說」的講法似乎流傳已久，卻只是日本人企圖擺脫中國正統佛教的影響，而在明治維新時期才開始提出來的說法；台灣佛教、大陸佛教的淺學無智之人，由於未曾實證佛法而迷信日本人錯誤的學術考證，錯認爲這些別有用心的日本佛學考證的講法爲天竺佛教的眞實歷史；甚至還有更激進的反對佛教者提出「釋迦牟尼佛並非眞實存在，只是後人捏造的假歷史人物」，竟然也有少數佛教徒願意跟著「學術」的假光環而信受不疑，亦導致部分台灣佛教界人士，造作了反對中國大乘佛教而推崇南洋小乘佛教的行爲，使台灣佛教的信仰者難以檢擇，亦導致一般大陸人士開始轉入基督教的盲目迷信中。在這些佛教及外教人士之中，也就有一分人根據此邪說而大聲主張「大乘非佛說」的謬論，這些人以「人間佛教」的名義來抵制中國正統佛教，公然宣稱中國的大乘佛教是由聲聞部派佛教的凡夫僧所創造出來的。這樣的說法流傳於台灣及大陸佛教界凡夫僧之中已久，卻非眞正的佛教歷史中曾經發生過的事，只是繼承六識論的聲聞法中凡夫僧，以及別有居心的日本佛教界，依自己的意識境界立場，純憑臆想而編造出來的妄想說法，卻已經影響許多無智之凡夫僧俗信受不移。本書則是從佛教的經藏法義實質及實證的現量內涵本質立論，證明大乘佛法本是佛說，是從《阿含正義》尚未說過的不同面向來討論「人間佛教」的議題，證明「大乘眞佛說」。閱讀本書可以斷除六識論邪見，迴入三乘菩提正道發起實證的因緣；也能斷除禪宗學人學禪時普遍存在之錯誤知見，對於建立參禪時的正知見有很深的著墨。平實導師 述，內文488頁，全書528頁，定價400元。

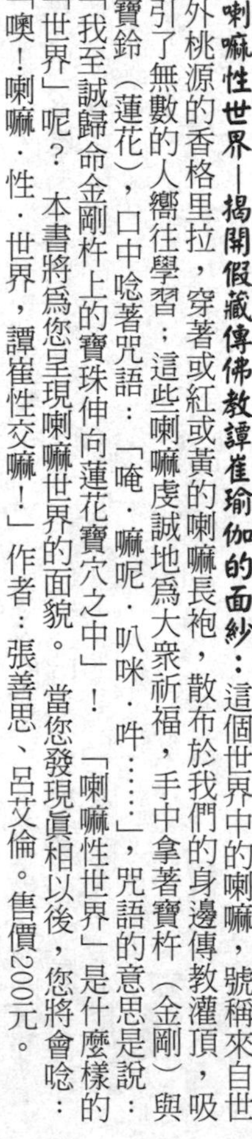

**喇嘛性世界—揭開假藏傳佛教譚崔瑜伽的面紗：**這個世界中的喇嘛，號稱來自世外桃源的香格里拉，穿著或紅或黃的喇嘛長袍，散布於我們的身邊傳教灌頂，吸引了無數的人嚮往學習；這些喇嘛虔誠地爲大眾祈福，手中拿著寶杵（金剛）與寶鈴（蓮花），口中唸著咒語：「唵．嘛呢．叭咪．吽……」，咒語的意思是說：「我至誠歸命金剛杵上的寶珠伸向蓮花寶穴之中」！「喇嘛性世界」是什麼樣的「世界」呢？本書將爲您呈現喇嘛世界的面貌。當您發現真相以後，您將會唸：「噢！喇嘛．性．世界，譚崔性交嘛！」作者：張善思、呂艾倫。售價200元。

**見性與看話頭：**黃正倖老師的《見性與看話頭》於《正覺電子報》連載完畢，今結集出版。書中詳說禪宗看話頭的詳細方法，並細說看話頭與眼見佛性的關係，以及眼見佛性者求見佛性前必須具備的條件。本書是禪宗實修者追求明心開悟時參禪的方法書，也是求見佛性者作功夫時必讀的方法書，內容兼顧眼見佛性的理論與實修之方法，是依實修之體驗配合理論而詳述，條理分明而且極爲詳實、周全、深入。本書內文375頁，全書416頁，售價300元。

實相經宗通《第一輯》
Expounding the Reality Prajnaparamita Sutra in the Chan Way Vol.1
平實導師 著
Venerable Pings Xiao

**實相經宗通：**學佛之目的在於實證一切法界背後之實相，禪宗稱之爲本來面目或本地風光，佛菩提道中稱之爲實相法界；此實相法界即是金剛藏，又名佛法之祕密藏，即是能生有情五陰、十八界及宇宙萬有（山河大地、諸天、三惡道世間）的第八識如來藏，又名阿賴耶識心，即是禪宗祖師所說的眞如心，此心即是三界萬有背後的實相。證得此第八識心時，自能瞭解般若諸經中隱說的種種密意，即得發起實相般若—實相智慧。每見學佛人修學佛法二十年後仍對實相般若茫然無知，亦不知如何入門，茫無所趣；更因不知三乘菩提的互異互同，是故越是久學者對佛法越覺茫然，都肇因於尚未瞭解佛法的全貌，亦未瞭解佛法的修證內容即是第八識心所致。本書對於修學佛法者所應實證的實相境界提出明確解析，並提示趣入佛菩提道的入手處，有心親證實相般若的佛法實修者，宜詳讀之，於佛菩提道之實證即有下手處。平實導師述著，共八輯，已於2016年出版完畢，每輯成本價250元。

**真心告訴您(一)—達賴喇嘛在幹什麼？**這是一本報導篇章的選集，更是「破邪顯正」的暮鼓晨鐘。「破邪」是戳破假象，說明達賴喇嘛及其所率領的密宗四大派法王、喇嘛們，弘傳的佛法是仿冒的佛法；他們是假藏傳佛教，是坦特羅(譚崔性交)外道法和藏地崇奉鬼神的苯教混合成的「喇嘛教」，推廣的是以所謂「無上瑜伽」的男女雙身法冒充佛法的假佛教，詐財騙色誤導眾生，常常造成信徒家庭破碎、家中兒少失怙的嚴重後果。「顯正」是揭櫫眞相，指出眞正的藏傳佛教只有一個，就是覺囊巴，傳的是 釋迦牟尼佛演繹的第八識如來藏妙法，稱爲他空見大中觀。正覺教育基金會即以此古今輝映的如來藏正法正知見，在眞心新聞網中逐次報導出來，將箇中原委「眞心告訴您」，如今結集成書，與想要知道密宗眞相的您分享。售價250元。

**法華經講義：**此書爲平實導師始從2009/7/21演述至2014/1/14之講經錄音整理所成。世尊一代時教，總分五時三教，即是華嚴時、聲聞緣覺教、般若教、種智唯識教、法華時；依此五時三教區分爲藏、通、別、圓四教。本經是最後一時的圓教經典，圓滿收攝一切法教於本經中，是故最後的圓教聖訓中，特地指出無有三乘菩提，其實唯有一佛乘；皆因眾生愚迷故，方便區分爲三乘菩提以助眾生證道。世尊於此經中特地說明如來示現於人間的唯一大事因緣，便是爲有緣眾生「開、示、悟、入」諸佛的所知所見——第八識如來藏妙眞如心，並於諸品中隱說「妙法蓮花」如來藏心的密意。然因此經所說甚深難解，眞義隱晦，古來難得有人能窺堂奧；平實導師以知如是密意故，特爲末法佛門四眾演述《妙法蓮華經》中各品蘊含之密意，使古來未曾被古德註解出來的「此經」密意，如實顯示於當代學人眼前。乃至〈藥王菩薩本事品〉、〈妙音菩薩品〉、〈觀世音菩薩普門品〉、〈普賢菩薩勸發品〉中的微細密意，亦皆一併詳述之，可謂開前人所未曾言之密意，示前人所未見之妙法。最後乃至以〈法華大義〉而總其成，全經妙旨貫通始終，而依佛旨圓攝於一心如來藏妙心，厥爲曠古未有之大說也。平實導師述，共有25輯，已於2019/05/31出版完畢。每輯300元。

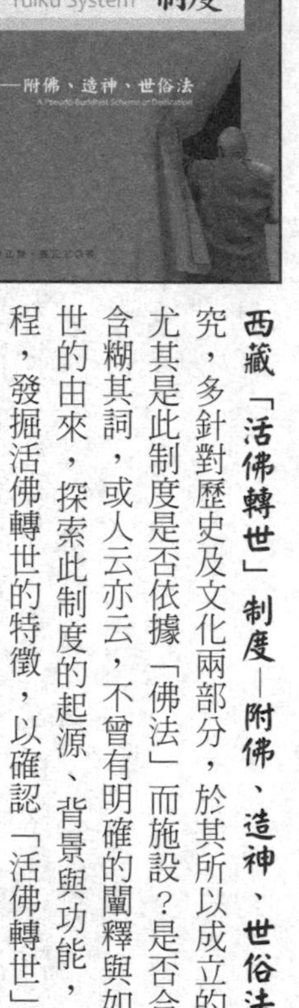

**西藏「活佛轉世」制度—附佛、造神、世俗法**：歷來關於喇嘛教活佛轉世的研究，多針對歷史及文化兩部分，於其所以成立的理論基礎，較少系統化的探討。尤其是此制度是否依據「佛法」而施設？是否合乎佛法眞實義？現有的文獻大多含糊其詞，或人云亦云，不曾有明確的闡釋與如實的見解。因此本文先從活佛轉世的由來，探索此制度的起源、背景與功能，並進而從活佛的尋訪與認證之過程，發掘活佛轉世的特徵，以確認「活佛轉世」在佛法中應具足何種果德。定價150元。

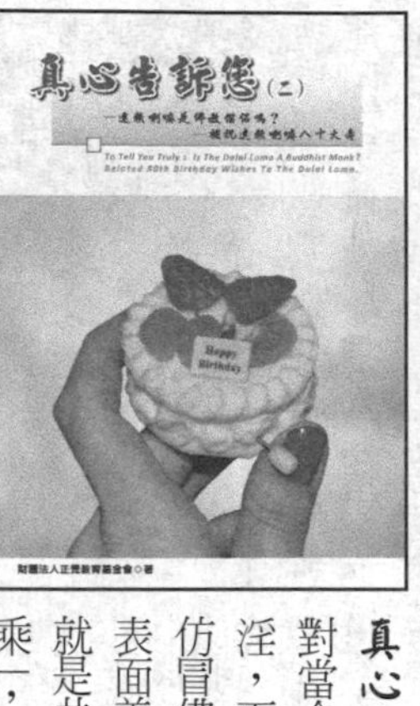


**真心告訴您(二)—達賴喇嘛是佛教僧侶嗎？補祝達賴喇嘛八十大壽**：這是一本針對當今達賴喇嘛所領導的喇嘛教，冒用佛教名相、於師徒間或師兄姊間，實修男女邪淫，而從佛法三乘菩提的現量與聖教量，揭發其謊言與邪術，證明達賴及其喇嘛教是仿冒佛教的外道，是「假藏傳佛教」。藏密四大派教義雖有「八識論」與「六識論」的表面差異，然其實修之內容，皆共許「無上瑜伽」四部灌頂爲究竟「成佛」之法門，也就是共以男女雙修之邪淫法爲「即身成佛」之密要，雖美其名曰「欲貪爲道」之「金剛乘」，並誇稱其成就超越於（應身佛）釋迦牟尼佛所傳之顯教般若乘之上；然詳考其理論，則或以意識離念時之粗細心爲第八識如來藏，或以中脈裡的明點爲第八識如來藏，或如宗喀巴與達賴堅決主張第六意識爲常恆不變之眞心者，分別墮於外道之常見與斷見中；全然違背 佛說能生五蘊之如來藏的實質。售價300元。

**涅槃—解說四種涅槃之實證及內涵**：眞正學佛之人，首要即是見道，由見道故方有涅槃之實證，證涅槃者方能出生死，但涅槃有四種：二乘聖者的有餘涅槃、無餘涅槃，以及大乘聖者的本來自性清淨涅槃、佛地的無住處涅槃。大乘聖者實證本來自性清淨涅槃，入地前再取證二乘涅槃，然後起惑潤生捨離二乘涅槃，繼續進修而在七地心前斷盡三界愛之習氣種子，依七地無生法忍之具足而證得念念入滅盡定；八地後進斷異熟生死，直至妙覺地下生人間成佛，具足四種涅槃，方是眞正成佛。此理古來少人言，以致誤會涅槃正理者比比皆是，今於此書中廣說四種涅槃、如何實證之理、實證前應有之條件，實屬本世紀佛教界極重要之著作，令人對涅槃有正確無訛之認識，然後可以依之實行而得實證。本書共有上下二冊，每冊各四百餘頁，對涅槃詳加解說，每冊各350元。

**佛藏經講義**：本經說明為何佛菩提難以實證之原因，都因往昔無數阿僧祇劫前的邪見，引生此世求證時之業障而難以實證。即以諸法實相詳細解說，繼之以念佛品、念法品、念僧品，說明諸佛與法之實質；然後以淨戒品之說明，期待佛弟子四眾堅持清淨戒而轉化心性，並以往古品的實例說明，教導四眾務必滅除邪見轉入正見中，然後以了戒品的說明和囑累品的付囑，期望末法時代的佛門四眾弟子皆能清淨知見而得以實證。平實導師於此經中有極深入的解說，總共21輯，每輯300元，於2019/07/31開始發行。

**我的菩提路第七輯**：余正偉老師等人著，本輯中舉示余老師明心二十餘年以後的眼見佛性實錄，供末法時代學人了知明心異於見性之本質，並且舉示其見性後與平實導師互相討論眼見佛性之諸多疑訛處；除了證明《大般涅槃經》中 世尊開示眼見佛性之法正眞無訛以外，亦得一解明心後尚未見性者之所未知處，甚為精彩。此外亦列舉多篇學人從各不同宗教進入正覺學法之不同過程，以及發覺諸方道場邪見之內容與過程，最終得於正覺精進禪三中悟入的實況，足供末法精進學人借鑑，以彼鑑己而生信心，得以投入了義正法中修學及實證。凡此，皆足以證明不唯明心所證之第七住位般若智慧及解脫功德仍可實證，乃至第十住位的實證與當場發起如幻觀之實證，於末法時代的今天皆仍有可能。本書約四百頁，售價300元，將於2021年6月30日發行。

**大法鼓經講義**：本經解說佛法的總成：法、非法。由開解法、非法二義，說明了義佛法與世間戲論法的差異，指出佛法實證之標的即是法——第八識如來藏；並顯示實證後的智慧，如實擊大法鼓、演深妙法，演說如來祕密教法，非二乘定性及諸凡夫所能得聞，唯有具足菩薩性者方能得聞。正聞之後即得依於 世尊大願而拔除邪見，入於正法而得實證；深解不了義經之方便說，亦能實解了義經所說之眞實義，得以證法——如來藏，而得發起根本無分別智，乃至進修而發起後得無分別智；並堅持布施及受持清淨戒而轉化心性，得以現觀眞我如來藏之各種層面。此為第一義諦聖教，於末法最後餘四十年時，一切世間樂見離車童子將繼續護持此經所說正法。平實導師於此經中有極深入的解說，總共約六輯，每輯300元，於《佛藏經講義》出版完畢後開始發行，每二個月發行一輯。

**解深密經講義**：本經係 世尊晚年第三轉法輪，宣說地上菩薩所應熏修之唯識正義經典，經中所說義理乃是大乘一切種智增上慧學，以阿陀那識—如來藏—阿賴耶識爲主體。禪宗之證悟者，若欲修證初地無生法忍乃至八地無生法忍者，必須修學《楞伽經、解深密經》所說之八識心王一切種智；此二經所說正法，方是眞正成佛之道；印順法師否定第八識如來藏之後所說萬法緣起性空之法，是以誤會後之二乘解脫道取代大乘眞正成佛之道，尙且不符二乘解脫道正理，亦已墮於斷滅見中，不可謂爲成佛之道也。平實導師曾於本會郭故理事長往生時，於喪宅中從首七開始宣講，於每一七各宣講三小時，至第十七而快速略講圓滿，作爲郭老之往生佛事功德，迴向郭老早證八地、速返娑婆住持正法。茲爲今時後世學人故，將擇期重講《解深密經》，以淺顯之語句講畢後，將會整理成文，用供證悟者進道；亦令諸方未悟者，據此經中佛語正義，修正邪見，依之速能入道。平實導師述著，全書輯數未定，每輯三百餘頁，將於未來重講完畢後逐輯出版。

**修習止觀坐禪法要講記**：修學四禪八定之人，往往錯會禪定之修學知見，欲以無止盡之坐禪而證禪定境界，卻不知修除性障之行門才是修證四禪八定不可或缺之要素，故智者大師云「性障初禪」；性障不除，初禪永不現前，云何修證二禪等？又：行者學定，若唯知數息，而不解六妙門之方便善巧者，欲求一心入定，未到地定極難可得，智者大師名之爲「事障未來」：障礙未到地定之修證。又禪定之修證，不可違背二乘菩提及第一義法，否則縱使具足四禪八定，亦不能實證涅槃而出三界。此諸知見，智者大師於《修習止觀坐禪法要》中皆有闡釋。作者平實導師以其第一義之見地及禪定之實證證量，曾加以詳細解析。將俟正覺寺竣工啓用後重講，不限制聽講者資格；講後將以語體文整理出版。欲修習世間定及增上定之學者，宜細讀之。平實導師述著。

**阿含經講記—小乘解脫道之修證**：數百年來，南傳佛法所說證果之不實，所說解脫道之虛妄，所弘解脫道法義之世俗化，皆已少人知之；從南洋傳入台灣與大陸之後，所說法義虛謬之事，亦復少人知之；今時台灣全島印順系統之法師居士，多不知南傳佛法數百年來所說解脫道之義理已然偏斜、已然世俗化、已非眞正之二乘解脫正道，猶極力推崇與弘揚。彼等南傳佛法近代所謂之證果者皆非眞實證果者，譬如阿迦曼、葛印卡、帕奧禪師、一行禪師……等人，悉皆未斷我見故。近年更有台灣南部大願法師，高抬南傳佛法之二乘修證行門爲「捷徑究竟解脫之道」者，然而南傳佛法縱使眞修實證，得成阿羅漢，至高唯是二乘菩提解脫之道，絕非究竟解脫，無餘涅槃中之實際尙未得證故，法界之實相尙未了知故，習氣種子待除故，一切種智未實證故，焉得謂爲「究竟解脫」？即使南傳佛法近代眞有實證之阿羅漢，尙且不及三賢位中之七住明心菩薩本來自性清淨涅槃智慧境界，則不能知此賢位菩薩所證之無餘涅槃實際，仍非大乘佛法中之見道者，何況普未實證聲聞果乃至未斷我見之人？謬充證果已屬逾越，更何況是誤會二乘菩提之後，以未斷我見之凡夫知見所說之二乘菩提解脫偏斜法道，焉可高抬爲「究竟解脫」？而且自稱「捷徑之道」？又妄言解脫之道即是成佛之道，完全否定般若實智、否定三乘菩提所依之如來藏心體，此理大大不通也！平實導師爲令修學二乘菩提欲證解脫果者，普得迴入二乘菩提正見、正道中，是故選錄四阿含諸經中，對於二乘解脫道法義有具足圓滿說明之經典，預定未來十年內將會加以詳細講解，令學佛人得以了知二乘解脫道之修證理路與行門，庶免被人誤導之後，未證言證，梵行未立，干犯道禁自稱阿羅漢或成佛，成大妄語，欲升反墮。本書首重斷除我見，以助行者斷除我見而實證初果爲著眼之目標，若能根據此書內容，配合平實導師所著《識蘊眞義》《阿含正義》內涵而作實地觀行，實證初果非爲難事，行者可以藉此三書自行確認聲聞初果爲實際可得現觀成就之事。此書中除依二乘經典所說加以宣示外，亦依斷除我見等之證量，及大乘法中道種智之證量，對於意識心之體性加以細述，令諸二乘學人必定得斷我見、常見，免除三縛結之繫縛。次則宣示斷除我執之理，欲令升進而得薄貪瞋痴，乃至斷五下分結…等。平實導師將擇期講述，然後整理成書。共二冊，每冊三百餘頁。每輯300元。

***喇嘛教修外道雙身法，墮識陰境界，非佛教***

***弘揚如來藏他空見的覺囊派才是眞正藏傳佛教***

**總經銷：　聯合發行股份有限公司**

231 新北市新店區寶橋路 235 巷 6 弄 6 號 4F

Tel.02－2917-8022（代表號）　Fax.02－2915-6275（代表號）

**零售：**1.**全台連鎖經銷書局：**

三民書局、誠品書局、何嘉仁書店

敦煌書店、紀伊國屋、金石堂書局、建宏書局

諾貝爾圖書城、墊腳石圖書文化廣場

2.**台北市：**佛化人生　**大安區**羅斯福路 3 段 325 號 6 樓之 4　台電大樓對面

3.**新北市：**春大地書店　**蘆洲區**中正路 117 號

4.**桃園市：**御書堂　**龍潭區**中正路 123 號

5.**新竹市：**大學書局　**東區**建功路 10 號

6.**台中市：**瑞成書局　**東區**雙十路 1 段 4 之 33 號

佛教詠春書局　**南屯區**永春東路 884 號

文春書店　**霧峰區**中正路 1087 號

7.**彰化市：**心泉佛教文化中心　南瑤路 286 號

8.**高雄市：**政大書城　**前鎮區**中華五路 789 號 2 樓（高雄夢時代店）

明儀書局　**三民區**明福街 2 號

青年書局　**苓雅區**青年一路 141 號

9.**台東市：**東普佛教文物流通處　博愛路 282 號

10.**其餘鄉鎮市經銷書局：**請電詢總經銷**聯合**公司。

11.**大陸地區請洽：**

**香港：**樂文書店

旺角店 :香港九龍旺角西洋菜街 62 號 3 樓

電話 :(852) 2390 3723　email: luckwinbooks@gmail.com

銅鑼灣店 :香港銅鑼灣駱克道 506 號 2 樓

電話 :(852) 2881 1150　email: luckwinbs@gmail.com

**廈門：**廈門外圖臺灣書店有限公司

地址:廈門市思明區湖濱南路809 號 廈門外圖書城3 樓 郵編：361004

電話：0592-5061658（臺灣地區請撥打 86-592-5061658）

E-mail：JKB118＠188.COM

12.**美國：世界日報圖書部：**紐約圖書部　電話 7187468889#6262

洛杉磯圖書部　電話 3232616972#202

13.**國內外地區網路購書：**

**正智出版社　書香園地**　http://books.enlighten.org.tw/

（書籍簡介、經銷書局可直接聯結下列網路書局購書）

**三民**　網路書局　http://www.sanmin.com.tw

**誠品**　網路書局　http://www.eslitebooks.com

**博客來**　網路書局　http://www.books.com.tw

**金石堂 網路書局** http://www.kingstone.com.tw

**聯合 網路書局** http:// www.nh.com.tw

**附註：**1.請儘量向各經銷書局購買：郵政劃撥需要八天才能寄到（本公司在您劃撥後第四天才能接到劃撥單，次日寄出後第二天您才能收到書籍，此六天中可能會遇到週休二日，是故共需八天才能收到書籍）若想要早日收到書籍者，請劃撥完畢後，將劃撥收據貼在紙上，旁邊寫上您的姓名、住址、郵區、電話、買書詳細內容，直接傳眞到本公司 02-28344822，並來電 02-28316727、28327495 確認是否已收到您的傳眞，即可提前收到書籍。 2.因台灣每月皆有五十餘種宗教類書籍上架，書局書架空間有限，故唯有新書方有機會上架，通常每次只能有一本新書上架；本公司出版新書，大多上架不久便已售出，若書局未再叫貨補充者，書架上即無新書陳列，則請直接向書局櫃台訂購。 3.若書局不便代購時，可於晚上共修時間向正覺同修會各共修處請購（共修時間及地點，詳閱**共修現況表**。每年例行年假期間請勿前往請書，年假期間請見共修現況表）。 4.郵購：郵政劃撥帳號 19068241。 5.正覺同修會會員購書都以八折計價（戶籍台北市者爲一般會員，外縣市爲護持會員）都可獲得優待，欲一次購買全部書籍者，可以考慮入會，節省書費。入會費一千元（第一年初加入時才需要繳），年費二千元。**6.尚未出版之書籍，請勿預先郵寄書款與本公司，謝謝您！** 7.若欲一次購齊本公司書籍，或同時取得正覺同修會贈閱之全部書籍者，請於正覺同修會共修時間，親到各共修處請購及索取；**台北市讀者**請洽：103 台北市承德路三段 267 號 10 樓（捷運淡水線 圓山站旁）請書時間：週一至週五爲 18.00~21.00，第一、三、五週週六爲 10.00~21.00，雙週之週六爲 10.00~18.00 請購處專線電話：25957295-分機 14（於請書時間方有人接聽）。

**敬告大陸讀者：**

大陸讀者購書、索書捷徑（尚未在大陸出版的書籍，以下二個途徑都可以購得，電子書另包括結緣書籍）：

**1.廈門外國圖書公司**：廈門市思明區湖濱南路 809 號 廈門外圖書城 3F
郵編：361004　電話：0592-5061658　網址：http://www.xibc.com.cn/

**2.電子書**：正智出版社有限公司及正覺同修會在台灣印行的各種局版書、結緣書，已有『**正覺電子書**』陸續上線中，提供讀者於手機、平板電腦上購書、下載、閱讀正智出版社、正覺同修會及正覺教育基金會所出版之電子書，詳細訊息敬請參閱『正覺電子書』專頁：http://books.enlighten.org.tw/ebook

關於平實導師的書訊，請上網查閱：

成佛之道　http://www.a202.idv.tw

正智出版社 書香園地　http://books.enlighten.org.tw/

★ 正智出版社有限公司售書之稅後盈餘，全部捐助財團法人正覺寺籌備處、佛教正覺同修會、正覺教育基金會，供作弘法及購建道場之用；懇請諸方大德支持，功德無量。

**★ 聲　明 ★**

本社於 2015/01/01 開始調整本目錄中部分書籍之售價，以因應各項成本的持續增加。

＊ 喇嘛教修外道雙身法、墮識陰境界，非佛教 ＊

＊ 弘揚如來藏他空見的覺囊派才是真正藏傳佛教 ＊

## **售後服務—換書啓事**(免附回郵)　2017/12/05

**《楞伽經詳解》第三輯初版免費調換新書啓事**:茲因 平實導師弘法早期尚未回復往世全部證量,有些法義接受他人的說法,寫書當時並未察覺而有二處(同一種法義)跟著誤說,如今發現已將之修正。茲爲顧及讀者權益,已開始免費調換新書;敬請所有讀者將以前所購第三輯(不論第幾刷),攜回或寄回本公司免費換新;郵寄者之回郵由本公司負擔,不需寄來郵票。因此而造成讀者閱讀、以及換書的不便,在此向所有讀者致上萬分的歉意,祈請讀者大眾見諒!

**《楞嚴經講記》第 14 輯初版首刷本免費調換新書啓事**:本講記第 14 輯出版前因 平實導師諸事繁忙,未將之重新閱讀而只改正校對時發現的錯別字,故未能發覺十年前所說法義有部分錯誤,於第 15 輯付印前重閱時才發覺第 14 輯中有部分錯誤尚未改正。今已重新審閱修改並已重印完成,煩請所有讀者將以前所購第 14 輯初版首刷本,寄回本公司免費換新(初版二刷本無錯誤),本公司將於寄回新書時同時附上您寄書來換新時的郵資,並在此向所有讀者致上最誠懇的歉意。

**《心經密意》初版書免費調換二版新書啓事**:本書係演講錄音整理成書,講時因時間所限,省略部分段落未講。後於再版時補寫增加 13 頁,維持原價流通之。茲爲顧及初版讀者權益,自 2003/9/30 開始免費調換新書,原有初版一刷、二刷書籍,皆可寄來本公司換書。

**《宗門法眼》**已經增寫改版爲 464 頁新書,2008 年 6 月中旬出版。讀者原有初版之第一刷、第二刷書本,都可以寄回本公司免費調換改版新書。改版後之公案及錯悟事例維持不變,但將內容加以增說,較改版前更具有廣度與深度,將更能助益讀者參究實相。

**換書**者**免附回郵**,亦無截止期限;舊書請寄:111 台北郵政 73-151 號信箱 或 103 台北市承德路三段 267 號 10 樓 正智出版社有限公司。舊書若有塗鴨、殘缺、破損者,仍可換取新書;但缺頁之舊書至少應仍有五分之三頁數,方可換書。所有讀者不必顧念本公司是否有盈餘之問題,都請踴躍寄來換書;本公司成立之目的不是營利,只要能眞實利益學人,即已達到成立及運作之目的。若以郵寄方式換書者,免附回郵;並於寄回新書時,由本公司附上您寄來書籍時耗用的郵資。造成您不便之處,再次致上萬分的歉意。

正智出版社有限公司 啓

# 換書及道歉公告

《法華經講義》第十三輯，因謄稿、印製等相關人員作業疏失，導致該書中的經文及內文用字將「**親近**」誤植成「清淨」。茲為顧及讀者權益，自 2017/8/30 開始免費調換新書；敬請所有讀者將以前所購第十三輯初版首刷及二刷本，攜回或寄回本社免費換新，或請自行更正其中的錯誤之處；郵寄者之回郵由本社負擔，不需寄來郵票。同時對因此而造成讀者閱讀、以及換書的困擾及不便，在此向所有讀者致上最誠懇的歉意，祈請讀者大眾見諒！錯誤更正說明如下：

一、第 256 頁第 10 行~第 14 行：【就是先要具備「**法親近處**」、「**眾生親近處**」；法**親近**處就是在實相之法有所實證，如果在實相法上有所實證，他在二乘菩提中自然也能有所實證，以這個作為第一個**親近**處——第一個基礎。然後還要有第二個基礎，就是瞭解應該如何善待眾生；對於眾生不要有排斥或者是貪取之心，平等觀待而攝受、親近一切有情。以這兩個**親近**處作為基礎，來實行其他三個安樂行法。】。

二、第 268 頁第 13 行：【具足了那兩個「**親近處**」，使你能夠在末法時代，如實而圓滿的演述《法華經》時，那麼你作這個夢，它就是如理作意的，完全符合邏輯去完成這個過程，就表示你那個晚上，在那短短的一場夢中，已經度了不少眾生了。】

正智出版社有限公司 敬啓

國家圖書館出版品預行編目資料

狂密與真密／平實導師著. 初版
台北市：正智，2002－ 〔民91－ 〕
冊； 公分
含參考書目
ISBN 957-30019-1-8（第一輯：平裝）
ISBN 957-30019-2-6（第二輯：平裝）
ISBN 957-30019-4-2（第三輯：平裝）
ISBN 957-30019-5-0（第四輯：平裝）
1. 密宗

226.91 91003012

# 狂密與真密——第一輯

作　者：平實導師
校　對：余書偉　陳介源
出版者：正智出版社有限公司
電話：○二 28327495　28316727（白天）
傳眞：○二 28344822
111 台北郵政 73-151 號信箱
郵政劃撥帳號：一九○六八二四一
正覺講堂：總機○二 25957295（夜間）
總經銷：聯合發行股份有限公司
231 新北市新店區寶橋路 235 巷 6 弄 6 號 4 樓
電話：○二 29178022（代表號）
傳眞：○二 29156275
初　版：公元二○○二年二月　二千冊
初版十五刷：公元二○二○年十一月　二千冊
定　價：三○○元